THE EXCELLENT WIFE
by **Martha Peace**

Copyright ⓒ Martha Peace
Originally published in English under the title: The Excellent Wife
published by Focus Publishing, 502 Third Street NW, Bemidji MN 56601, USA.
All rights reserved.
Korean Edition published by Word of Life Press, Seoul ⓒ 2011
Translated and published by permission.
Printed in Korea.

ⓒ 생명의말씀사 2011

2011년 10월 7일 1판 1쇄 발행

펴 낸 이	김창영
펴 낸 곳	생명의말씀사
등 록	1962. 1. 10. No.300-1962-1
주 소	110-101 서울 종로구 송월동 32-43
전 화	(02)738-6555(본사), (02)3159-7979(영업부)
팩 스	(02)739-3824(본사), 080-022-8585(영업부)

기획편집	구자섭, 장주연
디 자 인	오수지
인 쇄	영진문원
제 본	정문바인텍

ISBN 978-89-04-14127-2 (03230)

저작권자의 허락없이 이 책의 일부 또는 전체를
무단 복제, 전재, 발췌하면 저작권법에 의해 처벌을 받습니다.

경건한 아내가 되기 위한 성경적 지침서
"누가 현숙한 여인을 찾아 얻겠느냐 그의 값은 진주보다 더 하니라."

Contents

기념판에 부치는 글 : 친애하는 여성들에게 _ 6
머리글 _ 8

제1부 | 현숙한 아내가 되기 위한 첫걸음 : 성경적 기초

1장 • 남성들의 로망 : 현숙한 아내 _ 12
2장 • 결혼생활의 주인 : 하나님 _ 23
3장 • 결혼생활을 깨뜨리는 함정 _ 34
4장 • 결혼생활의 관계 회복 _ 40
5장 • 하나님이 원하시는 결혼생활 _ 48
6장 • 성경적인 아내의 역할 _ 60

제2부 | 현숙한 아내들이 치러야 할 대가

7장 • 마음의 헌신 _ 74
8장 • 행복한 가정 꾸리기 _ 86
9장 • 사랑 : 아내의 현명한 선택 _ 92
10장 • 현숙한 아내의 남편 존중 _ 124
11장 • 남편과의 은밀한 관계 _ 137
12장 • 순종 : 아내의 진정한 기쁨 _ 147

The Excellent Wife

제3부 | 현숙한 아내로 살아가기

13장 • 순종의 성경적 의미	_ 158
14장 • 아내를 위한 특별 보호법	_ 176
15장 • 현숙한 아내의 대화 기술	_ 199
16장 • 현숙한 아내의 갈등 해소법	_ 207
17장 • 현숙한 아내의 분노 극복하기	_ 218
18장 • 현숙한 아내의 두려움 극복하기	_ 232
19장 • 현숙한 아내의 외로움 극복하기	_ 250
20장 • 현숙한 아내의 슬픔 극복하기	_ 261

후기	_ 273

부록 1 • 온유한 성품 평가하기	_ 276
부록 2 • 순종을 돕는 생각들	_ 280
부록 3 • 불신자 남편과 결혼한 아내들을 위한 조언	_ 283
주	_ 291

기념판에 부치는 글

친애하는 여성들에게

10주년 기념판을 편집하다 보니 옛 추억이 파도처럼 밀려온다. 이 책이 처음 기획된 때는 지금으로부터 13년 전이다. 본래 이 책의 내용은 애틀랜타 카버(Carver) 바이블 칼리지에서 학생들을 가르칠 때 사용하기 위한 강의안이었다. 모두 개요 형태로서, 수기로 작성되었다. 컴퓨터로 기록된 것은 하나도 없었다. 당시 우리 교회 에드 셔우드 목사님이 자료 정리를 도와주고 글 쓰는 법도 가르쳐주었다. 그는 1년에 걸쳐 매주 화요일 오후 두 시간 동안 나와 마주앉아 목차를 정하고 함께 다섯 장을 작성했다. 그 뒤 나머지 장은 모두 나 혼자 써내려갔다. 목회자와 성경적 상담사 몇 분이 내가 쓴 글을 읽고 여러 가지 비평과 조언을 해주었다. 원고를 완성하고 출판사를 결정하기까지는 2년이라는 시간이 걸렸다.

10년 전만 해도 나는 무명의 저자였고 이 책을 출간한 출판사 역시 막 발돋움을 시작한 상태였다. 마치 소경이 소경을 인도하는 것과 같았다. 출판사 사장 잰 헤일리 씨가 내게 전화를 걸어 표지 디자인에 관해 의견을 구하던 일이 기억난다. 그때 나는 마땅한 아이디어가 떠오르지 않았다. 그것은 그녀도 마찬가지였다. 책이 출판된 뒤 잰은 들뜬 목소리로 전화를 걸어 다섯 권을 주문 받았다고 말했다. 그 뒤로 이 책은 베스트셀러가 되었다. 잰과 나는 하나님이 우리의 노력을 축복하시고 이 책을 영광의 도구로 사용하셨다는 사실을 분명히 느낄 수 있었다.

내가 이 책을 저술한 목적은 크게 두 가지였다. 그 목적은 지금도 여전하다. 하나는 결혼생활에 어려움을 겪고 있는 여성들을 돕기 위해서이고, 다른 하나는 순종에 관한 성경의 가르침을 정확하게 제시하기 위해서다.

이 책이 출간된 것은 전적으로 하나님의 은혜와 자비로우심 덕분이다. 그 때나 지금이나 하나님이 이 책을 통해 여성들을 축복하시고 많은 영광을 거두시기를 바라는 마음뿐이다.

하나님의 놀라운 은혜 안에서

마르다 피스

머리글

이 책은 내가 주일학교 여성반을 인도할 때 처음 모양을 갖추기 시작했다. 그 뒤 애틀랜타 신앙상담 센터에서 여성들을 상대로 상담활동을 시작하면서 상담과정을 보완할 만한 자료가 필요해 워크북과 테이프를 제작했다. 그러다가 루 프리올로(애틀랜타 신앙상담 센터 대표), 샌퍼드 피스(나의 남편), 에드 셔우드(친구이자 전 담임목사) 등 많은 사람들이 그 자료들을 책으로 출판하는 것이 좋겠다고 권유한 덕분에 세상의 빛을 보게 되었다.

이 책을 집필한 목적은 목회자, 상담사, 교사, 선교사, 그리스도인 여성 등이 스스로 참고하거나 다른 사람들에게 현숙한 아내의 의미에 대해 가르칠 때 활용할 수 있는 교본을 제공하기 위해서다. 첫 장은 나의 경험담으로 시작된다. 왜냐하면 하나님이 내 안에서 이루신 변화가 참으로 놀라울 뿐 아니라 다른 사람들에게 희망의 빛을 비춰주기 때문이다.

2장에서 6장은 현숙한 아내가 되기 위해 반드시 짚고 넘어가야 할 성경적 기초에 대해 다루고, 7장에서 12장은 현숙한 아내가 치러야 할 대가와 책임에 초점을 맞춘다. 그리고 13장과 14장은 이 책의 핵심 내용인 아내의 순종에 대해 이야기하고, 15장과 16장은 현숙한 아내가 활용할 수 있는 성경적인 대화 기술과 갈등 해소법에 대해 기록하고 있다. 그리고 마지막 17장에서 20장은 현숙한 아내의 분노, 두려움, 외로움, 슬픔의 문제에 대해 구체적으로 다룬다.

각 장은 그 주제의 범위가 넓든 좁든 다 하나님이 원하시는 아내, 즉 현숙한 아내상을 이루는 데 기여한다.

제1부
현숙한 아내가 되기 위한 첫걸음 : 성경적 기초

The Excellent Wife

"누가 현숙한 여인을 찾아 얻겠느냐 그의 값은 진주보다 더 하니라"(잠 31:10).

1장 | 남성들의 로망: 현숙한 아내

순종하라고?
지금 나더러 순종적인 아내가 되라는 말이야?

나는 화가 나 소리를 지르며 오랜 친구에게 성경책을 집어던졌다. 에드와 그의 아내 재키는 몇 주에 걸쳐 나와 남편 샌퍼드에게 말씀을 전하는 중이었다. "전에 하나님께 소망을 두었던 거룩한 부녀들도 이와 같이 자기 남편에게 순종함으로 자기를 단장하였나니"(벧전 3:5)라는 말씀을 내게 펼쳐 보여주었다. 그들은 나의 반응을 오래 기다릴 필요가 없었다. 내 삶에서 순종이라는 단어는 결코 존재하지 않았으니 말이다.

이 일이 일어난 지 벌써 15년이 넘었지만 아직도 기억이 생생하다. 친구의 끈질긴 노력으로 나는 그 뒤 얼마 지나지 않아 그리스도인이 되었고, 주 예수 그리스도와 남편에게 온전히 순종하는 아내로 거듭났다. 한 친구는 얼마 전에 내 간증을 듣고 나의 회심이 영락없이 『말괄량이 길들이기 The Taming of the Shrew』를 닮았다고 말했다. 백 번 지당한 말이다.

나의 부모님은 외동딸인 나를 무척 아끼며 떠받들며 키웠다. 덕분에 나는 버르장머리 없는 아이가 되고 말았다. 그러다가 나이 열아홉에 고등학교 때 사귄 남자친구와 결혼생활을 시작했다. 그때 나는 세상이 내 중심으로 돌아가지 않는다는 것을 처음 발견했다. 나는 이기적이고 고집스럽고 화를 잘 내는 성격이었다. 돌이켜 생각해 보면 남편이 그런 나를 참고 받아줄 만큼 애정이 각별하지 않았다면 우리의 결혼생활은 아마 초기에 파경을 맞이했을 것이다.

결혼하고 아이를 낳으면 행복해질 것이라는 내 생각은 잘못이었다. 만족을 누리는 듯했지만, 그것도 잠시였다. 나는 각종 모임, 교육, 일, 파티 등에서 행복을 찾으려고 노력했다. 하지만 그런 일들은 잠시 잠깐 즐거움을 안겨주었을 뿐이었다. 뭔가 채워지지 않는 듯한 욕망은 전혀 가시지 않았다. 나는 도무지 만족할 수가 없었다. 그러다가 사회 경력을 더 쌓아야겠다는 결심을 했다. 그래서 간호 업무 분야와 관련된 학위를 취득한 뒤 대학에서 간호학을 가르쳤다. 간호학을 가르치는 일은 내게 큰 만족을 안겨주었지만 내 노력은 한결같이 나 자신을 기쁘게 하고, 나의 경력을 쌓는 일에만 집중되었다. 얼마 지나지 않아 나의 결혼생활은 삐걱거리기 시작했다. 나는 세상에서 꿈을 이루어 입지를 확고히 다지겠다는 각오로 철저한 여성주의자로 변신했다.

교수 활동을 시작할 즈음 남편과 나는 꿈꾸어오던 집 짓는 일을 시작했다 (3면에 큰 현관이 달린 2층짜리 노란색 빅토리아 양식의 집이었다). 그런데 건축업자가 건축비용을 제멋대로 착복한 사실이 드러났다. 결국 우리는 미완성의 집과 함께 약

2,000만 원 정도의 부채를 떠안았다. 나는 술과 파티로 정신적 스트레스를 달래려고 애썼다. 그리고 내게 필요한 것은 자유뿐이라고 생각했다. 나는 은밀히 가족들 곁을 떠날 계획을 세우기 시작했다. 남편이 나보다 훨씬 더 안정적이기 때문에 그에게 아이들을 맡기는 게 그렇게 큰 잘못은 아니라고 생각했다. 하지만 하나님의 생각은 내 생각과는 완전히 달랐다.

하나님은 세 사람을 나의 삶에 보내주셨다. 그중 한 사람은 대학에서 사무실을 같이 사용했던 친구 카트리나였다. 나는 그녀가 나에게 복음을 전할 때마다 기독교 신앙을 비웃었다. 그녀가 나 때문에 눈물 바람으로 집으로 돌아간 적이 한두 번이 아니었다.

카트리나와 사무실을 함께 사용하고 있을 무렵 하나님은 또 다른 친구 에드와 재키를 다시 애틀랜타로 돌아오게 하셨다. 우리는 오래전 대학 시절에 쌓은 우정을 다시 나눴다. 하지만 그들이 신앙을 갖게 되었다는 소문이 떠돌았기 때문에 나는 그들을 의심스런 눈길로 바라보았다. 헛소문이 아니었다. 에드 부부와 카트리나 틈에 끼인 나는 하나님과 성경에 관한 대화를 피할 도리가 없었다.

마르다, 계속 읽어봐

가족들 곁을 떠나겠다는 계획이 점차 무르익어갈수록 마음이 더욱 불안해졌다. 불안감이 극도에 달하면서 흔히 말하는 "공황 발작"이 일어나기 시작했다. 술로 마음의 고통을 달래다 보니 불안감과 우울증이 한층 더 심해졌다.

에드는 요한복음을 읽고 기도해 볼 것을 권유했다. 극심한 우울증을 견디다 못한 나는 결국 그 충고를 받아들였다. 심신이 완전히 고갈된 상태였기 때문에 정신과 치료가 필요한 상황이었다. 하지만 정신과 의사가 처방해 주는 약을 복용하면 간호학 교수로 일하기가 어려웠기 때문에 선뜻 병원에 가기가 난감했다. 그러나 남편은 정신과 치료를 받아야 한다고 주장했다. 급기야는 강제로 집에서 끌려나갈지도 모른다는 생각이 들자 한 가지 조건만 들어주면 치료를 받겠다고 말했다. 병원에 가기 전에 먼저 교회의 목사님과 상담하게 해달라는 것이었다. 남편은 주저했지만 결국 조건을 수락했다.

우리는 에드 부부와 함께 교회에 출석하기 시작했다. 그러는 동안 나는 요한복음을 몇 차례 반복해서 읽었다.

> "예수님은 하나님이시고 유일한 구원자이시다. 그분은 십자가에서 나의 죗값을 치르셨다."

대부분은 나 역시 이미 알고 있는 내용이었다. 어린 시절에 그 가르침을 배웠지만 개인적으로 하나님을 알지는 못했다. 하나님을 알기 위해서는 어떻게 해야 할지 알 수가 없었다.

그러던 어느 날 밤이었다. 남편은 일하고 아이들은 잠을 자는 동안 나는 침대에 누워서 여느 때처럼 요한복음을 읽고 있었다. 그런데 그 밤에 뜻하지 않은 일이 일어났다. 요한복음 14장에서 "너희가 내 이름으로 무엇을 구하든지 내가 행하리니"(요 14:13)라는 낯익은 예수님의 말씀을 대하는 순간, 나는 큰 소리로 이렇게 말했다.

"거짓말! 불안감을 없애달라고, 건축업자가 횡령한 돈을 돌려달라고, 다시 행복한 결혼생활을 하게 해달라고 그토록 기도했지만 아무 소용없었어!"

그렇게 말하면서 주님이 기도를 들어주시지 않았다고 생각하는 순간, "마르다, 계속 읽어봐" 하는 에드의 목소리가 들리는 듯했다. 나는 다시 그 말씀을 읽었다. 이번에는 구절 전체를 다 읽어보았다.

"너희가 내 이름으로 무엇을 구하든지 내가 행하리니 이는 아버지로 하여금 아들로 말미암아 영광을 받으시게 하려 함이라"(요 14:13).

나는 순간적으로 깨달았다. 나의 기도는 온통 자기 중심적이었다. 내가 구한 것 가운데 하나님의 영광을 위한 내용은 하나도 없었다. 나는 순종하는 마음으로 머리를 조아리고 그리스도를 구주로 영접했다. 죄를 고백하는 데는 오랜 시간이 걸렸다. 그러고 나서 나는 "주님, 저의 불안감을 능히 없애줄 능력이 있으신 줄 믿습니다. 하지만 그렇게 해주시든 안 해주시든 모든 것은 주님의 결정에 달려 있습니다. 제 삶이 주님을 영화롭게 하기를 원합니다"라고 기도했다. 그리고는 불을 끄고 잠을 청했다.

다음 날 아침, 잠에서 깨어나 보니 여러 달 동안 나를 괴롭혀온 불안감이 씻은 듯 사라지고 하나님의 평화가 물밀듯 밀려왔다. 나는 잠자리에서 일어나 방 안을 가로질러 걸어가 전기 스위치를 손가락으로 가볍게 톡 치면서 '앞으로 나의 삶은 전과는 다를 거야'라고 생각했다. 마침내 그동안 찾고 찾았던 것을 발견했다. 그때부터 내 삶의 주인은 내가 아니라 예수 그리스도가 되셨다.

나의 삶은 획기적으로 달라졌다. 물론 완벽한 아내가 되었다는 뜻은 아니다. 그것은 단지 나의 바람일 뿐이다. 하지만 하나님은 그분이 원하시는 아내가 되고자 하는 깊은 열망을 나에게 허락하셨다. 하나님은 남편을 깊이 사랑하는 마음과 말씀에 대한 열정을 주셨다.

하나님의 은혜로 빛을 보게 된 이 책은 모든 아내를 위한 나의 "사랑의 수고"가 빚어낸 결과물이다. 아무쪼록 하나님이 나에게 허락하셨듯이 다른 사람들에게도 그리스도와 그분의 말씀을 사랑하고 그분의 뜻을 행하겠다는 소원을 허락해 주시기를 기도한다.

누가 현숙한 아내인가?

그리스도인 아내를 향한 하나님의 뜻은 남편을 돕는 일이다(창 2:18 참조). 아내에게 있어서 예수님을 제외하고 남편과의 관계보다 더 큰 비중을 차지하는 것은 없다. 남편은 아내가 하루 일과를 마치고 남아 있는 힘을 쏟는 대상이 아니라 시간과 노력을 우선적으로 쏟아부어야 할 대상이다. 남편이 충실한 신자든 불신자든 상관없이 하나님은 모든 그리스도인 아내가 경건하고 현숙한 아내가 되기를 원하신다.

하나님은 이 진리를 매우 중요하게 여기시기 때문에 그분의 말씀인 성경에 온전하고 확실하게 계시하셨다. 그리스도인 아내에 대한 하나님의 뜻을 가장 잘 보여주는 성경 본문은 잠언 31장이다. 이는 르무엘 왕이 어머니의 훈계를 듣고 기록한 내용이다(잠 31:1 참조). 르무엘 왕은 잠언 31장 10절에서 이렇게 질문했다.

"누가 현숙한 여인을 찾아 얻겠느냐 그의 값은 진주보다 더 하니라"(잠 31:10).

"누가 현숙한 아내를 얻을 수 있을까?", "누가 현숙한 아내인가?", "현숙한 아내를 어떻게 알아볼 수 있을까?", "현숙한 아내란 어떤 모습이고, 무엇을 하는 사람일까?" 우리는 이 질문들에 대한 답을 잠언 31장에서 찾을 수 있다.

잠언 31장 10-31절은 현숙한 아내의 성품에 대해 스무 가지를 제시한다. 이들 성품을 발전시키면 하나님을 영화롭게 하는 삶을 살아갈 수 있다. 아침 햇살에 환하게 빛나는 아름다운 꽃이 창조주 하나님의 영광을 드러내듯 현숙한 아내는 뛰어난 성품과 행위로 그분의 영광을 드러낸다. 현숙한 아내의 성품은 다음과 같다.

- 남편에게 선을 행한다.
- 현명하다.
- 염려하지 않는다.
- 신중하다.
- 하나님을 경외한다.
- 신뢰할 수 있다.
- 빼어난 가치를 지닌다.
- 관대하다.
- 부지런히 일한다.
- 칭찬을 받는다.
- 자녀들로 인해 복을 받는다.
- 친절하다.
- 남편에게 공손하다.

경건한 아내는 하나님의 영광을 찬란히 빛낼 수 있다. 스스로에게 "나는 이러한 성품을 원하는가?"라고 묻고 "그렇다"라고 대답했다면, 이제 본격적으로 현숙한 아내가 될 수 있는 방법을 생각해 보자.

누구나 될 수 있다

잠언 31장이 말씀하는 현숙한 아내가 되고 싶어하는 여성들이 많다. 하지만 대개는 '그렇게 될 만한 사람은 없어'라고 결론짓는다. 특히 자기 자신의 경우에는 더더욱 그렇다고 믿는다. 하지만 그리스도인 여성의 특성은 바로 이 스무 가지 성품에 있다. 잠언은 이들 성품을 일반 원리로 제시한다. 따라서 이들 원리를 알고 실천하는 여성이라면 누구나 현숙하고 경건한 여성이 될 수 있다. 하나님은 믿는 아내들을 부르셔서 그분의 뛰어난 덕을 본받게 하신다. 하나님의 손길이 닿으면 어떤 꽃이라도 꽃망울을 활짝 터트릴 수 있다. 아내들이 할 일은 하나님과 그분의 말씀이 항상 진실하다는 사실을 믿는 것이다. 하나님은 그분의 말씀을 항상 실천하신다. 하나님이 원하시는 일을 행한다면 그분이 원하시는 여성으로 거듭날 수 있다. 다른 길은 없다.

하지만 이에 앞서 먼저 처리해야 할 문제가 있다.

장애물을 넘어서라

현숙한 아내가 되는 길을 가로막는 장애물이 있는데, 그것은 바로 죄다. 죄는 불법, 곧 하나님의 기준에서 벗어나는 행위를 뜻한다(요일 3:4 참조). 죄는 하나님의 말씀이 요구하는 것을 믿지 않고 행하지 않는 것을 뜻한다. 죄는 하나님의 뜻이 아니라 우리의 고집대로 살도록 유도한다. 하나님의 진리를 무시해도 여전히 그분의 도우심을 받을 수 있다고 착각하게 만든다. 죄를 짓는 방법은 무궁무진하다. 하지만 다행히도 하나님은 죄를 해결할 수 있는 방책을 마련해 주셨다. 바울은 "하나님이 죄를 알지도 못하신 이[예수 그리스도]를 우리를 대신하여 죄로 삼으신 것은 우리로 하여금 그 안에서 하나님의 의가 되게 하려 하심이라"(고후 5:21)고 말했다. 예수 그리스도를 구주로 영접한 아내는 죄에서 구원받는다. 그리스도께서는 그녀를 죄의 속박에서 건져내신다. "우리의 옛 사람이 예수와 함께 십자가에 못 박힌 것은 죄의 몸이 죽어 다시는 우리가 죄에게 종노릇하지 아니하려 함이니"(롬 6:6)라는 말씀대로 그리스도를 통해 구원받은 아내는 더 이상 죄의 노예가 아니다.

> "그러므로 아들이 너희를 자유롭게 하면 너희가 참으로 자유로우리라"
> (요 8:36).

죄의 문제로 고민하는 아내들은 원한다면 누구나 그리스도의 도우심을 받을 수 있다.

주님이 도우신다

하나님은 그리스도인 아내들에게 "생명과 경건에 속한 모든 것"(벧후 1:3)을 주신다. 하나님은 아내의 삶을 속박하는 죄의 권세를 깨뜨리시고, 내주하시는 성령의 초자연적 능력으로 말씀에 복종하게 하셔서 그분이 원하시는 뜻과 길을 따르게 하신다. 우리는 다음 몇 장을 통해 하나님이 가르치신 말씀을 살펴보고 깨달은 진리를 우리의 삶과 결혼생활에 적용하는 방법을 자세히 다룰 예정이다. 예수님은 성부 하나님이 기꺼이 도와주실 것이기 때문에 아무것도 염려하지 말라고 당부하셨다.

> "내가 아버지께 구하겠으니 그가 또 다른 보혜사를 너희에게 주사 영원토록 너희와 함께 있게 하리니 그는 진리의 영이라 세상은 능히 그를 받지 못하나니 이는 그를 보지도 못하고 알지도 못함이라 그러나 너희는 그를 아나니 그는 너희와 함께 거하심이요 또 너희 속에 계시겠음이라"(요 14:16-17).

이 약속은 주 예수 그리스도를 구주로 영접한 모든 아내들에게 적용된다. 거룩하고 자비롭고 사랑이 충만하신 하나님은 현숙하고 경건한 아내가 되는 데 필요한 모든 것을 공급해 주신다. 남은 문제는 "시작할 준비가 되었는가?" 하는 것뿐이다.

시작할 준비가 되었는가?

준비가 되었는가? 그렇다면 겸손히 머리를 조아리고 그동안 하나님이 원하시는 아내로 살지 못했음을 고백하라. 현숙한 아내가 될 수 있게 도와달라고 간청하라. 이렇게 기도하라.

> "사랑하는 주님, 주님이 원하시는 아내로 살지 못한 죄를 고백합니다. 현숙한 아내가 될 수 있게 도와주소서. 남편과의 관계를 제 삶의 가장 중요한 일로 받아들여 기꺼이 헌신하려고 합니다. 제가 알아야 할 것을 깨우쳐주옵소서. 저의 삶과 남편과의 관계를 통해 주님을 영화롭게 하기를 원합니다. 예수님의 이름으로 기도합니다. 아멘."

진심으로 기도했다면 곧 하나님이 기도를 듣고 응답하실 것이라고 확신해도 좋다. 성경은 "그를 향하여 우리가 가진 바 담대함이 이것이니 그의 뜻대로 무엇을 구하면 들으심이라"(요일 5:14)고 약속한다.

2장 | 결혼생활의 주인 : 하나님

 사람들과 대화를 나누다 보면 종종 그들이 하나님을 잘못 이해하고 있다는 사실을 발견하게 된다. 어떤 사람들은 하나님을 마치 "산타클로스"와 같은 존재로 생각한다. 착한 일을 많이 하면 어떤 선물을 원하든지 하나님이 모두 들어주실 것이라고 믿는다. "경건하고 낭만적이고 재산이 많은 남편을 주세요", "아름다운 외모와 건강한 몸을 주세요", "죄와 고통에서 자유케 해주세요" 등 선물의 내용은 다양하다.

 또 어떤 사람들은 하나님을 "하늘에 계시는 친절한 할아버지"처럼 생각한다. 그들은 하나님이 죄를 눈감아주신다고 믿는다. 또한 죄가 단지 철부지의 장난스런 행동에 지나지 않는다고 생각한다. 그들이 믿는 하나님은 아무나 다 사랑하시고, 또 무엇이든 진지하게 믿기만 하면 다 인정해 주시는 그런 분이다.

그 밖에 어떤 사람들은 하나님을 진노의 신으로 생각한다. 그들의 하나님은 항상 분노를 드러내며 벌을 내리기를 좋아하신다. 냉혹하기 그지없고 언제라도 재앙을 내릴 준비가 되어 있으시다. 그런 하나님을 기쁘시게 하기란 불가능하기 때문에 알 수 없는 운명 앞에서 희망을 잃고 살아가는 수밖에 달리 도리가 없다. 그들에게 신앙생활은 불행 그 자체다.

하지만 성경의 하나님은 어떤 사람들이 제멋대로 생각하는 하나님과 전혀 다르시다. 성경의 하나님은 온 세상과 피조물을 다스리시는 정의롭고 자비로운 주권자이시다. 그분은 지극히 높은 하나님이시다. 그분은 토기장이시고 우리는 진흙이다(롬 9:19-21 참조). 따라서 우리는 겸손히 그분께 복종과 경배를 드려야 한다. 우리는 자기 중심이 아니라 하나님 중심의 인생관을 지녀야 한다. 우리가 세상에 태어난 목적은 하나님의 섬김을 받기 위해서가 아니라 그분을 섬기기 위해서다. 찬양받으시기에 합당한 분은 오직 하나님뿐이시다.

하나님은 누구신가?

1. 하나님은 아내의 역할을 계획하셨다.

> "여호와 하나님이 이르시되 사람이 혼자 사는 것이 좋지 아니하니 내가 그를 위하여 돕는 배필을 지으리라 하시니라"(창 2:18).

하나님은 아담을 위해 돕는 배필을 창조하셨다. 그분은 아내의 가장 중요한 사역과 역할을 결정하신 것이다. 인생의 주된 목적은 하나님을 영화롭게 하는 것이다. 그분을 영화롭게 하려면 그분이 계획하신 방식에 따라야 한다. 아내의 역할은 남편을 돕는 배필이 되는 것이다.

2. 하나님은 은혜로우시고 의로우시며 긍휼이 풍성한 분이시다.

하나님은 은혜로우시고 긍휼이 풍성하시기 때문에 우리의 어려움과 상처를 돌아보신다. 은혜로우신 하나님은 우리가 어떤 상황에 처하든지 우리와 함께하신다. 우리가 부르짖을 때 귀를 기울이시고 소낙비와 같은 은혜로 우리를 돌봐주신다. 또한 하나님은 거룩하시기 때문에 항상 선하고 의로운 방법으로 우리를 돌보신다. 따라서 우리는 하나님을 온전히 의지할 수 있다.

3. 하나님의 능력과 지혜는 무한하다.

> "상심한 자들을 고치시며 그들의 상처를 싸매시는도다…우리 주는 위대하시며 능력이 많으시며 그의 지혜가 무궁하시도다"(시 147:3, 5).

하나님은 무한한 능력과 지혜를 지니고 계시기 때문에 우리가 무엇을 원하고 느끼고 바라는지 다 알고 계신다. 하나님은 어떤 상황이 어떤 파장을 일으킬지 모두 아신다. 그분의 지혜는 한계가 없다. 따라서 하나님은 우리에게 가장 좋은 길을 보여주시고, 우리가 그분께 가장 큰 영광을 돌릴 수 있는 방법을 알려주신다. 우리를 돌보시는 하나님의 능력 역시 한계가 없기는 마찬가지다.

하나님은 우리가 상심해 있을 때 능히 우리의 마음을 싸매주실 수 있다.

4. 하나님은 분명한 목적을 지니고 우리의 삶을 이끄신다.

하나님은 우리를 대적하는 악을 비롯해 우리의 인생 경험 모두를 통합해 선을 이루신다. 시련이 선을 이루는 경우를 한 가지 예로 든다면, 인격이 변화되어 주 예수 그리스도의 형상을 본받는 것이다. 때로 시련은 성경이 가르치는 대로 따르기만 한다면 하나님께 가장 큰 영광을 돌리는 결과를 낳기도 한다. 우리가 하나님을 사랑하기만 하면 그분이 모든 것을 합력해 선을 이루실 것이다. 하나님을 사랑하는 방법은 그분의 말씀에 순종하는 것이다.

5. 하나님은 우리가 기쁘고 충만한 삶을 살기 원하신다.

하나님이 우리를 위해 계획하신 것을 기대할 때 삶에 기쁨이 찾아온다. 일하며 느끼는 기쁨, 일을 통해 얻는 성취감, 남편의 칭찬 등은 우리의 삶을 충만하고 즐겁게 만든다. 하나님은 우리가 그러한 삶의 기쁨과 충만함을 경험하기 원하신다.

하나님은 모든 아내를 일일이 보살피신다. 그분은 무한한 지혜와 풍성한 긍휼을 바탕으로 우리의 삶을 이끌 완벽한 계획을 세우셨다. 우리가 어떤 상황을 당하더라도 거기에는 분명한 목적이 있다. 하나님은 우리가 아내로서 충만한 삶을 누리기 원하신다. 하나님이 뜻하신 역할에 충실한 것은 악이 아니라 선이다. 하나님은 선하실 뿐 아니라 만사를 다 꿰뚫고 계신다. 그분은 자신의 피조물을 어떻게 다스려야 할지 잘 아신다.

하나님에 관한 성경의 가르침 외에 하나님이 우리에게 원하시는 일에 대해 이해할 필요가 있다.

하나님이 아내에게 원하시는 일

1. 하나님은 믿는 아내가 해야 할 선한 일을 준비하셨다.

> "우리는 그가 만드신 바라 그리스도 예수 안에서 선한 일을 위하여 지으심을 받은 자니 이 일은 하나님이 전에 예비하사 우리로 그 가운데서 행하게 하려 하심이니라"(엡 2:10).

하나님이 우리를 위해 준비하신 일은 남편과의 관계에서 행할 일은 물론 마음의 동기와 태도까지 포함한다. 남편이 해야 할 의무가 아니라 아내가 해야 할 의무라는 사실을 기억하라. 아내는 다른 사람들(특히 남편)이 그들의 의무를 잘 이행하고 있는지에 촉각을 곤두세우기가 쉽다. 하지만 아내는 '하나님이 나에게 원하시는 일을 잘하고 있는가?'라는 물음을 늘 생각해야 한다.

2. 아내의 선한 일은 영원한 가치를 지닌다.

> "이는 우리가 다 반드시 그리스도의 심판대 앞에 나타나게 되어 각각

선악간에 그 몸으로 행한 것을 따라 받으려 함이라"(고후 5:10).

하나님은 신자들에게 그리스도 안에서 행한 선한 행위를 영원히 보상하겠다고 약속하셨다. 남편을 위한 아내의 일 역시 "범사에 유익한 일", 곧 "금생과 내생에 약속이 있는 일"이다(딤전 4:8 참조). 참으로 놀라운 상급이 아닐 수 없다.

3. 막연한 두려움에서 벗어나라.

"사라가 아브라함을 주라 칭하여 순종한 것같이 너희는 선을 행하고 아무 두려운 일에도 놀라지 아니하면 그의 딸이 된 것이니라"(벧전 3:6).

하나님은 항상 옳은 일을 결정하는 주권자이시다. 그분은 성경에 옳고 그른 일을 분명히 계시하셨다. 따라서 옳은 일을 행하는 데 두려움을 느낄 이유가 조금도 없다. 혹시 상처를 받거나 실망하거나 당황하거나 이용당할지 모른다는 생각 때문에 두려워할 수도 있다. 때로 무엇이 옳은지 확신하기 어려운 입장일 수도 있다.

하지만 우리가 하나님이 원하시는 일을 하는 데 두려움을 느끼는 이유는 대개 우리가 원하는 방식대로 행동하지 못할 것이라는 생각 때문이다.

4. 하나님만 바라보라.

"믿음의 주요 또 온전하게 하시는 이인 예수를 바라보자 그는 그 앞에 있는 기쁨을 위하여 십자가를 참으사 부끄러움을 개의치 아니하시더니 하나님 보좌 우편에 앉으셨느니라"(히 12:2).

그리스도께서는 "그 앞에 있는 기쁨"을 바라보셨다. 그분은 모든 수치를 무릅쓰고 하나님이 원하시는 일을 이루셨다. 그분은 하나님의 계획과 자신의 사명에만 관심을 기울이셨다. 십자가의 고통과 수치를 감당하심으로 완전한 사랑을 보여주셨다. 주 예수님이 이기적으로 행하셨다면 세상에는 구원자가 사라졌을 것이고, 우리 모두는 절망에 휩싸였을 것이다. 예수님에게서 눈을 떼고 우리 자신을 바라보면서 하나님이 원하시는 일에 충실하겠다는 생각은 터무니없다. 우리 자신이 아니라 주 예수님과 우리를 향한 그분의 계획에 초점을 맞춰야 한다. 남편을 섬기는 일을 "우리 앞에 있는 기쁨"으로 삼으라.

하나님이 친히 보호하신다

하나님은 완전하시다. 그분은 남편들이 완전하지 못하고 또 그 가운데 구원받지 못한 이들이 많을지라도 우리에게 무엇이 최선인지 알고 계신다. 하나님은 비록 남편이 불완전할지라도 아내를 그의 권위 아래 두셨다. 이 사실을 분명히 진술하고 있는 신약성경 두 곳을 인용하면 다음과 같다.

"그러나 나는 너희가 알기를 원하노니 각 남자의 머리는 그리스도요 여자의 머리는 남자요 그리스도의 머리는 하나님이시라"(고전 11:3).

> "이는 남편이 아내의 머리 됨이 그리스도께서 교회의 머리 됨과 같음이니 그가 바로 몸의 구주시니라"(엡 5:23).

어떤 남편도 아내에게 절대적인 권위를 휘두를 수 없다. 절대적인 권위자는 오직 하나님뿐이시다. 예를 들어 남편이 자신을 위해 거짓말을 해달라고 부탁하면 단호히 거절해야 한다. 왜냐하면 하나님의 권위가 남편의 권위보다 우위에 있기 때문이다. 다음 성경 말씀을 읽어보자.

> "그 안에는 신성의 모든 충만이 육체로 거하시고 너희도 그 안에서 충만하여졌으니 그는 모든 통치자와 권세의 머리시라"(골 2:9-10).

남편의 권위는 하나님의 권위에 의해 제한받는다. 하지만 아내가 남편의 권위에 순종하는 것은 하나님의 뜻이다. 하나님은 우리를 사랑하실 뿐 아니라 항상 선하시다.

따라서 남편의 권위에 순종하는 것을 두려워할 필요가 전혀 없다. 더욱이 하나님은 아내를 보호하시기 위해 성경에 여러 가지 장치를 마련해 놓으셨다. 이 문제는 나중에 좀 더 자세히 다룰 생각이다.

하나님의 권위가 아내를 보호하지만 이 사실이 남편이 항상 지혜롭고 경건하게 행동하리라는 것을 보장하지는 않는다. 이는 남편이 어떤 태도를 취하든 하나님이 아내를 이끄셔서 "아들의 형상을 본받게"(롬 8:29) 하시고 그것을 통해 영광을 받으신다는 것을 의미한다.

하나님은 우리의 관점으로 삶을 바라보지 않으신다. 그분의 관점은 영원하고 완전하다. 그에 비해 우리의 관점은 일시적인 데다 죄로 오염되기까지 한 상태다. 이것이 하나님이 우리를 보호하시기 위해 확실한 지침을 제시하신 이유다.

아내는 왜 보호가 필요한가?

아내가 보호받아야 할 이유는 최소한 두 가지다.

1. 마귀가 역사하기 때문이다.

> "끝으로 너희가 주 안에서와 그 힘의 능력으로 강건하여지고 마귀의 간계를 능히 대적하기 위하여 하나님의 전신갑주를 입으라…그러므로 하나님의 전신갑주를 취하라 이는 악한 날에 너희가 능히 대적하고 모든 일을 행한 후에 서기 위함이라"(엡 6:10-11, 13).

사탄은 하나님이 세우신 모든 것을 대적한다. 따라서 아내의 역할 역시 그의 공격 목표에 해당한다. 우리는 순종하는 신자가 됨으로써 마귀의 간계에 대적해야 한다. 순종하는 신자가 되는 방법 중 하나는 죄를 지으라는 요구를 제외하고 다른 모든 것에 있어서 남편의 권위를 따르는 것이다. 그렇게 하지 않으면 하나님의 뜻을 거역하게 되고, 우리를 굳건히 "서게" 하는 일을 행할 수 없게 된다.

2. 유혹에 연약하기 때문이다.

> "여자가 가르치는 것과 남자를 주관하는 것을 허락하지 아니하노니 오직 조용할지니라 이는 아담이 먼저 지음을 받고 하와가 그 후며 아담이 속은 것이 아니고 여자가 속아 죄에 **빠졌음이라**"(딤전 2:12-14).

오늘날의 여성들은 이 구절을 매우 못마땅하게 여기는 경향이 있다. 그 이유는 이 구절의 의미를 잘못 배웠거나 세상의 사고방식에 영향을 받아 마음이 교만해졌기 때문이다. 이는 여성이 남성보다 덜 똑똑하다거나 가치가 덜 하다는 의미와 거리가 멀다. 오히려 성경은 나이 든 여성들에게 젊고 미성숙한 여성들을 가르치는 임무를 맡길 정도로 여성의 지적 능력을 분명히 인정한다(딛 2:3-5 참조). 이 구절은 단지 하나님이 그 무한한 지혜로 여성들이 교회에서 주도적으로 가르치는 일을 제한하셨다는 사실을 의미할 뿐이다. 그 이유는 여성이 쉽게 속아 넘어가는 속성을 지녔기 때문이다.

이와 같은 이유로 하나님은 아내들을 보호하시기 위해 권위와 질서의 체계를 확립하셨다. 하나님의 계획은 그분의 완전하고 순수한 사랑에서 비롯한다. 이는 병이 든 어린 자녀를 의사에게 데려가는 어머니의 행동과 비슷하다. 아이는 어머니가 자신을 왜 병원에 데려가는지 그 이유를 모두 이해하지 못하지만, 어머니의 행동은 지극히 타당하다. 왜냐하면 그것이 아이를 위한 최선의 조처이기 때문이다. 아이가 몸이 아픈 상황에서 병원에 가야 하는 이유를 이해하느냐 못하느냐의 문제는 어머니에게 그다지 중요하지 않다. 하나님도 병든 자녀를 둔 어머니처럼 여성들을 보호하시기 위해 최선을 다하신다. 따라서 하나님이 어떤 일을 행하실 때 그 이유를 도무지 알 길이 없더라도 그분이 우리에게 필요한 것을 우리보다 더 잘 알고 계신다는 사실을 믿고 안심할 수 있다.

3장 | 결혼생활을 깨뜨리는 함정

하나님은 아담과 하와를 창조하실 때 그들에게 생각하고, 느끼고, 옳고 그른 것을 분별하고, 서로 관계를 맺을 수 있는 능력을 허락하셨다. 그리고 아담과 하와에게 주신 여러 가지 능력들을 보시며 심히 좋아하셨다.

"하나님이 지으신 그 모든 것을 보시니 보시기에 심히 좋았더라"(창 1:31).

아담과 하와는 죄를 짓기 전까지 선한 상태를 유지했다. 하지만 하나님이 그들에게 주신 선한 능력은 타락으로 인해 철저히 왜곡되었다. 예를 들어 하나님이 사람에게 생각하는 힘을 주셨지만 사람들은 그 능력을 이용해 치밀한 계획을 세워 은행을 턴다. 하나님이 사람에게 감정을 허락하셨지만 여성들은 그 감정으로 긴장감이나 초조함을 느끼고 어린 자녀들에게 신경질을 부린다.

하나님이 사람에게 다른 사람을 친절하게 배려할 수 있는 힘을 주셨지만 사람들은 불친절하고 조급하고 올바르지 못한 태도로 서로를 대하곤 한다(엡 4:29 참조).

그 밖에도 하나님은 사람에게 선과 악을 구분할 수 있는 양심을 주셨다(히 10:22 참조). 하지만 감옥마다 죄수들이 차고 넘치는 현실은 사람들이 선과 악 가운데 어느 쪽을 선택했는지를 여실히 보여준다. 사실 하나님이 창조하신 세계 가운데 인간의 죄에 의해 오염되지 않은 곳은 아무데도 없다. 죄 짓기를 좋아하는 인간의 성향은 남편과 아내의 관계를 비롯해 삶의 모든 측면에 영향을 미친다. 그런 성향이 아내들에게 과연 어떠한 영향을 미치는지를 살펴보기 전에 먼저 죄의 기본 특성을 이해하는 것이 필요하다.

죄의 네 가지 특성

· 죄는 보편적이다. 죄의 영향을 받지 않은 사람은 아무도 없다(롬 3:23 참조).

· 죄는 명백하고 분명하다(갈 5:19-21 참조).

· 죄는 하나님께 숨길 수 없다(히 4:13 참조).

· 죄는 반드시 대가를 치른다(롬 6:23 참조).

모든 사람은 죄를 짓는다. 그들은 명백하고 분명한 행위, 또는 은밀한 생각이나 의도로 죄를 짓는다. 하나님은 전지하시기 때문에 인간의 생각과 행위를 모두 아시며, 또 지극히 거룩하시기 때문에 죄를 반드시 징벌하신다. 감사하게도 사랑과 은혜가 충만하신 하나님은 죗값을 치를 방도를 친히 마련하셨다. 하나님이 마련하신 구원의 방도는 바로 주 예수 그리스도시다.

죄 처리하기

죄는 결혼생활을 비롯해 인간의 행위 전체에 깊이 침투해 있다. 하나님은 주 예수 그리스도를 통해 죄 사함의 은혜를 베푸신다. 따라서 우리는 하나님의 용서를 받아 다른 사람들과 조화롭게 살 수 있다(물론 여기에는 남편과 아내의 관계가 포함된다). "서로 용서하기를 하나님이 그리스도 안에서 너희를 용서하심과 같이 하라"(엡 4:32)는 말씀대로 신자는 하나님이 그리스도 안에서 베푸신 죄 사함의 은혜를 받아들이고 남편이나 아내를 너그럽게 용서해야 한다. (용서의 과정에 대해 좀 더 자세히 알고 싶으면 9장을 참조하라.) 하나님은 우리를 위해 그리스도를 내주셨다. 그러면 우리가 해야 할 일은 무엇일까? 우리는 회개해야 할 책임이 있다. 우리의 죄가 오래된 습관에서 비롯되었다면 회개의 열매가 맺히기까지 많은 시간과 노력이 필요할 것이다. 회개는 일종의 과정이다.

회개는 과정이다

결혼관계에 가장 큰 해악을 끼치는 것은 부부 사이에 존재하는 모든 부도덕한 행위다. 이런 죄들은 부부의 하나 됨에 크든 작든 영향을 미치기 마련이다. 회개는 하나님과 배우자에게 죄를 한 번 고백하는 것으로 끝나지 않는다. 이는 시간과 노력을 필요로 하는 과정이다. 따라서 성경은 "경건에 이르도록 네 자신을 연단하라"(딤전 4:7)고 가르친다.

"연단하다"를 뜻하는 헬라어는 "굼나조"다. 이 말은 "연습하다, 훈련하다"

를 뜻한다.[1] 이는 "옳게 되기까지 몇 번이고 거듭 반복하다"라는 의미를 담고 있다. 영어 단어 "gymnastics"(체육)와 "gymnasium"(체육관)이 여기에서 파생했다. 우리가 얼마나 경건해질 수 있는지는 얼마나 열심히 경건을 연습하느냐에 달려 있다. 과거의 잘못된 사고 습관이나 태도는 저절로 사라지지 않는다. 그러한 습관을 버리고 새롭고 경건한 사고 습관과 태도를 기르는 노력이 필요하다. 신자는 "마음을 새롭게 함으로 변화를"(롬 12:2) 받아야 한다. 열심히 노력하면 성령께서 우리에게 힘을 주신다. 그러다 보면 자연스레 매사에 경건한 태도를 취할 수 있는 능력이 생겨난다. 이 과정은 에베소서 4장과 골로새서 3장에 잘 묘사되어 있다.

경건에 이르도록 자신을 연단하라

벗어야 할 것	입어야 할 것
• "옛 사람을 벗어버리고"(엡 4:22).	• "새 사람을 입으라"(엡 4:24).
• "거짓을 버리고"(엡 4:25).	• "각각 그 이웃과 더불어 참된 것을 말하라"(엡 4:25).
• "도둑질하는 자는 다시 도둑질하지 말고"(엡 4:28).	• "가난한 자에게 구제할 수 있도록 자기 손으로 수고하여 선한 일을 하라"(엡 4:28).
• "너희는 모든 악독과 노함과 분냄과 떠드는 것과 비방하는 것을 모든 악의와 함께 버리고"(엡 4:31).	• "서로 친절하게 하며 불쌍히 여기며 서로 용서하기를 하나님이 그리스도 안에서 너희를 용서하심과 같이 하라"(엡 4:32).

죄는 마음에서 원하는 것으로 시작된다. 무엇을 원하느냐에 따라 생각이 결정된다. 노력하면 겉으로 드러나는 행동을 약간은 고칠 수 있을지 모른다. 하지만 주 예수 그리스도를 진정으로 영화롭게 해드릴 수 있는 방법은 그분의 말씀을 따라 생각하는 것이다(롬 12:2 참조). 다음은 아내의 그릇되고 경건하지 못한 생각과 바르고 경건한 생각을 대조한 것이다.

그릇되고 경건하지 못한 생각	바르고 경건한 생각
• '남편이 미워.'	• '지금은 남편에게서 사랑을 느낄 수 없지만 더욱 다정한 모습으로 그를 사랑하려고 노력해야지.'
• '우리의 결혼생활은 아무 희망이 없어.'	• '남편이 회개한다면 내가 용서할 수 없거나 함께 이겨내지 못할 문제는 아무것도 없을 거야.'
• '남편은 의롭지 않아. 그러니까 나는 하나님이 원하시는 사람이 될 수 없어.'	• '남편은 도무지 희망이 보이지 않는 실패작인지도 몰라. 하지만 나까지 그렇게 될 필요는 없어. 남편이 어떻게 살든 나는 하나님을 기쁘시게 해드려야 해.'
• '나는 이런 어려움을 더 이상 이겨낼 수가 없어.'	• '나는 어려움을 잘 이겨낼 수 있을 거야. 하나님은 우리가 감당하지 못할 시험당함을 허락하지 않으신다(고전 10:13 참조)고 성경이 말씀하고 있으니까.'
• '친구의 남편이 내 남편이었으면…. 그는 아내에게 매우 친절한데….'	• '하나님, 남편으로 인해 감사드립니다. 어떻게 해야 남편이 저에게 참으로 소중한 존재라는 사실을 그에게 보여줄 수 있을까요?'

· '내 생각을 남편에게 선뜻 말하기가 어려워. 내 생각을 말하면 틀림없이 나를 나쁘게 생각할 거야.'	· '나는 사랑으로 진실을 말할 수 있어. 하나님은 남편이 어떤 반응을 보이든지 적절히 대처할 수 있게 도와주실 거야.'
· '남편이 나를 그냥 내버려두면 좋겠어.'	· '주님, 저와 함께 있고 싶어하는 남편을 허락해 주셔서 감사합니다.'
· '남편이 나를 사랑한다면 나를 참으로 아껴줄 텐데….'	· '사랑은 자기 유익을 구하지 않아(고전 13:5 참조). 어떻게 해야 남편에게 나의 사랑을 보여줄 수 있을까?'

4장 | 결혼생활의 관계 회복[2]

여성들을 상담하다 보면 "저는 관계에 문제가 있어요", "특별한 관계에 있어서 제가 어떻게 처신해야 할지 알고 싶어요" 등과 같은 말을 종종 듣게 된다. 여기에서 관계의 문제란 어머니, 자녀, 친구, 목회자, 직장 동료, 또는 남편과의 관계에서 발생하는 문제를 말한다. 나는 상담사로서 아내인 여성이 본받아야 할 경건하고 성경적인 관계 유형을 찾아보았다. 우리가 본받아야 할 가장 훌륭한 관계 유형은 바로 삼위일체 하나님의 관계다. 성삼위 하나님은 우리에게 가장 완벽한 관계의 본보기를 제공하신다.

하나님은 관계를 맺기 원하신다. 그분은 바람 부는 날에 아담과 동산을 거니셨고, 에녹과 늘 동행하셨으며, 노아에게 은혜를 베푸셨고, 아브라함과 함께 대화를 나누시며 언약을 맺으셨다. 또한 사막에서 하갈에게 위로와 희망을 주셨고, 요셉을 애굽으로 인도하셔서 미래의 일을 준비하게 하셨다. 그분은 심지어 모세에게 어렴풋하게 자신의 영광을 드러내셨고, 다윗을 왕으로 세우시고 온전히 헌신하게 만드셨다. 무엇보다 하나님은 십자가에서 이루어진 예수 그리스도의 구원 사역을 통해 죄인인 인간이 하나님과 화해하고 올바른 관계를 맺을 수 있는 방도를 마련하셨다.

예수님은 체포되어 십자가에 못 박히시기 직전에 자신을 믿고 따랐던 제자들을 위해 하나님께 기도하셨다. 그분은 자신이 십자가에서 이룰 사역에 근거해 기도를 드렸고, 그 사역이 하나님을 어떻게 영화롭게 할 것인지 언급하셨다. "그들도 진리로 거룩함을 얻게"(요 17:19) 해달라고 기도하셨고, "아버지께서 내 안에, 내가 아버지 안에 있는 것같이 그들도 다 하나가 되어 우리 안에 있게 하사 세상으로 아버지께서 나를 보내신 것을 믿게 하옵소서"(요 17:21)라고 하시며 신자들과 하나님의 하나 됨을 구하셨다. 아울러 예수님은 신자들 서로의 관계가 온전히 하나 되게 해달라고 기도하셨다(요 17:22-23 참조).

모든 신자는 예수님의 기도처럼 초자연적으로 서로를 의존하는 관계를 맺는다. 특히 남편과 아내의 경우는 하나님에 의해 "한 몸"(창 2:24)으로 연합한다. "한"으로 번역된 히브리어 "에카드"는 "하나의, 똑같이 닮은, 전체의, 모두 함께"를 뜻한다.[3] 신명기 6장 4절 말씀, "우리 하나님 여호와는 오직 유일한 여호와이시니"에서 "유일한"으로 번역된 단어도 같은 말이다. 즉 하나님은 삼위일체와 같이 남편과 아내의 관계를 "하나", 곧 "복합적 단일체"로 만드셨다.

하나님이 의도하신 관계의 하나 됨은 오직 예수 그리스도를 통해서만 가능하다. 인간의 타락으로 상실된 것은 모두 그리스도와의 하나 됨을 통해 회복될 수 있다. 남편과 아내의 관계도 오직 그리스도 안에서만 경건하고 선하고 의롭게 발전할 수 있다.

성삼위 하나님의 관계는 우리가 따라야 할 관계의 본보기다. 성삼위 하나님은 영원 전부터 관계를 맺으셨다. 그 관계는 지극히 친밀하고 밀접하다. 따라서 우리는 완벽한 관계의 유형을 하나님에게서 찾을 수 있다. 성삼위 하나님이 조화를 이루시듯 남편과 아내도 서로 조화를 이룰 수 있다. 하나님은 우리가 그런 관계를 경험하기 원하신다.

삼위일체 하나님 안에는 완벽한 조화와 친밀한 관계를 형성할 수 있는 특별한 요소가 존재한다. 이는 성삼위 하나님이 각각 지니고 계시는 거룩한 고유 속성을 가리킨다. 하나님은 인간에게도 그런 속성을 많이 허락하셨다. 불행히도 타락으로 인해 아담과 하와에게 주어졌던 그런 속성이 모두 왜곡되었다. 다음의 비교 표를 살펴보면 인간과 인간의 관계가 얼마나 쉽게 왜곡되었는지 알 수 있다.

삼위일체 하나님의 속성 (완벽한 조화와 친밀한 관계 형성)	타락한 인간의 속성 (조화와 친밀함을 훼손)
· 자상하시고 자비로우시고 동정심이 많으시다.	· 자상하지 않고 무자비하고 냉혹하다.
· 솔직하시고 투명하시다.	· 속마음을 열지 않고 방어적이다.
· 서로를 영화롭게 하심으로써 선을 베푸신다.	· 자신을 내세우기 위해 다른 사람을 헐뜯으며 악의를 품는다.
· 서로를 위해 사랑으로 희생하신다.	· 자기 유익을 구하기에 바쁘다.
· 서로 완벽한 의사소통을 이루신다.	· 성경적인 대화를 나누지 않음으로 서로에게 상처를 입힌다.
· 정직하시고 진실하시며 의를 위해 헌신하신다.	· 속이고 거짓말하고 자기를 위해 헌신한다.

· 서로에 대해 온전히 아시고 완벽하게 이해하신다.	· 서로를 잘 알거나 이해하지 못한다.
· 서로의 관계에 신실하시고 충실하시다.	· "네가 하면 나도 하겠다"는 식으로 조건을 앞세우는 탓에 서로 믿을 수 없고 불성실하고 신뢰성이 없다.
· 어떤 일을 하시든지 질서와 목적이 있고, 성자와 성령께서는 성부 하나님께 자발적으로 순종하신다("내 권리"를 주장하는 힘겨루기가 없다).	· 분노와 눈물, 또는 위협을 통해 상대방을 이용하고 자신의 뜻을 고집한다(필사적으로 "내 권리"만을 찾는다).

표에서 알 수 있듯이 성삼위 하나님은 완벽한 조화와 일치를 이루신다. "사실 성삼위 하나님은 그 관계가 너무나도 친밀해 삼위로 존재하시면서도 마치 하나의 인격이신 듯 보인다."[4] 성삼위 하나님은 우리가 본받아야 할 완전한 본보기시다. 그 관계를 설명하는 다음의 내용을 천천히 주의 깊게 읽어보라.

"삼위일체는 영원하신 성삼위 하나님이 영원한 헌신의 상태로 서로의 유익을 구하시며, 서로를 나타내시고 아시고 사랑하시는 관계를 의미한다(성삼위 하나님은 각기 온전한 성품을 지니셨고 존재와 능력과 영광이 서로 동등하시다). 성삼위 하나님이 목표를 세우고 이루고자 하실 때 성자와 성령께서는 질서와 효율성을 위해 자발적으로 성부께 순종하심으로 서로의 완전한 계획에 따라 사역하신다. 성삼위 하나님이 서로 합력해 일하실 때는 그 목적이 완수될 때까지 세 분의 소원과 생각과 행동이 온전히 일치한다. 이처럼 하나님은 삼위로 존재하시면서 또한 하나이시다."[5]

남편과 아내는 하나님의 관계 유형을 본받아 그와 같은 상태에 도달하기 위해 노력해야 한다. 그것이 우리를 향한 하나님의 목적이자 뜻이다(엡 5:22-33 참조). 삼위일체 하나님 안에 얼마나 거룩한 사랑이 존재하는지 깊이 유념하라. 또한 그분들의 겸손을 기억하라. 그분들은 존재와 능력이 동등하시지만, 성자와 성령께서는 자발적으로 성부께 순종하신다. 또한 그분들은 서로 친밀한 대화를 나누신다. 성삼위 하나님 안에는 혼돈이 없고 오직 완벽한 조화와 일치만이 존재한다. 온전한 하나 됨은 성삼위 하나님의 규범이다.

온전히 하나 되기

하나님의 규범을 인간의 관계에 어떻게 적용할 수 있을까? 그것은 주 예수 그리스도의 형상과 행동을 닮는 것이다. 예수님은 감람산에서 "우리가 하나가 된 것같이 그들도 하나가 되게 하려 함이니이다 곧 내가 그들 안에 있고 아버지께서 내 안에 계시어 그들로 온전함을 이루어 하나가 되게 하려 함은…"(요 17:22-23)이라고 기도하셨다. "그러므로 자기를 힘입어 하나님께 나아가는 자들을 온전히 구원하실 수 있으니 이는 그가 항상 살아 계셔서 그들을 위하여 간구하심이라"(히 7:25)는 말씀대로 우리를 위한 주님의 기도는 결코 중단되지 않는다.

온전히 하나 되기 위해서는 "그것이 나에게 무슨 유익이 될까?", "나는 무엇을 얻게 될까?", "그것이 나의 필요를 어떻게 채워줄까?"와 같은 질문을 멈추고, "내가 어떻게 하나님을 영화롭게 할 수 있을까?", "어떻게 하면 하나님을 기쁘시게 하고, 또 그분을 기뻐하는 삶을 살아갈 수 있을까?"라고 물어야 한다. 우리도 바울처럼 "주를 기쁘시게 하는 자"(고후 5:9)가 되는 것을 삶의 목적으로 삼아야 한다. 바울은 "내게 사는 것이 그리스도니"(빌 1:21)라고 말할 정도로 하나님을 기쁘시게 하는 삶을 간절히 바랐다.

우리는 스스로를 높이려는 성향이 있다. 우리는 무엇을 하든지 바벨론 왕 벨사살을 닮았다. 하나님은 다니엘 선지자를 통해 그에게 말씀하셨다.

> "자신을 하늘의 주재보다 높이며…왕의 호흡을 주장하시고 왕의 모든 길을 작정하시는 하나님께는 영광을 돌리지 아니한지라"(단 5:23).

이 경고가 주어지기 직전에 벨사살은 손가락들이 나타나 벽에 글자를 쓰는 광경을 겁에 질린 표정으로 바라보았다. 벽에 적힌 글귀는 벨사살의 왕국이 종말을 맞이할 때가 임박했음을 뜻했다. 바로 그날 밤 그는 죽임을 당했다. 우리가 하나님께 영광을 돌리지 않은 것보다 벨사살이 하나님께 영광을 돌리지 않은 것이 그분께 더 모욕적이었을까? 나는 그렇게 생각하지 않는다. 하나님을 정성껏 섬기며 그분을 영화롭게 하고 주 예수 그리스도처럼 생각하고 행동함으로써 "아들의 형상"(롬 8:29, 12:1-2 참조)을 본받는 것이 우리를 향한 하나님의 뜻이다.

우리는 자기 자신을 위해 살아가는 삶이나 관계를 파괴하는 행위를 멈추고 하나님을 영화롭게 하는 삶을 시작해야 한다. 바울은 고린도 신자들에게 "다시는 그들 자신을 위하여 살지 않고 오직 그들을 대신하여 죽었다가 다시 살아나신 이를 위하여 살게 하려 함이라"(고후 5:15)고 말했다. 우리 자신을 위해 사는 것은 쉽다. 하지만 그런 삶은 만족을 주지 못하고 우리를 공허하게 만든다.

'나는 남편과 친밀해지기 위해 기꺼이 노력할 마음이 있지만 남편은 그렇지 않을 거야.'라고 생각할지도 모르겠다. 만약 남편이 친밀한 관계를 원하지 않거나 심지어 가혹하게 굴더라도 항상 경건한 태도를 유지한다면 그것은 곧 "의를 위한 고난"에 해당한다. 그런 경우에는 하나님이 모든 것을 보상해 주실 것이다. 우리는 오직 하나님만 바라봐야 한다.

하나님을 바라보며 남편과 친밀한 관계를 맺으려고 노력하다 보면 예수님을 닮아갈 수 있다. 그리스도를 닮으려면 그분처럼 행동하고 생각해야 한다. 즉 '내가 이 일로 인해 무슨 유익을 얻을 수 있을까?' 하는 생각을 버리고 '내가 무엇을 줄 수 있을까?'를 생각하는 등 마음의 동기부터 달리해야 한다(고전 13:5; 빌 2:2-3 참조). 어떤 감사나 인정도 기대하지 말고 하나님께 최소한의 의무를 다할 뿐이라고 생각해야 한다. 예수님은 마땅히 해야 할 일을 한 것뿐이라고 말하는 종의 태도를 본받으라고 권고하셨다(눅 17:10 참조).

남편에 대한 헌신은 아내의 의무를 넘어서지 않는다. 그것은 아내가 마땅히 해야 할 일이다. 아내는 남편에게 친절해야 하고, 마음을 활짝 열어 투명하고 솔직하게 그를 대해야 한다. 이 일이 매우 어렵게 여겨질 수도 있다. 만일 그렇다면 그것은 타락한 인간의 본성 때문이다.

> 타락한 인간은
> 관계를 끊고 홀로 지내기를 원하고
> 주도권을 장악하기 원하며

고통이나 상처를 숨기거나 가리고 싶어하고

자기 자신을 보호하려고 힘쓰며

자기 중심적인 성향이 있다.

우리는 자기 중심적인 성향을 지니고 있기 때문에 날마다 "살아 있고 활력이 있어…마음의 생각과 뜻을 판단"(히 4:12)하는 하나님의 말씀 안에 거하는 것이 중요하다. 성령께서는 거룩한 말씀을 도구로 삼아 우리의 생각을 깊이 깨우치셔서 남편과의 관계에서 자아가 아니라 하나님의 영광을 구하려는 마음을 갖게 하신다.

하나님은 아내가 마음의 생각, 현재와 미래의 소원, 열망, 목적, 고민, 영적 통찰력을 남편과 함께 나눔으로써 사랑 안에서 서로 사귐을 갖고, 옳고 친밀한 관계를 형성해 나가기를 원하신다. 아내는 정직하고 투명하고 솔직한 태도를 취하고 덕을 세우는 말을 해야 한다. 아울러 무엇을 하든지 하나님의 영광을 구하는 것을 동기로 삼아야 한다. 우리가 본받아야 할 하나 됨의 본보기는 삼위일체 하나님이시다.

하나님은 아내가 그리스도를 닮기 원하실 뿐 아니라 남편이 가능한 한 그리스도를 더 많이 닮게 하는 데 아내가 기여하기를 바라신다. 예수님을 더욱 더 닮아가는 것은 성화의 점진적인 과정에, 아내와 남편이 그리스도를 닮아가도록 서로 돕는 것은 상호 성화의 과정에 각각 해당한다. 성화와 상호 성화의 의미에 대해서는 다음 장에서 설명할 생각이다.

5장 | 하나님이 원하시는 결혼생활

최근에 고등학교 동창회에 참석한 적이 있다. 고등학교를 졸업한 지 30년 되던 해였다. 나는 그곳에서 동창생 몇 명을 만났다. 그 가운데는 함께 차를 타고 온 동창생 한 명도 포함되었다. 학교를 졸업한 이후 우리는 둘 다 많이 변해 있었다. 그는 대화를 나누는 중에 고등학교 시절에 진학 상담사와 상담을 나누었던 경험을 들려주었다. 상담사는 그가 가고자 하는 대학에 합격하지 못할 것이며, 설사 합격하더라도 졸업하기 힘들 것이라고 덧붙였다고 한다. 하지만 나는 그가 합격 통지서를 받던 날을 생생히 기억한다. 그와 그의 가족들은 기뻐 어쩔 줄을 몰랐다. 그는 목표를 세운 뒤 부지런히 학업에 매진했고 4년 뒤에 거뜬히 학교를 졸업했다. 동창회 날, 그는 벤츠를 타고 왔는데 그 차 번호판에는 조지아공과대학의 문장이 그려져 있었다.

나의 고등학교 동창생이 목표를 세우고 매진했듯이 남편과 아내도 서로의 관계를 위해 성경적인 목표를 세우고 매진해야 한다.

하나님이 원하시는 부부

그리스도인 부부의 목적은 사랑을 바탕으로 영적, 정신적으로 하나 되어 하나님을 영화롭게 하고 서로의 영적 성장에 도움을 주는 데 있다(창 2:24; 엡 5:22-23; 갈 6:1; 히 13:4 참조). 하나 됨과 영적 성장은 부부가 서로를 도와 가능한 한 그리스도를 더 많이 닮게 할 때 비로소 성취된다. 이는 결코 저절로 이루어지지 않는다. 모든 결과는 남편과 아내가 얼마나 부지런히 그 목적을 추구하느냐에 달려 있다.

서로 하나가 되어 영적 성장을 도모하는 일은 측정 가능한, 구체적이며 현실적인 방법으로 이루어진다. 예를 들어 아내는 차갑고 신경질적인 목소리로 남편을 대하는 태도를 그만두고 친절하고 부드럽고 인내심 있게 행동할 수 있다. 그러한 변화는 하나님의 말씀에 순종하는 것이기에 부부가 더더욱 하나 되게 하고 하나님을 영화롭게 한다. 성령께서는 아내를 변화시키심으로 하나님의 능력과 은혜를 밝히 드러내신다. 어떤 목표든 우연히 이루어지는 법은 없다. 하나님이 원하시는 하나 된 부부가 되려면 헌신, 인내, 근면, 그리고 하나님의 은혜가 필요하다.

그리스도인 부부가 친밀하고 사랑이 넘치며 하나 되어 영적으로 성장해 하나님께 영광을 돌리는 일에 지름길은 없다. 하지만 그 목적을 이루는 데 도움이 될 수 있는 방법이 네 가지 있다.

하나님이 원하시는 부부가 되는 법

> 첫째, 결혼생활을 기도의 제목으로 삼아라.
> 둘째, 성경에 근거해 행동하라.
> 셋째, 실패에 대해 책임을 지고 회개하라.
> 넷째, 상호 성화의 과정에 충실하게 참여하라.

하나님을 영화롭게 하고 기쁘시게 하는 결혼생활이 되게 해달라고 정성껏, 마음을 다해, 규칙적으로 기도하라. 하나님께 기도할 때는 구체적이어야 한다. 하나님 앞에서 겸손히 자신을 낮추고 스스로의 약점과 죄를 고백하라. 그리고 자신과 남편의 약점을 강점으로 변화시켜달라고 기도하라. 낙심하지 말라. 하나님이 기도를 들으시고 응답하실 것이라고 확신하라. 또 기도하면서 성경에 근거해 행동하려고 노력하라. 성경에 근거한 행동이란 성경을 토대로 한 계획을 의미한다. 아울러 실패한 부분에 대해서는 스스로 책임질 줄 알아야 한다.

남편들의 간증을 들어보면 아내로 인해 변화되어 감사하다는 내용이 많다. 남편이 불신자이거나 영적 성장에 아무런 관심이 없을지라도 얼마든지 하나님을 영화롭게 해드릴 수 있고, 남편에게 좋은 영향을 미칠 수 있다. 자신의 삶에 존재하는 죄를 깨닫게 해달라고 기도하라. 결혼생활을 통해 하나님의 목적을 이루는 일은 자신의 "눈 속에 있는 들보"(마 7:3)를 빼내는 일로부터 시작된다. 예수님은 그 점을 이렇게 설명하셨다.

"어찌하여 형제의 눈 속에 있는 티는 보고 네 눈 속에 있는 들보는 깨닫지 못하느냐 보라 네 눈 속에 들보가 있는데 어찌하여 형제에게 말하기를 나로 네 눈 속에 있는 티를 빼게 하라 하겠느냐 외식하는 자여 먼저 네 눈 속에서 들보를 빼어라 그 후에야 밝히 보고 형제의 눈 속에서 티를 빼리라"(마 7:3-5).

주님의 말씀은 남편의 눈에서 절대로 티를 빼내서는 안 된다는 뜻이 아니다. 단지 아내가 먼저 올바른 삶의 태도를 지녀야 한다고 말씀하실 뿐이다. 그래야만 비로소 남편의 죄가 무엇인지를 찾아내 교정을 요구할 수 있다.

"주님, 제 삶에 존재하는 죄를 깨닫게 하셔서 제 눈에서 들보를 빼내게 하옵소서"라고 기도하라. 그러면 하나님이 응답하실 것이다. 그런 기도는 겸손한 기도이기 때문에 하나님을 영화롭게 한다. 하나님이 그와 같은 기도에 응답하시는 방법을 좀 더 확실히 분별할 수 있는 안목을 길러 그분의 응답이 있을 때 적절히 행동할 수 있도록 준비하라.

또한 우리의 삶에 죄가 있다는 사실을 누군가가 알고 있을 경우 그에 대해 어떤 반응을 취하느냐는 순전히 우리의 선택에 달려 있다. 감사한 마음으로 죄를 고백하고 회개할 수도 있고, 교만한 마음으로 당황해하며 화를 내면서 방어 자세를 취하고 앙심을 품을 수도 있다.

후자처럼 반응하는 경우는 교만의 죄를 더하는 셈이 된다. "교만에서는 다툼만 일어날 뿐이라"(잠 13:10)는 말씀대로 교만의 죄는 갈등과 문제를 일으킨다. 성경은 "교만은 패망의 선봉이요 거만한 마음은 넘어짐의 앞잡이니라"(잠 16:18)고 말씀한다.

누구나 자신의 약점을 선뜻 인정하기 싫어한다. 하지만 그릇된 태도를 보이면 죄를 더욱 가중시킬 뿐이다. 상호 성화의 과정을 시작하려면 먼저 자신의 눈에서 들보부터 빼내야 한다.

결혼생활에서 상호 성화란 남편과 아내가 서로를 도와 가능한 한 그리스도를 더 많이 닮게 하는 과정을 의미한다.

남편은 가정의 영적 제사장이다. 그는 아내를 "생명의 은혜를 함께 이어받을 자"(벧전 3:7)로 알고 성숙한 신자로 성장할 수 있도록 도와야 한다. 아내 역시 "돕는 배필"(창 2:18)로서 남편이 성숙한 신자로 성장할 수 있도록 도와야 한다.

상호 성화의 개념을 올바로 이해하려면 성화의 의미부터 알아야 한다. 성화라는 말은 "거룩한"을 뜻하는 헬라어 "하기오스"에서 비롯했다. 성경이 가르치는 성화의 단계는 위치적(또는 신분적) 성화, 점진적 성화, 궁극적 성화 등 크게 셋으로 구분된다.

성화의 첫 번째 단계인 위치적 성화는 구원받는 순간에 이루어진다. 그것은 전적으로 하나님의 사역이다. 하나님은 죄인을 부르셔서 죄를 깨닫게 하시고, 죄 사함을 베푸셔서 그의 영혼을 구원하신다.

> "주께서 사랑하시는 형제들아 우리가 항상 너희에 관하여 마땅히 하나님께 감사할 것은 하나님이 처음부터 너희를 택하사 성령의 거룩하게 하심과 진리를 믿음으로 구원을 받게 하심이니"(살후 2:13).

성화의 마지막 단계는 궁극적 성화다. 이 단계 역시 전적으로 하나님의 사역이다. 이는 주 예수님이 재림하셔서 신자들을 천국으로 인도하실 때 이루어진다. 그때 신자들은 순수하고 거룩한 새 몸을 갖게 될 것이다.

> "능히 너희를 보호하사 거침이 없게 하시고 너희로 그 영광 앞에 흠이 없이 기쁨으로 서게 하실 이"(유 24절).

성화의 두 번째 단계는 점진적 성화다. 이 단계를 좀 더 자세히 살펴보면 다음과 같다.

점진적 성화는 구원받는 순간 시작되어 세상을 떠나 주님과 함께 거하는 순간 끝난다. 그러는 동안 우리는 성숙한 신자로 성장해 주 예수 그리스도를 닮게 된다.

이는 하나님의 사역일 뿐 아니라 우리의 사역이다. 하나님은 죄를 깨우치시고 징계하시고 능력을 베푸시는 일을 하시고, 우리는 "우리 주 곧 구주 예수 그리스도의 은혜와 그를 아는 지식에서 자라가라"(벧후 3:18, 이 구절에서 "자라가라"는 말씀은 명령형이다)는 말씀을 따라야 한다.

또한 사랑을 추구하는 것(고전 14:1 참조), 영의 일을 생각하는 것(롬 8:5 참조, "영의 일"은 하나님이 원하시는 일을 뜻한다), 음행을 피하는 것(고전 6:18 참조), 경건에 이르도록 연단하는 것(딤전 4:7 참조)도 우리의 몫이다.

우리는 그리스도를 더욱 닮기 위해 노력해야 한다. 하나님은 성령의 능력으로 우리의 영적 성장을 도와주신다. 구체적인 시험과 시련을 통해 그리스도의 형상을 닮게 하신다. 성경은 영적 성장을 도모할 수 있는 방법을 여러 가지로 제시한다.

영적 성장을 위한 하나님의 방법들

시험, 또는 시련	참조 구절	성장 가능한 영역
· 남편과 잘 지내기	엡 4:1-3	겸손, 오래 참음, 사랑, 부지런함, 인내
	빌 4:2-3	조화롭게 살기
· 주님을 위한 고난	벧전 4:12-13	기쁨, 감사, 하나님을 더욱 신뢰하는 믿음
· 다른 사람의 죄(특히 남편의 죄)	벧전 3:8-9	조화, 동정심, 형제 사랑, 긍휼, 겸손
· 경제적 압박	빌 4:11-12	만족
· 일상 업무	골 3:23	진심으로 일하려는 자세
	살전 4:11-12	근면함, 궁핍함이 없는 삶, 책임 있는 태도
· 질병(특히 죄로 인한 질병)	약 5:14-15	회개
· 시련(유혹과 시험)	약 1:2-3, 12	기쁨, 인내
· 섭리에 의한 시험	약 4:13-16	하나님의 주권을 의식하는 태도
· 사랑하는 사람의 죽음	살전 4:13-18	주님 안에서의 소망
· 다른 사람의 짐을 짊어짐	갈 6:2	사랑
· 다른 사람들의 권고	롬 15:14	끈기
	살전 5:14	인내, 지혜
	골 1:28-29	근면
	골 3:16	감사, 겸손

하나님은 남편과 아내가 각각 그리스도를 더욱 닮도록 인도하실 뿐 아니라 부부가 서로의 영적 성장을 도와 그리스도를 더욱 닮아가게 하도록 이끄신다. 이것이 곧 상호 성화다. 이 과정은 위의 표에서 "다른 사람들의 권고" 부분에 해당한다. 아내와 남편은 서로 권고를 주고받는 법을 배워야 한다.

권고는 책망이나 경책을 의미한다. 성경적 책망은 상대방의 잘못을 일깨워

하나님과의 관계를 올바로 회복시키려는 데 그 목적이 있다. 그리스도인 부부는 서로를 책망함으로써 상대방의 잘못을 깨우쳐주어야 한다. 책망할 때 지켜야 할 성경의 지침 몇 가지를 제시하면 다음과 같다.

> "네 형제가 죄를 범하거든 가서 너와 그 사람과만 상대하여 권고하라 만일 들으면 네가 네 형제를 얻은 것이요"(마 18:15).
> "형제들아 사람이 만일 무슨 범죄한 일이 드러나거든 신령한 너희는 온유한 심령으로 그러한 자를 바로잡고 너 자신을 살펴보아 너도 시험을 받을까 두려워하라"(갈 6:1).

책망은 상대방을 바른 길로 인도하려는 동기와 온유한 태도로, 개인적 차원에서 이루어져야 한다. 그와 같은 책망은 사랑에서 비롯한다. 부부가 서로를 책망하지 않는 이유는 상대방을 돕고 싶은 마음이 아니라 '이 일이 나에게 무슨 영향을 미칠까?' 하는 생각에 사로잡혀 있기 때문이다. 그것은 상대방을 사랑하지 않는 이기적인 태도다. 하나님과 배우자를 사랑한다면 성경에 근거한 올바른 방법으로 책망을 해야 한다.

아내가 남편의 책망에 반응하는 태도를 보면 그녀에게 더욱 경건해지고자 하는 의지가 있는지 없는지를 알 수 있다. 남편의 책망이 타당하다는 생각이 들거든 다음 순서를 밟는 것이 좋다.

가장 먼저 그의 조언에 귀를 기울이고 잘못을 고치려 노력하라. 책망을 올바로 받아들일 때 얻게 될 유익을 생각하면 도움이 될 것이다.

> **아내가 남편의 책망을 받을 때**
>
> - 시간을 두고 곰곰이 생각해 보라(잠 15:28 참조).
> - 무슨 내용인지, 어떻게 극복할 수 있는지 성경에서 찾아보라(엡 4:22-24 참조).
> - 남편에게 책망을 좀 더 책임 있게 받아들일 수 있는 방법을 물어라(잠 14:8 참조).
> - 죄를 고백하라(요일 1:9 참조).
> - 열매를 보여주라. 그리고 의를 추구하라(히 12:11 참조).
> - 자신을 정당화하거나 변명하지 말라(미 7:9 참조).

책망을 받아들여 깨달음을 얻어라. '하나님이 나에게 무엇을 가르치시려는 것일까?'를 생각하라. 상대방의 책망을 하나님의 관점에서 바라보라. 남편이 아내의 죄에 대하여 마음을 굳게 닫은 채 속으로 못마땅하게 생각하지 않고 잘못을 지적해 준 것을 고맙게 여겨라. 책망을 들을 때는 "친구의 아픈 책망은 충직으로 말미암는 것이나"(잠 27:6)라는 말씀과 "면책은 숨은 사랑보다 나으니라"(잠 27:5)는 말씀을 기억하라.

하나님이 상대방의 책망을 통해 무엇을 말씀하고 계시는지 조용히 생각해 보라. 남편의 책망에 귀를 기울여 깨달음을 얻어라. 그러면 성숙한 신자로 성장할 수 있다. 어리석게 행동하지 말고 지혜로우라. 하나님을 영화롭게 하는 것을 가장 중요한 소원으로 삼아라. 그 과정에서 행여 수치를 당하더라도 기꺼이 감내하라. 때로는 몹시 당혹스럽고, 심지어 고통스러울 수도 있다. 하지만 하나님의 가지치기, 즉 징계를 달게 받아들이면 나중에 그분을 위해 좋은 결실을 맺을 수 있다(요 15장 참조). 책망에 어떻게 반응하느냐에 따라 성숙한 신자로 성장하느냐, 성숙하지 못한 신자로 남느냐가 결정된다. 사실 책망에 대한 반응은 영적 성숙도를 가늠하는 가장 확실한 척도다.

그러면 입장을 바꿔 책망을 받을 사람이 남편인 경우에는 어떻게 해야 할까?

> **아내가 남편을 책망할 때**
> · 적절한 시간을 정하라(전 3:1, 7 참조).
> · 올바른 단어를 선택하라(잠 15:28 참조).
> · 위로의 말을 잊지 말라(계 2:2-3 참조).
> · 잘못을 자세히 알려주고 성경적인 해결책을 제시하라(엡 4:25 참조).
> · 무조건 사랑하는 모습을 보여주라(롬 5:8 참조).

다른 사람들 앞에서 책망을 하거나, 잘못된 태도로 말을 꺼내거나, 남편이 부주의한 상황에 책망의 말을 건네는 것은 바람직하지 않다. 책망의 말은 남편과 단 둘이 있거나, 기분이 좋고 안정되어 있을 때, 또는 서로 대화를 나눌 시간이 충분하거나, 스스로의 감정을 조절할 수 있고 성령과 말씀을 의지해 생각과 행동의 방향을 결정할 수 있을 때를 정해 건네는 것이 좋다.

먼저 말하고 싶은 내용을 깊이 생각하라. 종이에 적은 뒤 소리 내어 연습하는 것도 좋은 방법이다. 책망의 내용이나 표현이 의심스럽거든 객관적이고 신뢰할 수 있는 신자에게 내용을 들려주고 조언을 구하라.

예수님은 에베소교회를 향해 첫사랑을 버렸다고 책망하셨다. 회개하지 않으면 엄히 징계하겠다고 경고하셨다. 하지만 흥미롭게도 주 예수님은 에베소 신자들을 책망하시기 전에 먼저 잘한 일을 칭찬하시며 그들을 위로하셨다. 남편을 책망할 때도 마찬가지다. 먼저 그를 위로하고 잘한 일을 칭찬하는 말로 시작하는 것이 좋다. 그러면 남편은 안심하며 책망을 좀 더 달갑게 받아들일 것이다. 하지만 단지 비위를 맞출 요량으로 일부러 칭찬이나 위로의 말을 둘러대서는 곤란하다. 진심에서 우러나와야만 한다.

잘못을 직설적으로 확실하게 지적하기보다는 우회적으로 모호하게 지적하는 편이 더 안전하다고 생각할지 모르겠다. 하지만 사람들은 우회적이고 모호한 암시는 쉽게 잊는다. 사랑으로 진실을 말해 주면 잘못을 훨씬 더 쉽게 깨달을 수 있고 뉘우칠 가능성도 높다. 예를 들어 "여보, 당신이 요즘 수지를 못마땅하게 여겨 너무 심하게 대하는 것 같아요. 수지는 말썽을 많이 부릴 나이라서 적절히 징계를 받을 필요가 있지만 성경에 '사람이 성내는 것이 하나님의 의를 이루지 못함이라'(약 1:20)는 말씀이 있잖아요. 제가 당신을 도울 일이 있을까요? 괜찮다면 당신이 수지에게 실망하는 모습을 볼 때 가만히 그 사실을 알려주고 싶어요"라고 말할 수 있다.

남편에게 "여보, 무슨 일이 있든지 항상 당신을 사랑할 거예요"라고 말하라. 그리고 인내와 친절을 다해 사랑을 보여주라. 사랑에서 우러나오는 책망의 말을 건네기는 쉽지 않다. 그보다는 속으로 가만히 기도하는 편이 훨씬 용이하다. 하지만 성경은 부부가 가능한 한 그리스도를 더 많이 닮을 수 있도록 서로 도울 의무가 있다고 가르친다.

남편이 신자인 경우, 아내는 하나님 앞에서 사랑으로 부드럽게 그의 잘못을 책망해야 할 책임이 있다. 성경의 가르침대로 "불의를 기뻐하지 아니하며 진리와 함께 기뻐"(고전 13:6)해야 한다.

누군가를 책망하는 일은 매우 어렵다. 하지만 책망을 받아들이는 일은 그보다 더 어렵다. 책망을 받아들이는 태도야말로 그리스도 안에서 영적 성숙도를 가늠하는 척도다.

> **책망을 받아들이는 잘못된 태도**
>
> - 화가 나서 반발성 폭언을 퍼붓는다(잠 13:10 참조).
> - 속상하고 분노가 치솟고 용서하고 싶지 않은 마음이 든다(엡 4:31-32 참조).
> - 남편의 잘못을 공격한다(마 7:5 참조).
> - 크게 상심한다(히 12:10-11 참조).

어떤 책망이든 수치와 상처를 안겨주기 마련이다. 하지만 잘못된 반응을 보임으로써 그 상처에 죄를 하나 더 추가하는 것은 지혜롭지 못하다. 겸손하고 온유한 태도로 책망을 받아들이지 않으면 죄를 지을 수밖에 없다. 남편이 화를 내며 거칠게 책망하더라도 아내는 하나님 앞에서 올바른 태도로 그것을 받아들여야 한다.

다른 사람이 내가 불완전하다고 생각한다는 사실을 아는 것은 별로 유쾌한 일이 못 된다. 하지만 우리는 징계로 말미암아 연단받은 자들은 의와 평강의 열매를 맺는다(히 12:11 참조)는 말씀을 기억해야 한다. 삶의 열매는 부부가 서로 얼마나 겸손한 태도로 책망을 주고받느냐에 따라 크게 달라진다. 그리스도를 사랑하는 부부라면 상호 성화의 과정에 적극적으로 참여해야 한다. 남편과 아내가 그리스도를 더 많이 닮을 수 있도록 서로를 도와 하나님을 영화롭게 하는 것이 결혼생활을 위한 하나님의 뜻이다.

6장 | 성경적인 아내의 역할

내 아들 데이비드는 소방대원이자 응급처치요원이다. 그와 그의 동료들은 고도의 훈련을 받은 전문가들이다.

일전에 데이비드는 전복된 차량 밑으로 기어들어가 그곳에 갇힌 젊은이의 상태를 살펴보고 그를 구조해야 했다. 동료들이 부상당한 젊은이를 구조하기까지는 약 30분이 걸렸다. 그동안 데이비드는 휘발유가 사방에 흘러내리는 상황 가운데 차량 밑에 머물러야 했다. 데이비드는 동료들에게 화재 발생에 대비하라고 소리쳤다.

그러자 차량 옆에 서 있던 소방대장이 "우리는 잘 대비하고 있으니 자네야말로 조심하게!"라고 응답했다. 응급처치요원들은 모두 한 팀으로서 한 몸처럼 움직였다.

긴급 상황에서 팀 사역은 매우 중요하다. 그날 응급처치요원들은 제각기 자신의 임무를 잘 알고 있었다. 자신의 역할을 십분 이해했다. 그들은 부상자와 데이비드의 안전이라는 한 가지 목적을 염두에 두고 팀으로 활동했다.

응급처치요원들에게 제각기 역할이 있듯이 하나님은 아내가 해야 할 역할을 정해 주셨다. 그것은 하나님을 영화롭게 하는 것이다. 하나님을 영화롭게 하려면 우선 그분의 관점을 이해해야 한다. 즉 창조주이자 구원자이신 하나님이 무엇을 원하시는지 알아야 한다. 그렇다면 하나님이 원하시는 남편과 아내의 역할은 과연 무엇일까? 이 문제를 해결하려면 최소한 다섯 가지 사실을 기억해야 한다.

하나님이 원하시는 남편과 아내의 역할

1. 남자와 여자는 하나님의 형상으로 창조되었다.

> "하나님이 자기 형상 곧 하나님의 형상대로 사람을 창조하시되 남자와 여자를 창조하시고"(창 1:27).

우리는 하나님의 형상으로 창조되었기 때문에 그분의 형상을 지닌 사람으로서 특별히 해야 할 일이 있다.

컬럼비아 바이블 칼리지에서 교수로 가르치다가 은퇴한 벽 해치는 인간이 하나님의 형상으로 창조되었다는 사실을 다음의 표로 묘사했다.[6]

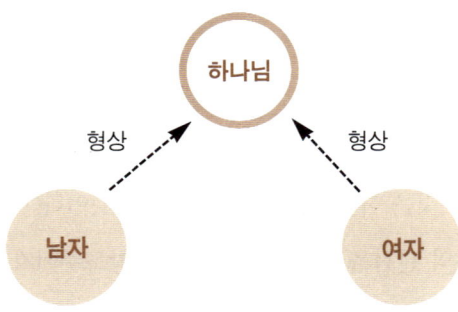

2. 창조의 질서에 따르면 남자가 여자보다 먼저 창조되었다.

창조의 질서는 남편과 아내의 역할에 있어서 매우 중요한 의미를 지닌다. 남편은 세상을 다스리기 위해 창조되었고, 아내는 후에 남편에게 알맞은 "돕는 배필"로 창조되었다. 하지만 각자의 역할이 다를 뿐 둘 다 하나님의 형상으로 창조되었다.

3. 여자가 남자를 위해 창조되었다.

> "남자는 하나님의 형상과 영광이니 그 머리를 마땅히 가리지 않거니와 여자는 남자의 영광이니라 남자가 여자에게서 난 것이 아니요 여자가 남자에게서 났으며 또 남자가 여자를 위하여 지음을 받지 아니하고 여자가 남자를 위하여 지음을 받은 것이니"(고전 11:7-9).

바울 사도는 하나님이 인간을 창조하신 본래 목적을 언급했다. 남자는 하나님을 영화롭게 해야 하고 여자는 남자를 영화롭게 해야 한다. 해치는 이 점을 다음과 같이 나타냈다.

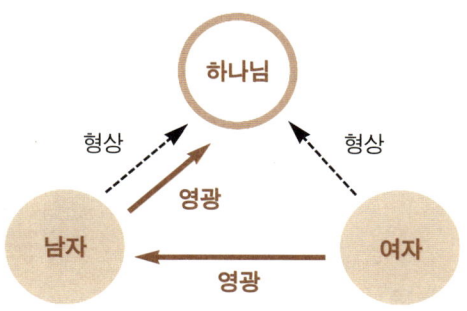

이 표는 삼위일체를 본보기로 한다. 삼위일체 하나님 안에는 서로 독특한 역할을 수행하시는 삼위 하나님이 존재하신다.

- **성부 하나님** : 계획을 세우시는 설계자
- **성자 하나님** : 계획을 이루시는 실행자
- **성령 하나님** : 신자들에게 능력을 주시고 그들을 지키시며 각종 계획을 이루시는 협력자

삼위일체 하나님은 서로 완벽한 조화를 이루신다. 각자 자신의 역할에 만족하시며 주도권 다툼이나 역할의 혼동을 일으키지 않으신다. 성삼위 하나님 가운데 영광을 받으시는 분이 누구신지를 살펴보는 것은 매우 흥미롭다. 즉 성령께서는 자신이 아니라 예수님께 영광을 돌리신다.

> "그러나 진리의 성령이 오시면 그가 너희를 모든 진리 가운데로 인도하시리니 그가 스스로 말하지 않고 오직 들은 것을 말하며 장래 일을 너희에게 알리시리라 그가 내 영광을 나타내리니 내 것을 가지고 너희에게 알리시겠음이라"(요 16:13-14).

또 예수님은 자신이 아니라 성부 하나님께 영광을 돌리신다.

> "아버지께서 내게 하라고 주신 일을 내가 이루어 아버지를 이 세상에서 영화롭게 하였사오니"(요 17:4).

그리스도께서 성부 하나님의 일을 행하셔서 그분을 영화롭게 하셨던 것처럼 아내도 남편의 일을 행하여 그를 영화롭게 해야 한다. 아내의 역할은 남편을 영화롭게 하는 것이다. 아내는 남편을 위해 창조되었다.

4. 인간의 타락이 모든 것을 왜곡시켰다.

하나님은 남자를 창조하셔서 세상을 다스리게 하셨고, 여자를 창조하셔서 남자를 "돕는 배필"이 되게 하셨다. 하지만 그들이 죄를 짓자 하나님은 저주의 심판을 선고하셨다. 그들의 반역과 불순종으로 온갖 고통스런 결과가 나타났다. 예를 들면 죽음, 가시덤불과 엉겅퀴, 출산의 고통, 남편과 아내의 주도권 다툼 등이다.

"너는 남편을 [조종하거나 통제하기를] 원하고 남편은 너를 다스릴 것이니라"(창 3:16).

타락하기 전에 아담과 하와는 각자의 역할에 충실하며 완벽한 조화를 이루었지만 타락한 뒤에는 서로를 다스리기 위해 주도권 다툼을 벌였다. 이는 수많은 슬픔과 다툼과 불행을 가져왔다. 타락의 결과로 둘 사이에 갈등이 시작되었다. 그러한 저주에서 우리를 구원하시기 위해 예수께서 오신 것이다. 따라서 그리스도인 부부는 타락으로 인해 잃었던 것을 대부분 다시 회복할 수 있는 가능성을 지닌다. 다시 말해 하나님이 본래 의도하셨던 결혼생활의 조화를 되찾을 수 있는 능력이 생겨난다.

아담과 하와는 본래 벌거벗은 상태에서도 수치심을 느끼지 못했다. 서로 아무 거리낌이 없었다. 하지만 타락의 결과로 그들은 수치심을 느꼈고, 하나님 앞에서 몸을 감추었으며, 서로의 눈길을 부끄럽게 의식했다. 오직 그리스도만이 남편과 아내, 그리고 그들과 하나님을 화해시키셔서 서로 아무 부끄러움 없이 친밀한 사귐을 나누게 하실 수 있다. 이것은 하나님이 구원 계획을 통해 이루고자 하셨던 목적 가운데 하나다.

5. 남편은 예나 지금이나 아내의 머리다.

"이는 남편이 아내의 머리 됨이 그리스도께서 교회의 머리 됨과 같음이니 그가 바로 몸의 구주시니라"(엡 5:23).

주도권을 쥔 사람은 남편이다. 하지만 그렇다고 해서 남편이 모든 것을 다 해야 한다는 뜻은 아니다. 이는 단지 가정을 다스리는 책임이 남편에게 있다는 뜻이다. 가정을 다스리는 일에는 아내를 비롯해 다른 가족들에게 책임과 권한을 위임하는 일이 포함된다. 하나님이 정해 주신 남편과 아내의 역할을 올바로 이해하려면 다음의 사실을 기억해야 한다.

• 그리스도께 복종하는 교회

아내는 그리스도께 복종하며 그분을 영화롭게 하는 교회의 역할을 본보기로 삼아야 한다.

> "아내들이여 자기 남편에게 복종하기를 주께 하듯 하라…교회가 그리스도에게 하듯 아내들도 범사에 자기 남편에게 복종할지니라…이 비밀이 크도다 나는 그리스도와 교회에 대하여 말하노라"(엡 5:22, 24, 32).

교회는 "그리스도의 몸"이다. 교회는 예수님 당시부터 그분의 재림 사이에 존재하는 모든 신자들로 구성된다. 성경은 신자들을 가리켜 "그리스도의 신부"로 일컫는다.

따라서 신자는 예수님의 권위에 복종해야 하고 모든 역량을 그분을 영화롭게 하는 데 쏟아부어야 한다. 아내는 이러한 그리스도와 교회의 관계를 본보기로 삼아야 한다. 즉 남편의 권위에 순종하고, 모든 역량을 그를 영화롭게 하는 데 쏟아부어야 한다. 한편 남편은 교회를 사랑하시는 그리스도를 본보기로 삼아야 한다.

"이 비밀이 크도다 나는 그리스도와 교회에 대하여 말하노라"(엡 5:32).

• 교회를 사랑하시는 그리스도

다음 그림을 참조하면 남편과 아내의 역할을 좀 더 쉽게 이해할 수 있을 것이다. 이는 그리스도와 교회, 남편과 아내라는 두 가지 관계가 서로 어떻게 조화를 이루는지 알려준다. 그리스도와 남편은 교회와 아내를 보살피고 사랑하고 희생하는 역할을 하고, 교회와 아내는 복종하는 태도로 그리스도와 남편을 영화롭게 하는 역할을 한다.

하나님이 본래 의도하신 역할에 충실해야만 남편과 아내가 하나 되고 조화를 이룰 수 있다. 인간의 타락이 불러일으킨 갈등과 분열은 오직 그리스도 안

에서만 치유될 수 있다.

앞서 말한 대로 아내의 역할은 남편에게 순종하고 그를 영화롭게 하는 데 있다. 아내는 남편의 "돕는 배필"로 창조되었다. 하와의 역할을 이해하기는 그리 어렵지 않다. 그렇다면 우리는 어떤가? 우리는 하나님이 정해 주신 역할에 충실한가?

돕는 배필을 위한 18가지 제안들

1. 남편에게 "이번 주에 처리해야 할 일은 무엇인가요?"라고 물어라.
2. "그 일을 처리하는 데 제가 어떻게 도와줄까요?"라고 물어라.
3. "어떻게 하면 당신의 수고를 조금이라도 덜어줄 수 있을까요?"라고 물어라.
4. 집 안 청소, 식료품 구매, 세탁, 요리 등과 같은 일을 조직적으로 처리하라. 아내가 하나님이 정하신 역할에 충실하면 남편은 자신의 일에 집중할 수 있다.
5. 매일 남편을 위해 쓸 힘을 남겨두라.
6. 자녀, 부모, 친구, 일, 성경공부, 여가생활 등보다 남편을 먼저 생각하라.
7. 남편이 원한다면 즐겁고 기쁜 마음으로 일정을 바꾸라.
8. 다른 사람들 앞에서 남편에 대해 긍정적으로 말하라. 비록 사실이더라도 남편을 헐뜯지 말라.

9. 남편이 주어진 목표를 이룰 수 있도록 최선을 다해 도우라. 예를 들어 남편을 위해 심부름을 하고, 도움을 요청할 때 언제라도 응할 수 있게 일정을 조정하고, 남편을 위해 기도하고, 필요한 경우에는 적절한 조언을 아끼지 말라. 이때 남편에게 조언을 받아들일 자유를 주라. 조언을 따르지 않는다고 속상해하지 말라.

10. 남편의 일(직장, 목표, 취미, 사역 등)을 자신의 일보다 더 중요하게 생각하라.

11. 남편이 목표를 이루는 데 도움이 될 만한 방법을 구체적으로 생각하라. 예를 들어 아침 일찍 일어나 식사를 준비해 남편이 든든히 먹고 일터로 나가게 하고, 남편에게 온 전화 메시지를 잘 기록해 두고, 남편이 목표를 이루는 데 필요할 것 같은 일들을 미리 예상해 두고, 필요한 경비가 모자라지 않도록 예산을 잘 세우는 일 등이 필요하다.

12. 자신과 관계된 일들을 떠올리며 '어떻게 하면 이 일들을 통해 남편을 영화롭게 할 수 있을까?'를 생각하라. 그리고 남편의 조언을 구하라.

13. 남편의 가족과 친구들을 상냥하고 따뜻하게 대하라. 남편을 정성껏 섬기고 있다는 사실을 모두가 알게 하라.

14. 남편의 사기를 떨어뜨리기보다 높이는 말과 행동을 하라.

15. 옷이나 화장 등으로 자신의 외모를 매력적으로 꾸며 남편을 기쁘게 하라.

16. 남편이 죄를 지었을 때는 온유한 태도로 책망하고, 항상 그에게 희

망을 주며, 그를 주님 앞으로 인도하라.
17. 남편이 영적 은사를 사용하도록 격려하라.
18. 사람이 하나님께 순종할 때 하나님이 영광을 받으시듯 아내가 남편에게 순종하는 태도를 보일 때 남편이 영광을 받는다는 사실을 항상 기억하라.

"남편이 그리스도인이 아니라면 어떻게 해야 하나요?", "남편이 주님을 영화롭게 하지 않을 경우 어떻게 해야 하나요?" 이와 같은 질문이 항상 제기된다. 전에 할머니가 나의 외증조부모에 관해 들려준 이야기가 생각난다.

그들은 남북전쟁 당시에 태어났다. 할머니의 어머니는 그리스도인이었고 아버지는 아니었다. 할머니는 자신의 어머니가 항상 남편을 기쁘게 하려고 노력했다고 말했다. 그녀는 남편을 기쁘게 하기 위해 항상 온유하고 친절한 태도를 보였고, 여러 차례 이사를 했는데도 그때마다 기꺼이 남편에게 협조했다. 남편이 무언가를 요구하면 그녀는 공손히 "알았어요"라고 대답했다. 불평이나 불만을 토로하지 않았고, 남편이 무슨 계획을 세우든지 즐겁게 받아들였다. 심지어 남편과 다툼이 생겼을 때도 다소곳하게 남편의 뜻에 따랐다.

나는 할머니에게 "증조할아버지는 증조할머니를 어떻게 대하셨나요?"라고 물었다. 할머니는 "아버지는 어머니를 매우 사랑하셨지"라고 대답했다. 증조할아버지는 그리스도를 영화롭게 하지 않았지만 증조할머니는 남편에게 순종하고 하나님이 본래 의도하신 역할에 충실함으로써 그분께 영광을 돌렸다. 그녀는 남편의 사랑을 받는 축복을 누렸다.

마찬가지로 그리스도인 아내는 남편이 자신의 역할을 다하든 다하지 않든 하나님이 의도하신 아내의 역할에 충실해 옳은 일을 하는 것으로 만족해야 한다.

제2부
현숙한 아내들이 치러야 할 대가

The Excellent Wife

"누가 현숙한 여인을 찾아 얻겠느냐 그의 값은 진주보다 더 하니라"(잠 31:10).

7장 | 마음의 헌신

최근에 어떤 사람이 "하나님이 저에게 교회에서 사역하고 싶은 마음을 주셨어요"라고 말했다. 목회자가 되고 싶다는 뜻이었다. 목회자가 되고자 하는 것은 좋은 소원이다. 나는 그 말을 듣고 자리를 뜨면서 "네 마음의 소원을 네게 이루어주시리로다"(시 37:4)라는 말씀을 떠올리며 하나님이 언젠가 그 소원을 이루어주시기를 기도했다. 하지만 목회자가 되겠다는 소원은 하나님의 때를 기꺼이 기다릴 줄 알아야만 진정한 가치를 발한다. 사실 목회자가 되든 되지 않든 우리는 항상 주 예수 그리스도를 섬기는 일에 충실해야 한다. 하나님의 때를 기다리지 못한 탓에 실망에 빠져 죄를 짓는다면 그 마음의 소원은 주 예수 그리스도를 영화롭게 할 수 없다.

우리는 하나님이 허락하지 않으시거나 당장 주시지 않는 일을 얻기 위해 심혈을 기울이는 경향이 있다.

"무엇이든 우상이 될 수 있다. 심지어 좋은 일조차도 우상이 될 수 있다. 무엇을 간절히 원하는 상황에서 그것을 얻지 못했다는 이유로, 반면 그것을 얻었다는 이유로 죄를 짓는다면 우리는 그리스도가 아니라 한갓 우상을 섬기는 결과를 맞이할 수밖에 없다."[7]

우리는 매일 깨어 있는 동안 마음속으로 사람이나 사물을 경배하며 살아간다. 스튜어트 스콧 목사의 말에 따르면 우리는 "섬기고, 말하고, 희생하고, 추구하고, 시간과 물질을 투자하고, 의지하는 것"을 경배하며 살아간다(시 115, 135편 참조). 다시 말해 우리가 경배하는 사람이나 사물이란 곧 "우리의 생각 속에 있는 것", "우리가 갈망하는 것", "우리가 진정으로 중요하게 생각하는 것", "우리가 마음을 두는 것"을 의미한다.

"마음"이라는 단어는 성경에 모두 830회 사용되었다. 마음은 생각, 동기, 의도와 같은 정신적인 것들을 가리킨다.

> "나의 반석이시요 나의 구속자이신 여호와여 내 입의 말과 마음의 묵상이 주님 앞에 열납되기를 원하나이다"(시 19:14).

신자들은 하나님으로부터 주 예수 그리스도께 순수한 헌신과 경배를 드릴 수 있는 능력을 부여받았지만 마음속에서 종종 다른 우상과 정욕과 욕망이 일어나 갈등을 빚을 때가 많다. 물론 그런 욕구가 반드시 나쁜 것만은 아니다. 예를 들어 낚시는 재미있는 취미활동일 뿐 죄가 아니다. 하지만 단순한 낚시 여행에 그치지 않고 무엇인가 죄를 짓는다면 그 순간 마음속에서 우상이 활동하기 시작한다. 문제는 주 예수님보다 낚시 여행을 더 좋아하는 데 있다. 그럴 경우 낚시는 우상이 된다. 낚시 여행에 마음을 빼앗긴 사람은 분노, 좌절, 자기 연민, 불안, 속임수, 슬픔 등 부정적인 감정에 치우치기 쉽다. 이렇듯 낚시 자체는 죄가 아니지만 그것을 생각하는 사람의 마음은 죄가 될 수 있다.

아내도 실망을 느끼는 낚시꾼처럼 우상으로 발전할 수 있는 감정을 느낀다. 예를 들어 남편이 아내를 대하는 태도나 방법이 주 예수 그리스도께 기울여야 할 애정을 빼앗는다면 그것은 곧 우상이 될 수 있다. 그리스도인 아내가 우상이나 정욕으로 삼을 수 있는 것들을 간단히 나열해 보았다. 다음의 목록을 읽기 전에 자신의 우상이나 정욕이 무엇인지 알려달라고 기도하라(시 139:23-24 참조). 자신에게 해당되는 항목에 표시해 보라.

아내가 마음을 빼앗길 수 있는 우상들

- ☐ 건강
- ☐ 기독교적인 결혼생활
- ☐ 상처도, 고통도 없는 삶
- ☐ 자녀
- ☐ 사물
- ☐ 돈
- ☐ 사람들의 인정
- ☐ 욕구 해결
- ☐ 외모
- ☐ 남편의 사랑
- ☐ 세상의 쾌락(마약, 술, 섹스)
- ☐ 다른 남자나 여자
- ☐ 이념(평화 운동, 낙태 반대 운동 등)
- ☐ 성공
- ☐ 주도권 확보

정성을 기울였던 일들이 잘되면 기분이 좋지만, 원하는 대로 되지 않으면 실망감과 불안감이 커지다가 급기야는 울분을 느끼는 단계에 이를 수 있다. 그렇게 되면 그 우상을 얻기 위해 죄는 물론이거니와 무슨 일이든 다 하겠다는 심정을 느끼기 마련이다. 하지만 결국 실망감과 불안감은 물론 원하는 우상조차 얻지 못하는 절망감에 휩싸이게 된다. 하나님은 순수한 헌신을 원하시기 때문에 우리가 원하는 우상을 결코 허락하지 않으신다(마 22:37-38 참조). 따라서 우리가 느끼는 고통스런 감정은 더 이상 감당하기 어려운 상태에 돌입한다. 스튜어트 스콧 목사는 다음 그림을 통해 그런 상황에서 일어나는 모습을 표현했다.

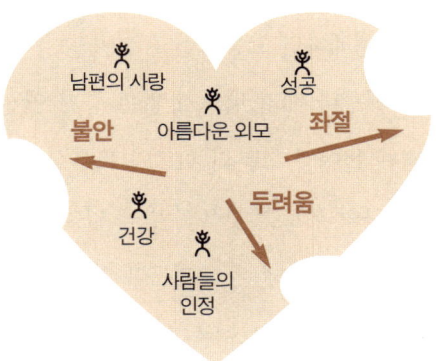

이 그림은 우리의 생각과 동기와 의도를 상징하는 하트 모양에 초점을 맞춘다. 마음은 우리의 존재를 관장하는 "중앙 통제실"이다. 작은 형상들은 우리가 경배하는 사람이나 사물을 가리킨다. 우리의 숭배 행위는 깨어 있는 동안 매일 계속된다. 우리는 주 예수 그리스도나 다른 사물, 사람을 예배할 수 있다.

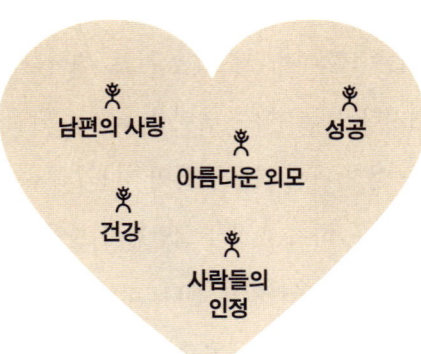

작은 형상들은 우리 마음속에서 서로 경쟁하는 우상들을 가리킨다. 우리가 중요하게 여기는 것을 얻으려고 죄를 짓거나, 또 그것을 얻지 못했을 때 낙심하는 것은 곧 마음속에서 우상을 섬기고 있다는 증거다.

우상을 섬기는 죄가 팽배하면 고통스런 감정이 증가하고 압박감이 심해진다. 비유하자면 안전 밸브나 배기 밸브가 없는 증기 엔진과 같은 상태가 된다. 회개하고 하나님께 돌아와 그분의 위로와 도우심을 구하지 않으면 다른 곳에서 피난처와 탈출구와 위로를 찾을 수밖에 없다. 기독교 상담과 교육 재단에서 사역하는 데이비드 폴리슨은 그것들을 "거짓 구원자들"로 일컫는다. 다음의 목록은 거짓 구원자들을 보여준다. 천천히 읽으면서 자신이 위로와 도움을 구하는 항목에 표시해 보라.

거짓 구원자들

☐ 하나님에 관한 그릇된 생각(소원을 들어주는 램프의 요정)

- □ 성적 욕구(불륜, 포르노그래피, 자위)
- □ 일
- □ 독서
- □ 현실 도피
- □ 지나친 쇼핑
- □ 운동
- □ 취미 활동
- □ 바쁜 교회 봉사나 자원 봉사
- □ 술
- □ 잠
- □ 텔레비전
- □ 음식
- □ 사람들의 위로
- □ 스포츠
- □ 오락
- □ 도피처로서의 사역 활동
- □ 마약

스콧 목사는 다음 그림을 통해 사람들이 감정의 압박감을 분출해내는 방법을 묘사했다.

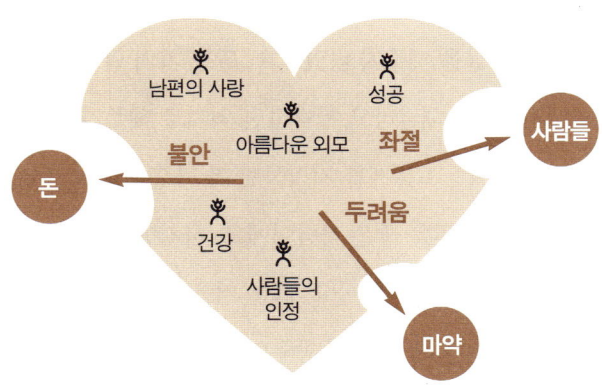

거짓 구원자들을 추구하는 행위는 죄를 가중시키고 상황을 더욱 악화시키는 부작용을 낳는다. 일시적인 도피처는 당사자를 노예로 만들 뿐 아니라 우

상이나 정욕으로 발전할 가능성이 매우 높다. 음식, 마약, 술 따위를 도피처로 삼는 것은 부정적인 결과를 가져온다. 하나님은 죄를 짓기보다 경배와 헌신에 온 마음을 바치기를 원하신다. 우리의 생각과 동기와 의도가 하나님을 영화롭게 하는 일에 집중되는 것이 그분의 뜻이다. 우리는 하나님을 가장 큰 갈망과 소원의 대상이자 피난처로 삼아야 한다. 우리 마음속에 있는 우상이 아니라 하나님을 영화롭게 하는 일에 온 마음과 생각을 집중해야 한다.

앨리슨의 사연

앨리슨은 눈물을 펑펑 쏟으며 사연을 털어놓기 시작했다. 그녀는 남편의 문제를 이렇게 토로했다.

"남편은 저를 성적인 도구로 이용할 뿐 아무 애정이 없어요. 그는 저에게 한 번도 사랑한다는 말을 해주지 않았어요. 말도 거의 안 하고 그저 텔레비전만 보고 있지요. 무엇을 해달라고 부탁하면 억지로 해주지만 자기가 먼저 나서서 하는 법은 없어요. 그 문제를 지적하면 더 가혹하게 굴기 때문에 말하려다가 그만두게 돼요. 남편은 좋은 사람이에요. 하지만 저를 사랑하지 않는 남편과 여생을 함께하고 싶지는 않아요. 그는 저를 진정으로 아끼지 않아요. 어떻게 해야 할지 모르겠어요. 정말 불행해요."

앨리슨의 사연은 흔히 들을 수 있는 이야기다. 그녀의 남편은 비열하거나 악한 사람이 아니다. 다만 성격이 소심하고 이기적일 뿐이다. 그는 현상에 만족하는 사람이다. 하지만 앨리슨은 그렇지 않다. 그녀는 남편과의 대화를 원하고, 그에게 사랑받고 싶어하며, 자신이 특별하다는 감정을 느끼기 원한다. 결혼생활의 낭만과 다정다감한 관계를 진심으로 갈망한다.

이런 소원이 나쁜 것일까? 물론 그렇지 않다. 하지만 앨리슨의 문제는 주 예수 그리스도를 섬기고 예배하는 일에 마음을 기울이기보다 특별한 감정과 결혼생활의 낭만에만 온통 집중하고 있다는 데 있다. 그것이 그녀가 자주 실망하고 낙심하고 우울해하는 이유다. 그녀의 문제를 좀 더 자세히 설명하면 이렇다.

마음의 소원인가, 우상인가?

앨리슨의 가장 큰 소원은 남편에게 특별한 존재가 되는 것이다. 그 소원이 나쁜 것은 아니다. 하지만 주 예수 그리스도께 순수한 헌신을 드리기보다 그 소원이 더 큰 비중을 차지한 것이 문제다. 아내가 남편에게 바라는 것에만 마음을 기울이면 실망과 낙심에 빠져 마음에 상처를 입을 가능성이 매우 높다. 아내가 죄를 지어서라도 마음의 소원을 이루기 원한다면, 그것은 소원이 우상으로 발전했다는 확실한 증거다. 앨리슨은 남편에게 모든 관심을 집중하는 대신 시편 119편에 드러난 시편 저자의 소원을 바라봐야 한다.

시편 저자는 온 마음으로 하나님을 바라고 추구하고 갈망했다. 하나님과 그분의 말씀을 알고 순종하는 것이 그의 가장 큰 소원이었다. 그는 또한 하나님의 말씀을 "규례", "법", "계명", "증거"라고 일컬으며 그 안에서 즐거움을 찾았다. 그에게 가장 중요한 것은 바로 하나님이었다. 그는 무슨 일이 있든지 하나님이 원하시는 뜻을 찾았다.

그리스도인 아내도 주님 안에서 기쁨을 찾고 그분을 추구하는 것을 가장 큰 소원으로 삼아야 한다. 그래야만 하나님의 놀라운 성품(특히 그분의 선하심)에 관심을 기울일 수 있고, 하나님이 영광을 받으시기 위해 자신의 내면에서 일하고 계신다는 사실을 의식할 수 있다.

하나님을 향한 마음의 소원

이러한 마음의 소원은 어디에서 비롯하는 것일까? 그것은 신자에게 주시는 하나님의 은혜의 선물이다(렘 31:33; 겔 36:26 참조). 성경은 "여호와를 기뻐하라 그가 네 마음의 소원을 네게 이루어주시리로다"(시 37:4)라고 말씀한다. 이는 하나님이 우리의 마음에서 소원을 일으키신다는 뜻이다. 다시 말해 하나님은 우리가 무언가를 간절히 바라게 해주신다. 그리스도인 아내는 하나님께 소원을 허락해 달라고 기도하고 성경을 통해 부지런히 그분을 추구해야 한다.

또한 그리스도인 아내는 자신의 상황에 상관없이 항상 하나님께 감사하는 마음을 지니도록 노력해야 한다(살전 5:18 참조). 감사의 마음을 지니려면 감사하는 마음이 일지 않더라도 하나님께 감사할 수 있는 일들을 의도적으로 생각해내려고 애써야 한다. 그러면 나머지 일은 하나님이 다 책임지실 것이다. 왜냐하면 하나님은 그런 기도에 기꺼이 응답하는 분이시기 때문이다. 요한 사도는 "그를 향하여 우리가 가진 바 담대함이 이것이니 그의 뜻대로 무엇을 구하면 들으심이라 우리가 무엇이든지 구하는 바를 들으시는 줄을 안즉 우리가 그에게 구한 그것을 얻은 줄을 또한 아느니라"(요일 5:14-15)고 말했다.

그렇다면 우리의 소원을 어떻게 바꿀 수 있을까? 무엇을 새로운 소원으로 삼아야 할까? 무엇을 소원하느냐에 따라 우리의 생각과 상상과 계획과 열망의 대상이 달라진다. 우리는 자칫 그릇된 소원을 가질 수 있다.

• **그릇된 소원**

- 남편이 나를 사랑해 주기
- 부탁하지 않아도 미리 나의 사정을 헤아려주기
- 나를 칭찬해 주기
- 내가 특별한 존재라는 감정을 느끼게 해주기
- 내 감정에 상처 주지 말기
- 나와 대화를 나누고 생각과 감정을 공유하기
- 나를 항상 첫째로 생각해 주기

아내는 남편에게 이러한 것들을 바라기보다 다음 내용들에 관심을 기울여야 한다.

• **올바른 소원**

- 하나님의 말씀을 알고 순종하기
- 하나님 안에서 기뻐하기

- 온 마음으로 하나님을 추구하기
- 내 상황과 상관없이 하나님을 기쁘시게 하기
- 남편의 태도와 상관없이 하나님이 내 삶에서 행하시는 일에 대해 기뻐하고 감사하는 태도를 지니려고 노력하기
- 그분을 가장 영화롭게 하는 방향으로 삶을 이끄시는 하나님, 곧 나를 그분의 영광을 위해 사용하시는 하나님의 주권적인 사역에서 기쁨 찾기

마음의 소원이 무엇인가? 무엇이 진정으로 중요하다고 생각하는가? 마음의 소원이 무엇인가에 따라 삶의 만족과 기쁨이 결정된다. 하나님께 새로운 마음의 소원을 허락해 달라고 기도하라. 그다음 그릇된 소원에 쏟아부었던 열정과 노력을 하나님을 추구하는 일에 쏟아부어라(요일 2:15-17 참조).

> "그러므로 너희가 그리스도와 함께 다시 살리심을 받았으면 위의 것을 찾으라 거기는 그리스도께서 하나님 우편에 앉아 계시느니라 위의 것을 생각하고 땅의 것을 생각하지 말라 이는 너희가 죽었고 너희 생명이 그리스도와 함께 하나님 안에 감추어졌음이라 우리 생명이신 그리스도께서 나타나실 그때에 너희도 그와 함께 영광 중에 나타나리라"(골 3:1-4).

"위의 것"을 생각하기 위한 방법 몇 가지를 소개하면 다음과 같다.

- 주님을 생각하고 그분 안에서 기뻐하려고 노력하라. 특히 그분의 사

역(창조, 구원, 징계)을 생각하라.

- 모든 일에 만족하려고 노력하라. 어떤 상황에서든 자주 하나님께 감사하라. 오늘이나 내일의 일을 긍정적으로 생각하고 자신의 삶에서 하나님이 앞으로 이루실 일을 기대하라. 자신이 하나님을 영화롭게 하는 도구가 되기를 바라라.

- 성경은 "너희 안에서 행하시는 이는 하나님이시니 자기의 기쁘신 뜻을 위하여 너희에게 소원을 두고 행하게 하시나니"(빌 2:13)라고 말씀한다. 우리는 하나님께 새로운 소원을 달라고 기도해야 한다. "여호와를 기뻐하라 그가 네 마음의 소원을 네게 이루어주시리로다"(시 37:4)라는 말씀대로 하나님 안에서 기뻐하면 그분이 마음의 새로운 소원과 동기를 허락하실 것이다. 기도하면 하나님이 그릇된 소원을 그분이 원하시는 소원으로 바꾸어주신다.

- 여가 시간을 성경을 읽고 묵상하고 암송하고 생각하는 일에 더 많이 투자하라.

- 자신의 행복이 아니라 주님을 기쁘시게 하는 것을 삶의 목적으로 삼아라.

- 실망했을 때 분노에 이끌려 죄를 짓지 않도록 주의하라. 불안감에 사로잡히지 않도록 조심하라. 그런 일이 일어나는 것은 동기가 잘못되었다는 증거다. 죄를 지었다고 생각되거든 속히 하나님께 고백하라. 그릇된 생각 대신에 하나님을 영화롭게 하는 생각을 하는 데 시간과 노력을 기울여라.

8장 | 행복한 가정 꾸리기

트레이시와 스테이시는 젊은 아내이자 어머니다. 그들은 둘 다 그리스도인이지만 몇 가지 점에서 서로 다르다. 트레이시는 바쁘게 일하며 이곳저곳 돌아다니기를 좋아한다. 무엇이든 거절하지 못하는 그녀는 매일 잠시도 쉴 새 없이 어딘가를 방문하든지 무슨 일을 하면서 지낸다. 그녀의 시간은 대부분 교회 활동에 할애된다. 저녁식사를 준비하지 않는 수요일에는 주일 학교에서 아이들을 가르치고 성가대에서 찬양을 한다. 매주 두 차례 여성반 성경공부에 참여하고, 두 자녀가 다니는 학급에서 보조 교사로 일하고, 일주일에 하루는 학교 자원 봉사자로 활동한다. 그녀가 집에 있는 날은 단 하루도 없다. 남편이 활동을 줄이라고 말하면 그녀는 "제가 하고 있는 일들은 모두 좋은 일들이에요. 사람들은 도움이 필요해요. 할 수 있는 일을 마다하는 것은 이기적인 일이라고 생각해요"라고 논박한다.

이와 대조적으로 스테이시는 게으르다. 그녀는 집에 있지만 많은 시간을 텔레비전 시청에 할애한다. 늦게까지 잠을 자는 바람에 아이들은 스스로 학교 갈 준비를 마치고 스쿨버스를 타고 학교에 간다. 밤에는 잠이 오지 않아 늦게까지 책을 읽거나 텔레비전을 본다. 그녀는 전화로 수다 떨기를 좋아하고 할 일이 떠올라도 끝까지 마치는 법이 없다. 남편은 그녀에게 집안일에 신경을 쓰고 아이들과 함께 일어나는 등 가족을 돌보라고 말한다.

트레이시와 스테이시는 둘 다 그리스도인이기에 주님을 기쁘시게 하려는 마음을 갖고 있다. 하지만 둘 다 자신의 삶의 태도와 성경이 가르치는 가정에서의 책임을 다시 점검할 필요가 있다.

게으른 사람 vs 부지런한 사람

> "게으른 자여 네가 어느 때까지 누워 있겠느냐 네가 어느 때에 잠이 깨어 일어나겠느냐 좀 더 자자, 좀 더 졸자, 손을 모으고 좀 더 누워 있자 하면 네 빈궁이 강도같이 오며 네 곤핍이 군사같이 이르리라"(잠 6:9-11).

여기에서 주의해야 할 점이 하나 있다. 어떤 아내들은 완벽주의를 추구한다. 그들은 불필요하게 과로를 일삼고, 그 과정에서 다른 사람들을 불편하게 만든다. 자녀들에게 성실한 태도를 가르치는 것은 좋지만 모든 것이 완벽하지 않다고 해서 걱정하거나 성급하고 거친 모습을 보이는 것은 결코 바람직하지 않다. 아무리 좋은 계획을 세워도 하나님의 섭리에 의해 남편이나 자녀가 병에 걸리면 일정에 차질이 생기기 마련이다. 집 안을 깨끗하게 하는 것보다 사람이 더 중요하다. 따라서 아내는 "양순"(약 3:17)해야 한다. 아내가 완벽한 집을 꿈꿀 경우에는 그것이 우상이 될 수 있다. 그보다는 하나님을 영화롭게 하는 데 초점을 맞춰야 한다. 그러면 하나님이 친히 그분께 영광을 돌릴 수 있는 방법과 일정을 결정하실 것이다.

모든 일을 주께 하듯 하라. 집안일을 보살피고 게을리 얻은 양식을 먹지 않겠다고 다짐하며 하나님의 도우심을 의지한다면 누구든지 잠언 31장 27절에 나오는 현숙한 아내가 될 수 있다.

경건하고 평화로운 가정

"어머니가 행복하지 않으면 아무도 행복하지 않습니다."

잡화점에서 흔히 볼 수 있는 벽걸이 명판의 글귀는 우리의 웃음을 자아낸다. 하지만 "어머니가 행복하지 않은 일"이 정말로 벌어지면 어느새 웃음이 사라지고 곧 얼굴을 찌푸리게 된다. 이는 가정의 분위기가 아내와 어머니인 여성에게 달려 있기 때문이다. 하나님은 가정의 여주인이 가정을 즐겁고 행복하고 긍정적인 분위기로 이끌기를 원하신다.

아내와 어머니인 여성이 삶을 "십자가를 짊어지는 것"으로 생각하면 다른 가족들도 그와 같은 생각을 하기 마련이다. 그런 그녀는 모두에게서 기쁨을 앗아간다. 그녀의 경건하지 못한 태도는 그녀가 굽는 빵의 누룩처럼 가족 전체에 영향을 미친다. 아내가 가족들에게 "저를 어떻게 생각하나요?"라고 묻고 솔직한 답변을 구한다면 그들은 과연 어떻게 답할까? 삶을 사랑하고 하나님을 섬기는 경건한 그리스도인 여성이라고 답할까, 아니면 불평 불만만 일삼는 불행한 여성이라고 답할까?

주님의 기쁨(느 8:10 참조)을 느끼지 못한다면 이제라도 기뻐하려고 노력하라. 하나님의 선하심과 놀라운 행사를 증언하는 성경 말씀을 찾아보라.

> "주의 존귀하고 영광스러운 위엄과 주의 기이한 일들을 나는 작은 소리로 읊조리리이다 사람들은 주의 두려운 일의 권능을 말할 것이요 나도 주의 위대하심을 선포하리이다"(시 145:5-6).

이와 같은 성경 말씀을 반복해서 읽으라. 말씀의 의미를 깊이 묵상하며 삶에 적용할 수 있는 방법을 모색하라. 저절로 외워질 정도로 자주 묵상하라. 집안일을 할 때도 "감사하는 마음으로 하나님을 찬양"(골 3:16)하라. 좋아하는 찬송가나 복음성가를 외워서 마음속으로 부르거나 소리 내어 찬양하라. 날마다 하나님이 자신과 가족들에게 어떤 놀라운 일을 베푸셨는지 미소 띤 얼굴로 가족들과 더불어 나누라. 아침에는 "이날은 여호와께서 정하신 것이라 이 날에 우리가 즐거워하고 기뻐하리로다"(시 118:24)라는 말씀을 생각하면서 자리에서 일어나라.

마음속으로 여러 가지 문제를 떠올리며 안달하거나 지나치게 과장해서 생각하지 말라. 문제가 있다면 현실적으로 대처하라. 현실을 바로보고, 옳고 긍정적인 태도를 유지하라. '이 문제는 정말 어렵지만 하나님이 은혜를 주셔서 능히 극복하게 하실 거야'라고 생각하라.

혹시 생리 기간일지라도 남편과 가족과 친구들을 먼저 생각하라. 그날 조금 더 쉬고 싶다면 계획을 세워 명랑한 표정으로 자신의 의도를 설명하라. 하지만 낮잠을 잔다는 핑계로 침대에 누워 뒹굴면서 잡생각에 빠져서는 안 된다.

가족들에 대해 관심을 표현하라. 특별한 날에는 남편을 다정하게 껴안아주거나 살짝 입을 맞추는 애교를 잊지 말라. 부엌 바닥을 걸레로 닦을 때 잠시 일손을 멈추고 자녀를 껴안아주면서 귀에 대고 "너를 사랑한단다. 너는 나의 큰 기쁨이야. 너는 하나님이 주신 선물이란다"라고 속삭여라.

온 마음으로 하나님을 사랑하고 가족들에게도 그에 못지않은 사랑을 실천하라. 인내하며 항상 상냥한 태도를 유지하고 이기적으로 행동하지 말라. 가족들과 남편이 즐거운 마음으로 집에 올 수 있도록 분위기를 조성하라. 가족들이 피하고 싶어하는 사람이 되지 말고 늘 함께 있고 싶어하는 사람이 되라. 혹시라도 '정말 너무해. 가족들 중 아무도 나에게 고맙다고 표현하지 않아. 그저 매사에 나를 이용하려 들지. 내 신세는 왜 이리 처량한 걸까?' 하는 생각이 들거든 얼른 그 생각을 떨쳐버리려고 노력하라. 남편이나 자녀의 죄를 성경적으로 처리하고, 그릇된 생각을 성경을 바탕으로 한 긍정적인 생각으로 대체하라. 다른 사람들에게 솔직하게 털어놓고 조언을 구하는 것도 좋은 방법이다.

아내는 주님 안에서 기뻐하며 항상 긍정적이고 상냥한 태도를 유지하는 것과 더불어 병적인 두려움에 사로잡히지 않도록 주의할 필요가 있다. 두려움을 극복하는 비결은 곧 사랑이다(요일 4:18 참조). 두려움은 가정의 경건한 분위기를 훼손한다.

상냥하고 온유한 심령을 소유한 아내는 평화롭고 안정되고 편안한 가정 환경을 조성한다. 그러한 아내는 하나님을 깊이 신뢰하며 아무리 어려운 상황에서도 두려워하지 않는다. 그녀는 "하나님을 사랑하는 자 곧 그의 뜻대로 부르심을 입은 자들에게는 모든 것이 합력하여 선을 이루느니라"(롬 8:28)는 말씀을 굳게 믿는다. "오직 우리 주 곧 구주 예수 그리스도의 은혜와 그를 아는 지식에서 자라가라"(벧후 3:18)는 말씀대로 그녀의 자신감과 믿음은 매일 성경을 공부할 때마다 쑥쑥 자라간다. 그녀는 가족들을 놀라게 하거나 불편하게 하지 않고 조용히 그들에게 선한 영향을 미친다. 또한 즐거움과 편안함을 가져다준다.

상냥하고 온유한 성품을 가진 여성은 거칠고 독선적인 여성과는 사뭇 다르다. 그런 여성은 자신의 원칙만을 굳게 지키려고 하기 때문에(이 원칙은 대개 기분에 따라 왔다 갔다 한다) 상식적인 대화를 나누기가 어려울 뿐 아니라 가족들에게 심한 상처를 주는 말과 행동을 주저하지 않는다. 그녀는 교만과 분노와 악의를 쉽게 표출하며 가족들에게 기독교에 대하여 좋지 않은 인상을 심어준다. 그녀가 있는 곳은 누가 보더라도 피난처나 위안처가 아니라 마치 전쟁터를 방불케 한다. 그녀의 가정은 갈등과 다툼과 두려움의 장소에 불과하고 가족들은 그녀가 어떤 기분일지 몰라 늘 두려워한다.

"사랑은 오래 참고 사랑은 온유하며"(고전 13:4)라고 말씀하시는 하나님은 경건한 분위기를 조성하지 못하는 여성이 "온유하고 안정적인 심령"(벧전 3:4)을 지닌 여성으로 거듭나기를 원하신다. 성경 구절을 찾아 읽고, 배운 내용을 적용하고, 주 예수 그리스도께서 과거에 베푸셨고, 지금 베푸시고, 앞으로도 계속 베푸실 은혜 안에서 즐거워하는 법을 오늘부터라도 당장 배울 수 있다. 가정은 아내의 영역이다. 어떤 가정을 이루고 싶은가?

9장 | 사랑 : 아내의 현명한 선택

    나는 아내들과 상담할 때 "남편을 더 이상 사랑하지 않아요. 한때는 사랑했지만 지금은 모든 것이 변했어요"라는 말을 종종 듣는다. 한동안 대화를 나누다 보면 그 말의 의미가 "전에 느꼈던 낭만적인 감정이 모두 사라졌어요. 그런 감정이 다시 느껴지지 않아요. 지금 제게 드는 감정은 상처, 분노, 실망, 두려움, 다른 사람을 사랑하고 싶은 마음뿐이에요"라는 것을 알 수 있다. 남편을 더 이상 사랑하지 않는 아내는 심각한 문제에 부딪친다. 왜냐하면 그리스도인은 마땅히 다른 사람을 사랑해야 하기 때문이다. 그것이 너무나도 중요하기 때문에 예수님은 "이웃 사랑"을 가장 큰 둘째 계명으로 가르치셨다(마 22:39 참조). 남편은 아내의 가장 가까운 이웃이다. 남편을 사랑하는 것은 아내가 반드시 행해야 할 의무다.

    남편과 사랑에 빠져 결혼했는데 그 사랑이 변한 이유는 무엇일까? 각각의 상황을 성경에 근거해 분석해 보면 대부분 사랑을 깨뜨리는 세 가지 죄 가운데 하나를 저지른 결과라는 것을 알 수 있다. 세 가지 죄란 곧 이기적인 태도(고전 13:5 참조), 용서하지 못하는 마음(고전 13:5 참조), 두려움(요일 4:18 참조)이다. 이 세 가지 죄는 종종 함께 나타난다.

하지만 상황이 어떻게 변했든, 또 아내가 어떤 감정을 느끼든 하나님은 아내와 남편의 삶에 은혜를 베푸셔서 결코 상상하지 못했던 사랑을 나누게 하실 수 있다. 하나님의 사랑은 의롭고 너그럽다. 남편과 아내가 경건한 사랑을 나누게 되면 달콤하고 부드러운 감정을 느낄 수 있다. 성경적 사랑은 결혼 초창기에 나누었던 사랑의 열정을 모두 합친 것보다 훨씬 더 굳세고, 지속적인 애정으로 서로를 하나 되게 한다. 하나님은 남편과 아내에게 서로 "한 몸"(창 2:24)이 되는 친밀한 관계를 허락하셨다. 따라서 부부 사이에 존재하는 사랑의 결합은 매우 특별하다. 심지어 남편이 아내를 사랑으로 대하지 않더라도 아내는 그리스도의 명령에 따라 그를 사랑해야 한다. 하나님은 여러 가지 방법으로 아내가 남편을 사랑해야 하는 책임을 일깨워주신다.

성경이 말하는 아내의 남편 사랑

#원리 1 : 아내는 남편을 사랑해야 한다.

성경은 모든 신자에게 사랑을 명령한다.

"새 계명을 너희에게 주노니 서로 사랑하라 내가 너희를 사랑한 것같이 너희도 서로 사랑하라 너희가 서로 사랑하면 이로써 모든 사람이 너희가 내 제자인 줄 알리라"(요 13:34-35).

사랑을 뜻하는 헬라어 명사는 "아가페"이고, 그 동사는 "아가파오"다. 아가페 사랑은 하나님이 성자 예수님과 인류를 대하시는 사랑을 가리킨다. 곧 주는 사랑, 희생적 사랑을 뜻한다. 하나님은 신자들이 모든 사람은 물론 서로를 아가페 사랑으로 사랑하기를 원하신다.[8] 아가페 사랑은 아무 보상이 주어지지 않아도 아낌없이 내주는 사랑을 말한다. 명사 "아가페"는 태도를 뜻하고, 동사 "아가파오"는 실천 행위를 뜻한다. 아가페 사랑은 선택이고, 우리는 우리의 선택에 대해 책임을 져야 한다.

아가페 사랑이 선택의 문제라는 사실은 다음 사례를 통해 분명히 알 수 있다. 한 아내가 남편에게 크게 화를 내고 있었다. 화가 치밀어오른 그녀는 악을 쓰며 물건들을 집어던지기 시작했다. 그 혼란의 와중에 초인종이 울렸다. 그녀는 현관으로 가서 문을 열었다. 교회 목사님이었다. 그녀는 얼른 표정을 바꿔 미소를 지으며 명랑한 목소리로 "안녕하세요"라고 인사말을 건넸다. 사실 그녀는 그렇게 친절한 태도를 보일 기분이 아니었다. (그녀의 아가페 사랑이 참인지 거짓인지는 겉으로 드러난 행동만으로는 알 수 없고 마음의 동기를 봐야 한다.) 하지만 사랑은 "무례히 행하지 아니하며"(고전 13:5)라는 말씀만을 놓고 생각하면 최소한 겉으로는 목회자에게 사랑의 태도를 보여주었다. 여기에서 말하고자 하는 요점은 그녀가 싫든 좋든 목회자를 대했던 대로 남편을 사랑으로 대하는 법을 선택할 수 있다는 사실이다.

기독교적 사랑은 인간적 사랑보다 뛰어나다. 그 이유는 사랑의 하나님에게서 비롯했기 때문이다. W. E. 바인은 아가페 사랑을 이렇게 설명한다.

> "기독교적 사랑은 감정의 충동과는 무관하다. 기독교적 사랑은 자연스런 감정에서 우러나오는 사랑이나 좋아할 만한 요소를 가진 사람만을 사랑하는 것과 거리가 멀다. …기독교적 사랑은 모두에게 선을 행할 수 있는 기회를 모색하는…실천적 사랑을 의미한다."9)

아내가 남편을 사랑해야 하는 이유는 이웃 사랑의 명령 때문이다. 아울러 성경은 간접적으로 아내에게 남편을 사랑하라고 명령한다.

> "늙은 여자로는…선한 것을 가르치는 자들이 되고 그들로 젊은 여자들을 교훈하되 그 남편과 자녀를 사랑하며"(딛 2:3-4).

"남편을 사랑하며"로 번역된 헬라어는 "필란드로스"다. 이는 "남자에 대한 사랑"을 의미하는데, "필레오"와 "안드로스"라는 두 개의 헬라어에서 비롯했다. 『바인 사전 Vine's Dictionary』에 따르면 "필레오"는 "부드러운 애정과…친절을 나타내다"를 뜻하고, "안드로스"는 "남자, 또는 남편"을 뜻한다.10) 이 말씀에서는 문맥상 "남편에 대한 사랑"으로 번역하는 것이 맞다.

아내는 남편에게 "부드러운 애정"을 보여주어야 한다. 뒤에서 부드러운 애정을 표현하는 방법 몇 가지를 살펴볼 예정이다. 개인적으로 특별한 일화가 하나 떠오른다. 내 딸이 쌍둥이 딸들을 낳았을 때의 일이다. 나는 딸아이의 집에 있으면서 산후조리를 도왔다. 쌍둥이 손녀딸들은 아기 침대에서 잠을 자고 있었다. 남편 샌퍼드가 일을 마치고 도와주러 왔다. 그는 오자마자 아기들이 누워 있는 방에 들어가 허리를 숙여 한참 동안 녀석들을 유심히 바라보았다. 나도 그를 따라가서 아기들을 보고 있는 그를 지켜보았다. 그 순간 '남편은 내게 참으로 소중한 사람이야'라는 생각이 들면서 눈에 눈물이 고였다. 나중에 남편에게 내가 생각했던 내용을 이야기해 주었다. 나는 하나님이 우리 부부에게 허락하신 그 순간을 소중히 간직했다. 이것이 바로 "필란드로스"의 사랑이다. 나는 남편을 보면서 "부드러운 애정"을 생각했고, 또한 느꼈다.

서로 "한 몸"(창 2:24)인 남편과 아내의 사랑을 다른 각도에서 묘사하자면 이렇다. "한 몸"이란 육체의 하나 됨을 포함하지만, 감정의 하나 됨이 우선시 되어야 한다. "한 몸"의 사랑은 서로 솔직한 모습을 내보이는 것을 뜻한다. "두 사람이 벌거벗었으나 부끄러워하지 아니하니라"(창 2:25)는 말씀대로 아담과 하와는 타락하기 전까지 서로 완벽한 화합을 이루었다. 타락 후에도 남편과 아내는 그리스도를 통해 아담과 하와가 죄를 짓기 이전에 누렸던 솔직함과 하나 됨을 다시 회복할 수 있는 잠재력을 지닌다. "한 몸"이 되는 것은 매우 특별한 하나님의 선물이다.

아내는 남편을 가장 가까운 이웃으로 사랑해야 한다. 주 예수님은 "네 이웃을 네 자신같이 사랑하라"(마 22:39)고 말씀하셨다. 친구들을 사랑하기 위해 기울이는 노력과 남편을 사랑하기 위해 기울이는 노력을 비교해 보라. 남편은 아내의 가장 가까운 이웃이다. 따라서 누구보다도 그를 먼저 사랑해야 한다.

아내는 남편을 가장 가까운 이웃으로 사랑할 때 하나님의 놀라운 은혜를 경험할 수 있다. 여기에서 은혜란 신자들에게 능력을 주셔서 기독교적 삶을 살게 하시는 하나님의 호의를 뜻한다. 제리 브리지스는 신자들을 위한 하나님의 은혜를 이렇게 설명한다.

> "하나님의 은혜는 서로를 보완하고, 또 서로 밀접하게 관련된 두 가지 의미로 구성되어 있다. 첫 번째는 그리스도를 통해 값없이 베푸시는 하나님의 호의다. 우리는 이 은혜를 통해 구원을 비롯한 모든 축복을 대가 없이 받아 누릴 수 있다. 두 번째는 성령을 통한 하나님의 도우심이다. 이는 첫 번째 의미 안에 포함되어 있다. 왜냐하면 성령의 도우심은 그리스도를 통해 우리에게 주어지는 '모든 축복' 가운데 하나이기 때문이다."[11]

아내는 아무리 어려운 상황에서도 남편을 사랑할 수 있다. 왜냐하면 하나님의 은혜가 풍족하기 때문이다(고후 12:9 참조). 하나님은 아내가 순종하는 태도로 사랑을 생각하고 실천하고자 노력할 때 초자연적인 능력(은혜)을 베푸셔서 남편을 사랑하게 도우신다. 그 과정에서 아내는 자신이 느끼는 감정과 다른 선택을 해야 할 때도 있다.

경건한 사랑은 감정이 아닌 선택이다. 주관적이 아니라 객관적으로 생각한다면, 즉 감정에 근거하지 않고 성경에 근거해 생각한다면 올바른 사랑을 실천할 수 있다. 성경을 읽고 묵상하고 외우고 생각함으로써 진리로 늘 마음을 새롭게 해야 한다.

바울 사도는 "마음을 새롭게 함으로 변화를 받아"(롬 12:2), "너희의 심령이 새롭게 되어…새 사람을 입으라"(엡 4:23-24)고 권고한다. 변화는 저절로 이루어지지 않는다. 열심히 노력해야만 가능하다. 성경에 어긋나는 그릇된 생각과 성경에 부합하는 바른 생각 몇 가지를 비교하면 다음과 같다.

그릇된 생각	바른 생각
• '남편을 더 이상 사랑하지 않아.'	• '지금은 사랑의 감정이 느껴지지 않지만 사랑으로 생각하고 행동하는 법을 배우려고 노력하면 하나님이 나의 감정을 변화시켜주실 거야.'
• '더 이상의 거짓이나 위선은 싫어. 남편과 헤어지는 것이 정직하게 사는 길이야.'	• '내 감정이 어떻든 하나님께 순종하려고 노력하면 결코 위선자가 되지 않을 거야.'
• '남편은 절대 변하지 않아.'	• '남편이 변할지, 안 변할지는 오직 하나님만 알고 계셔. 좋든 싫든 나는 남편을 사랑할 거야.'

아내는 남편을 사랑해야 한다. 이는 매우 중요하기 때문에 성경은 이 문제를 여러 각도에서 다루고 있다. 지금까지 다룬 성경의 가르침을 요약하면 다음과 같다.

> "나이 든 여자들은 젊은 여자들에게 남편을 사랑하라고 가르쳐야 한다. 아내는 육체 및 감정적으로 남편과 '한 몸'을 이루어야 하고, 그런 친밀하고 특별한 관계 속에서 남편을 사랑해야 한다. 아내는 남편을 가장 가까운 이웃으로 사랑해야 한다. 남편을 사랑할 때 아내는 하나님의 은혜와 능력을 경험할 수 있다."

하지만 안타깝게도 사랑을 방해하는 그릇된 요소들이 많다. 그 가운데 하나는 이기적인 태도다.

#원리 2 : 이기적인 태도는 사랑을 방해한다.

인간은 이기적인 본성을 지니고 태어난다. 갓난아이가 자기 자신만을 생각한다는 사실을 아는 데는 그리 오랜 시간이 걸리지 않는다. 걸음마를 뗄 나이가 되면 어머니의 관심이나 장난감을 독차지하려고 서로 다툰다. 십대 청소년은 자아 도취에 빠져 자신을 가장 중요하게 생각한다. 그런 성향은 성인이 되어서도 별반 달라지지 않는다. 사람들은 자신의 욕구를 해결하고, 스스로를 좋게 생각하고, 자신의 권리를 보호하느라 여념이 없다.

향락적이고 자기 도취적인 문화 속에서 "너 자신을 부인하라", "다른 사람을 먼저 생각하라"는 말은 혁명과 다름없다. 하지만 그것이 곧 하나님의 명령이다. 우리는 본성에 어긋나는 일을 행해야만 한다. 사실 우리가 진정으로 원하는 행복, 기쁨, 만족을 찾으려면 우리 자신을 한쪽으로 제쳐놓고 하나님과 이웃을 먼저 생각해야 한다. 남편과의 관계에서는 남편을 먼저 생각하고, 하나님과의 관계에서는 우리의 뜻과는 상관없이 그분을 영화롭게 하는 일에 온전히 헌신해야 한다.

> "아무 일에든지 다툼이나 허영으로 하지 말고 오직 겸손한 마음으로 각각 자기보다 남을 낫게 여기고 각각 자기 일을 돌볼뿐더러 또한 각각 다른 사람들의 일을 돌보아 나의 기쁨을 충만하게 하라"(빌 2:3-4).

간단히 말해 아내는 남편을 먼저 생각함으로써 그에게 사랑을 실천해야 한다. 사랑은 "자기의 유익을 구하지 아니하며"(고전 13:5)라는 말씀을 기억하고 "이 문제는 남편에게 양보해서 사랑의 마음을 보여줄 거야"라고 말할 수 있어야 한다. 사랑하는 마음으로 남편을 먼저 생각하면 이기적인 태도를 극복하고 사랑을 실천할 수 있다.

때로는 '내가 양보하면 남편이 나를 이용하려 들지도 몰라. 그는 지금까지 너무 이기적이었잖아'라는 생각이 떠오를 수 있다. 그것이 사실일지라도 그리스도인은 악을 악으로나 이기적인 태도로 대해서는 안 된다. 그럴수록 선을 베풀고, 필요하다면 적절히 책망해야 한다.

하나님은 아내가 남편의 이기적인 태도를 성경에 따라 처리하기를 원하신다. 남편이 항상 이기적인 태도를 보이더라도 아내는 이타적으로 행동해야 한다. 그러고 싶지 않아도 노력해야 한다.

남편은 이렇게 하기를 원하고, 아내는 저렇게 하기를 원할 때는 대화를 통해 의견을 나누는 것이 좋다. 그래도 남편이 뜻을 굽히지 않으면 '사랑은 자기의 유익을 구하지 않는다고 성경은 말씀하고 있어. 남편을 나보다 소중하게 여기고 그의 뜻을 따름으로써 사랑을 보여줘야지'라고 생각하라.

나는 여성들을 상담하면서 이기적인 태도를 보이는 이들을 많이 보았다. 그들에게 몇 가지 질문을 던져보면 사랑에 대한 그들의 생각이 그릇된 신념에 근거한다는 사실을 곧 발견할 수 있었다. 예를 들어 그들은 '사랑은 낭만이고 감정이다', '사랑은 죄의 행위까지 받아들일 정도로 무조건적이어야 한다', '사랑은 나의 욕구를 충족시키는 것이다'라고 생각하고 있었다. 그들 가운데는 상상 속에서 다른 남자와의 낭만적인 사랑을 꿈꾼 적이 있다고 고백한 사람들이 적지 않다. 사랑에 관한 그들의 신념은 단지 육체의 정욕을 부추기는 역할을 할 뿐이었다. 그런 식의 갈망은 결코 만족될 수 없다. 우리의 육체는 갈수록 더 많은 것을 요구하기 때문이다. 우리는 그런 생각을 특별히 경계해야 한다. 성경은 "말세에 고통하는 때가 이르러 사람들이 자기를 사랑하며…쾌락을 사랑하기를 하나님 사랑하는 것보다 더하며"(딤후 3:1-4)라고 말씀한다.

낭만과 감정에 근거한 사랑은 유치하다. 그것은 사랑이라기보다는 정욕에 가까울 정도로 이기적이다. 오늘날의 사회는 그런 사랑을 간절히 바라는 경향이 있다. 감정에 근거한 사랑은 항상 실망을 안겨준다. 그런 사랑은 어릴 적 크리스마스 선물을 크게 기대했다가 실망했던 기억을 일깨워준다. 대다수의 여성은 그들이 꿈꾸는 낭만적인 사랑을 결코 이룰 수 없다. 따라서 '어떻게 하면 사랑을 얻을 수 있을까?'를 생각하기보다 '어떻게 하면 사랑을 보여줄 수 있을까?'를 생각하는 편이 훨씬 낫다. 그동안 세속적인 사랑의 개념에 깊은 영향을 받아왔다면 성경이 가르치는 사랑(온유한 사랑, 오래 참는 사랑, 베푸는 사랑)을 받아들여라. 생각을 바꾸면 기대도 달라진다.

사랑은 무조건적이라는 생각도 사랑에 관한 그릇된 신념 가운데 하나다. 남편과 아내는 흔히 서로를 무조건 사랑해야 한다고 생각한다. 무조건적인 사랑은 상대방이 죄를 지었을 때 하나님과 올바른 관계를 회복하도록 독려하지 않고 죄의 행동까지 받아들이는 태도를 가리킨다. 하지만 반복되는 죄를 용납하는 것은 결코 사랑이 아니다. 왜냐하면 사랑은 "불의를 기뻐하지 아니하며 진리와 함께 기뻐"(고전 13:6)하기 때문이다. (성경적 사랑을 무조건적이라고 말하는 이유는 배우자가 변하지 않더라도 결혼 관계를 깨뜨리지 않고 지속적으로 사랑을 실천한다는 의미에서다.)

사랑에 관해 그릇된 신념을 가졌다면 하나님께 생각을 바꿔달라고 기도해야 한다(롬 12:2; 고후 10:5 참조).

자아의 욕구에 근거한 삶의 철학을 가지고 있는 사람은 이기적이고 교만하고 사랑이 없고 허영에 가득 찬 태도를 보이기 쉽다. 예수님이나 바울 사도를 기억하라. 그들은 다른 사람들이 자신의 욕구를 채워주기를 기대하지 않고 항상 하나님과 사람들에게 사랑을 보여주었다. 그리고 단지 하나님이 원하시는 사역에만 관심을 기울였다. 예수님과 바울 사도는 그것을 자신의 기쁨이자 만족으로 여겼다. 하지만 우리는 우리 자신을 사랑하는 본성을 지니고 있다. 우리가 이기적일 뿐 아니라 사랑에 대해 그릇된 신념을 품고 있는 이유는 그릇된 사랑을 갈망하기 때문이다. 그런 사랑은 마음속에 숨어 있는 우상에 불과하다.

주도권을 차지하려는 욕구, 공정한 대우를 받고 싶은 마음, 남편의 인정과 동의, 낭만과 열애, 심지어 그리스도인 남편이나 기독교적 가정생활을 꿈꾸는 열망조차 우상이 될 수 있다. 이 문제는 7장에서 이미 다루었기 때문에 여기에서 다시 다루지는 않겠다. 한 가지 분명한 것은 그릇된 것에 마음을 기울이면 돌아오는 것은 실망뿐이라는 사실이다. 따라서 먼저 마음의 우상부터 없애야 한다.

"육신의 일"(롬 13:14)을 멀리하면 잘못을 뉘우치기가 쉬워진다. "육신의 일"은 육신의 욕망을 부추겨 사랑에 관한 그릇된 신념을 강화시키는 삶의 쾌락을 가리킨다. 예를 들면 드라마, 연애 소설, 자위 행위, 공상 등이 여기에 속한다. 자기 자신이 아니라 남편을 사랑하려면 "육신의 일"을 중단해야 한다.

성경적 사랑을 방해하는 것은 비단 이기심만이 아니다. 용서하지 못하는 태도도 사랑을 방해하기는 마찬가지다.

#원리 3 : 용서하지 못하는 마음은 사랑을 방해한다.

나와 상담을 나눈 여성들 가운데는 자신들이 냉혹하다고 생각하기보다 상처를 입었다고 말하는 이들이 많았다. 그때마다 나는 상처나 분노를 느끼는 감정은 대개 용서하지 못하는 마음에서 비롯한다고 설명했다. 용서하지 못하는 마음은 흔히 다음과 같은 징후를 드러낸다. 다음의 목록을 주의 깊게 읽으면서 자신에게 해당되는 항목이 있는지 점검하라.

• 용서하지 못하는 마음의 징후들

- **험담과 비방을 일삼는다** : 아내는 불만을 토로하는 과정에서 남편을 욕하고 비방함으로써 다른 사람들까지 오염시킨다. 그런 경우 아내는 남편에 대해 조금도 좋게 말하지 않는다.

- **감사할 줄 모르고 불평을 늘어놓는다** : 남편에게 감사할 줄 모르고 혼잣말로 불만을 터뜨리거나 다른 사람들에게 남편에 대한 불평을 늘어놓는다.

- **동기를 판단한다** : 남편이 하는 일이 무엇이든 의심의 눈길로 바라본다. 심지어 좋은 일을 해도 그의 동기를 의심한다. 예를 들어 '남편이 그렇게 한 이유는 자기 부모에게 잘 보이기 위해서야', '겉으로는 좋아 보이지만 속마음은 알 수 없어'라고 생각한다.

- **자기 중심적이다** : 자기 자신에 대해 생각하는 데 많은 시간을 보낸다. 자신 안에 푹 빠진다. 관심의 초점이 오로지 자기 자신과 자신이 받은 상처에

집중되어 있다.

- **지나치게 슬퍼한다** : 슬픔과 아픔은 이전에 느꼈던 기쁨, 평화, 사랑을 쫓아낸다. 마음에 온통 슬픔이 가득하다. 때로는 그 슬픔에 완전히 짓눌리기도 한다.
- **보복한다** : 남편과 마주치지 않을 방법을 모색한다. 남편이 집에 있을 때 외출을 일삼고 뾰루퉁하게 말하고 냉정하게 대한다. 남편이 한 그대로 갚아 주려고 노력한다.
- **남편이 한 일을 곱씹는다** : 남편이 한 일을 곰곰이 되짚어 생각한다. 잘못한 일을 자주 떠올리며 마음속으로 곱씹는다.
- **기쁨을 잃어버린다** : 주님과의 관계에서 기쁨을 거의 느끼지 못한다. 죄를 지은 탓에 하나님의 평화와 기쁨이 사라지고 극심한 고통과 불행을 느낀다.
- **비판과 판단을 일삼는다** : 자신의 잘못은 생각지 않고 남편이 저지른 잘못만을 생각하는 경향이 있다.

남편에게서 상처를 받았다면 결혼생활의 문제를 일으킨 원인이 남편과 자신 둘 중에 누구에게 더 많은지 생각해 보라. 예를 들어 그 원인이 아내에게 40%, 남편에게 60% 있다고 가정해 보자. 이 경우를 그림으로 나타내면 다음과 같다.

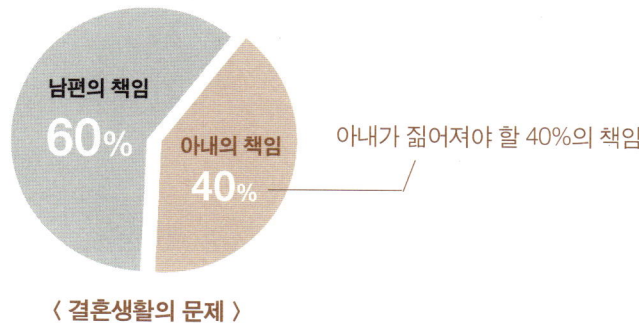

〈 결혼생활의 문제 〉

하나님은 아내가 자신이 저지른 40%의 잘못을 100% 책임지고 성경에 따라 처리하기를 원하신다. 그것이 "먼저 네 눈 속에서 들보를 빼어라 그 후에야 밝히 보고 형제의 눈 속에서 티를 빼리라"(마 7:5)는 예수님의 말씀에 담겨 있는 의미다. 먼저 자신의 잘못을 깨달은 후 성숙한 신자에게 책임 있는 삶을 살 수 있게 도와달라고 부탁하라. 당장 오늘부터 자신의 죄를 처리하기 시작하라. 하나님께 기도하면 기꺼이 도와주실 것이다.

"우리에게 있는 대제사장은 우리의 연약함을 동정하지 못하실 이가 아니요 모든 일에 우리와 똑같이 시험을 받으신 이로되 죄는 없으시니라 그러므로 우리는 긍휼하심을 받고 때를 따라 돕는 은혜를 얻기 위하여 은혜의 보좌 앞에 담대히 나아갈 것이니라"(히 4:15-16).

아울러 시편 139편 23-24절을 읽고 그곳에 기록된 기도를 드리라고 권하고 싶다.

"하나님이여 나를 살피사 내 마음을 아시며 나를 시험하사 내 뜻을 아옵소서 내게 무슨 악한 행위가 있나 보시고 나를 영원한 길로 인도하소서"(시 139:23-24).

눈 속에 있는 들보를 빼내는 것은 앙심을 버리는 출발점이다. 다음으로 앙심의 감정과 정당한 대응법을 살펴볼 생각이다.

• 앙심의 감정

앙심은 "악한 것을 생각"(고전 13:5)하는 순간부터 형성된다. 다시 말해 남편의 행위 가운데 상처가 되는 나쁜 일들을 생각할 때 앙심의 감정이 치솟기 시작한다. 가만히 앉아서 남편이 저지른 일을 곰곰이 생각하거나 한밤중에 뜬눈으로 그 일을 곱씹는 여성들이 많다. 그런 상황에서는 하나님을 탓하거나 그분께 분통을 터뜨릴 뿐 달리 그분을 의지하려는 마음을 갖기가 매우 어렵다.

남편이 저지른 일을 곱씹으면 너무나도 고통스러워 때로는 견딜 수 없는 지경에까지 이른다. 그런 때는 마치 예레미야 선지자와 같은 심정을 느끼게 된다. 그는 앙심의 감정을 이렇게 토로했다.

"주께서 내 심령이 평강에서 멀리 떠나게 하시니 내가 복을 내어버렸음이여 스스로 이르기를 나의 힘과 여호와께 대한 내 소망이 끊어졌다 하였도다"(애 3:17-18).

힘과 복과 평강과 소망이 남아 있지 않은 상태는 참으로 비참하기 짝이 없다. 그런 때는 감정의 고통이 강렬해지고 죄를 짓기가 쉬워진다.

앙심을 품으면 "노함과 분냄과 떠드는 것과 비방하는 것과 악의"(엡 4:31 참조)를 표출하는 것 외에도 악한 생각을 하기 쉽다. 그런 상태에서는 남편이 아무리 의롭게 행동하려고 노력해도 더 이상 그가 의로워 보이지 않는다. 히브리서 저자는 이에 대하여 "너희는 하나님의 은혜에 이르지 못하는 자가 없도록 하고 또 쓴 뿌리가 나서 괴롭게 하여 많은 사람이 이로 말미암아 더럽게 되지 않게 하며"(히 12:15)라고 묘사했다. 죄를 뉘우치지 않으면 그 죄가 다른 사람들에게까지 확산된다.

아내가 앙심을 품으면 하나님께 죄를 지을 뿐 아니라 자녀들에게도 해를 끼치게 된다. 다른 사람들에게 해를 끼치고 하나님께 죄를 짓지 않으려면 회개해야 한다. 죄를 뉘우치며 하나님과 남편의 용서를 구해야 한다. 그러면 하나님은 신실하시기 때문에 용서를 베푸시고 모든 불의에서 깨끗하게 하실 것이다(요일 1:9 참조). 남편에게 용서를 구할 때는 잘못의 책임이 남편에게 60% 있고 자신에게 40% 있더라도 자신의 과실을 100%로 받아들여야 한다. 남편의 60%에 대해 성경적으로 대응하는 방법은 나중에 자세히 살펴볼 생각이다.

앙심의 감정은 양심을 깨끗하게 하고 "5리를 더 가는 노력"을 기울일 때 비로소 해소되기 시작한다. "5리를 더 가는 노력"이란 남편에게 가외로 특별한 친절을 베푸는 것, 즉 단순한 의무를 넘어선 일을 행하는 것을 의미한다. 이는 "또 누구든지 너로 억지로 오 리를 가게 하거든 그 사람과 십 리를 동행하고"(마 5:41)라는 예수님의 말씀에 근거한다.

물론 남편이 그런 노력을 기울일 만한 가치가 없을 수도 있다. 그래도 아내는 기꺼이 그렇게 해야 한다. 남편이 좋아하는 일을 하라. 예를 들면 그가 즐겨 먹는 음식을 해주거나, 칭찬의 의미로 등을 다독거려주거나, 정성스럽게 포장한 선물을 건네주라. 남편이 자신에게 무엇을 해주면 좋겠는지 생각해보고 그 일을 남편에게 해주라. "무엇이든지 남에게 대접을 받고자 하는 대로 너희도 남을 대접하라"(마 7:12)는 예수님의 권고를 실천하라.

앙심의 감정을 버리고 "5리를 더 가는 노력"을 기울이기란 결코 쉽지 않다. 그러나 앙심의 감정을 극복하려면 그런 노력이 반드시 필요하다. 어려운 상황을 옳게 대응하면 하나님이 도와주실 것이다.

"5리를 더 가는 노력"을 기울이려면 "악을 악으로, 욕을 욕으로 갚지 말고 도리어 복을"(벧전 3:9) 빌어야 한다. 또한 "악에게 지지 말고 선으로 악을"(롬 12:21) 이겨야 한다. 하나님은 악으로 맞서지 말고 선으로 대응하기를 원하신다. 이 원리를 실천에 옮겨라. 감정의 고통이 심할수록 도리어 복을 빌어야 할 필요성이 더 커진다. 하나님께 복종하고 그분을 영화롭게 하려는 마음을 지닌다면 점차 감정의 고통이 누그러지고, 그분께 큰 영광을 돌리게 될 것이다.

앙심을 고백하고, 양심을 깨끗하게 하며, 복을 비는 것도 큰 효과가 있지만 앙심을 극복하려면 그 외에도 친절하고 온유하고 용서하는 마음을 지니도록 노력해야 한다. 에베소서 4장 31-32절을 주의 깊게 읽고 그 의미를 곰곰이 되새겨보라.

"너희는 모든 악독과 노함과 분냄과 떠드는 것과 비방하는 것을 모든 악의와 함께 버리고 서로 친절하게 하며 불쌍히 여기며 서로 용서하기를 하나님이 그리스도 안에서 너희를 용서하심과 같이 하라"(엡 4:31-32).

친절하고 상냥하고 너그러운 사람이 되려면 어떻게 해야 할까? 인격의 변화는 생각에서부터 시작된다. 다음에 제시된 예들을 주의 깊게 살펴보라.

그릇된 생각	친절하고 상냥하고 너그러운 생각
• '남편은 나를 사랑하지 않아. 그는 오로지 자신만 사랑해.'	• '남편은 마땅히 나를 사랑해야 하지만 아직 그렇지 못해. 하지만 앞으로 그런 마음이 생겨날 거야'(골 3:14 참조).
• '어떻게 직장에서 기분이 나빴다고 집에 돌아와 나에게 화풀이를 할 수가 있어?'	• '아마도 직장에서 몹시 힘들었나봐'(엡 4:31-32 참조).
• '남편을 위해 그토록 많은 헌신을 했는데 내가 얻은 것이 고작 이것뿐이라니.'	• '어떻게 해야 남편의 수고를 좀 덜어줄 수 있을까?'(빌 2:3-4 참조).
• '남편은 온통 자기 생각뿐이야.'	• '오늘 남편의 기분이 별로 좋지 않은가봐'(골 3:12 참조).
• '남편은 어리석어. 내가 다시는 무슨 말을 하나 봐라.'	• '내 말을 잘못 이해했는지도 몰라'(엡 4:1-3 참조).
• '남편이 내린 결정을 도무지 이해할 수 없어. 참 어이가 없어.'	• '내가 모르는 정보를 알고 있는지도 몰라'(고전 4:5 참조).
• '남편이 어떻게 나에게 그럴 수 있는지 이해가 안 돼.'	• '남편의 행동은 감당하기 어려워. 하지만 하나님이 능히 이겨낼 수 있는 은혜를 주실 거야'(고전 10:13 참조).
• '남편을 절대로 용서하지 않을 거야.'	• '주님은 나를 용서하셨어. 이것은 내가 할 수 있는 가장 작은 일이야'(마 18:32-33 참조).

• '남편은 절대 변하지 않아.'	• '하나님의 은혜로 얼마든지 변화될 수 있어' (고전 6:11 참조).
• '내가 감당하기에는 너무 벅차. 아무 희망이 없어.'	• '지금까지 일어난 일 중에 하나님이 용서하실 수 없는 일이나 내가 용서할 수 없는 일, 또는 우리가 극복할 수 없는 일은 없었어' (요일 1:9 참조).
• '남편이 나에게 상처를 주려고 일부러 그런 거야.'	• '오직 하나님만이 남편이 그 일을 하게 된 이유를 알고 계셔. 나는 다만 모든 것이 잘 되리라고 믿는 것으로 족해' (고전 13:7 참조).
• '남편이 좀 더 나를 이해했어야 해.'	• '남편이 어떻게 알겠어? 내가 아무 말도 하지 않았는데…. 남편이 내 마음속을 들여다볼 수는 없지' (엡 4:15 참조).
• '남편이 나에게 한 그대로 갚아주겠어.'	• '오히려 남편에게 축복을 빌어줄 테야' (벧전 3:9 참조).
• '우리는 처음부터 결혼해서는 안 될 사람들이었어.'	• '그는 내 남편이야. 어떤 일이 있어도 남편에게 헌신할 거야' (마 19:6 참조).
• '내가 이 일을 감당하지 못해도 하나님은 다 이해하실 거야.'	• '하나님이 이 모든 상황을 견뎌낼 수 있는 지혜와 힘을 주실 거라 믿어' (약 1:5 참조).
• '기도해 봤더니 이혼하는 게 좋겠다는 생각이 들어.'	• '결혼생활을 정리하면 좋겠지만 무엇이 되었든 하나님의 결정을 따르겠어' (골 3:2 참조).
• '남편이 죽어버렸으면 좋겠어.'	• '하나님이 남편에게 자비를 베푸셔서 죄를 뉘우치게 해주시기를 기도해야지' (벧후 3:9 참조).
• '남편을 증오해.'	• '내 감정과 상관없이 남편을 사랑할 수 있어' (고전 13:4-7 참조).

• '남편이 역겨워. 그의 손이 나를 만지는 것을 생각만 해도 소름이 끼쳐.'	• '남편이 나에게 성적인 매력을 느끼는 것은 좋은 일이야. 남편을 즐겁게 해주어 그를 사랑한다는 것을 보여줘야지' (고전 7:3-4 참조).
• '남편이 나를 이렇게 대하는데 어째서 하나님은 구경만 하시는 거지?'	• '내가 겪는 모든 일에는 하나님의 목적이 있어. 하나님은 그분의 영광과 나의 유익을 위해 모든 상황을 섭리하실 거야' (롬 8:28-29 참조).

그릇된 생각이 떠오를 때마다 종이에 기록해 두라. 속이 상하거나 화가 날 때마다 떠오르는 생각을 글로 남겨라. 그런 다음 그 내용을 하나씩 읽으면서 친절하고 상냥하고 너그러운 생각으로 바꾸라. 하나님과 남편에게 사랑을 보여주려고 노력하라. "모든 생각을 사로잡아 그리스도에게 복종하게"(고후 10:5) 하려고 힘써라(롬 12:2; 빌 4:8 참조). 그리고 마지막으로 그릇된 생각을 기록한 종이를 없애 다른 사람이 우연히 보고 상처받는 일이 없도록 하라.

그릇된 생각들을 하나님의 관점으로 바라보는 것은 매우 중요하다. 나와 상담을 나눈 아내들 가운데는 그릇된 생각을 가진 경우가 많았다. 그릇된 생각은 남편이 저지른 일보다 더 나쁜 죄에 해당할 수 있다. 특히 남편은 잘못을 뉘우쳤는데 아내가 여전히 용서하지 못하는 경우에는 더욱 그렇다. 나는 아내들에게 종종 "남편이 저지른 일 가운데 하나님이 용서하실 수 없고, 당신이 용서할 수 없는 잘못은 없어요"라고 말하곤 한다.

다시 강조하지만 그릇된 생각에 사로잡혀 용서하지 못한다면 그것은 곧 죄에 해당한다. 우리는 용서받은 대로 용서해야 한다. 최악의 상황에서도 얼마든지 화해가 가능하다. "너희 중에 이와 같은 자들이 있더니"라는 바울의 말대로 고린도 신자들은 이전에 술주정뱅이, 음행하는 자, 동성애자, 탐색하는 자, 모욕하는 자들이었지만 하나님의 은혜로 죄를 뉘우쳤다(고전 6:9-11 참조).

마태복음 18장 22-35절을 읽어보면 하나님이 우리의 용서를 얼마나 중요하게 생각하시는지 알 수 있다. 예수님은 마태복음 18장에서 주인에게 도무지 갚을 수 없는 많은 빚을 진 종의 이야기를 들려주셨다. 그는 주인에게 자비를 호소했고 주인은 너그럽게 그의 빚을 탕감해 주었다. 한편 그에게는 자신에게 적은 빚을 진 동료 종이 있었다. 동료 종은 자비를 호소했고 시간을 연장해 주면 빚을 갚겠노라고 약속했다. 하지만 그는 완고하고 너그럽지 못했다. 그래서 동료 종을 감옥에 가두었다. 주인은 그가 행한 일을 듣고 크게 분노하며 이렇게 말했다.

> "악한 종아 네가 빌기에 내가 네 빚을 전부 탕감하여 주었거늘 내가 너를 불쌍히 여김과 같이 너도 네 동료를 불쌍히 여김이 마땅하지 아니하냐"(마 18:32-33).

주인은 그를 옥졸들에게 넘겼다. "너희가 각각 마음으로부터 형제를 용서하지 아니하면 나의 하늘 아버지께서도 너희에게 이와 같이 하시리라"(마 18:35)는 예수님의 말씀은 우리 모두를 향한 엄숙한 경고다. 그릇된 생각을 품으면 용서할 수 없다. 그러므로 회개해야 한다.

'늘 불성실하고, 무책임하고, 거짓을 일삼고, 술 취하기를 좋아하고, 제멋대로 행동하는 남편을 어떻게 용서할 수 있단 말이야?'라고 생각하는 아내가 있을지도 모르겠다. 그런 경우 하나님은 아내를 보호하시기 위해 여러 가지 방법을 마련해 놓으셨다. 용서와 신뢰는 서로 다르다는 사실을 잊지 말라. 그저 순진하기만 해 남편을 무조건 신뢰하는 경우가 더러 있다. "어리석은 자는 온갖 말을 믿으나"(잠 14:15)라는 말씀을 기억하고 주의하라. 그러나 아내는 남편을 용서하고 화해를 도모해야만 한다. 남편이 조금씩 충실해지면 신뢰도 점점 쌓일 것이다.

한 여성의 남편은 화를 잘 내고 폭력을 자주 휘둘렀다. 그는 쉽게 분노를 터뜨렸고 천박하고 잔인한 욕설을 퍼부으며 아내를 폭행했다. 그런 다음 화가 누그러지면 아내에게 용서를 빌었다. 그 일이 누차 반복되자 그녀는 남편에게 이렇게 말했다. "당신을 용서해요. 하지만 신뢰할 수는 없어요. 따라서 우리 둘 중에 한 사람이 교회 지도자들에게 이 문제를 알릴 필요가 있다고 생각해요. 당신이 하겠어요, 아니면 제가 할까요?"

남편이 교회의 권위를 받아들이자 그에 대한 그녀의 신뢰가 점차 쌓여갔다. 아내의 신뢰를 되찾는 일은 남편의 책임이고, 그릇된 생각을 버리고 용서를 베푸는 것은 아내의 책임이었다. 만약 남편이 정당한 이유 없이 협조를 거부하는 경우 아내는 다른 방법을 통해 스스로를 보호해야 한다.

남편에게 상처를 받았다고 가정해 보자. 그의 행위는 나쁘지만 그렇다고 이혼을 결정할 만한 성경적 근거는 없는 상황이다. 아내의 편에서는 아무것도 잘못한 일이 없다. 그녀가 처음에 느낀 상처는 반드시 죄라고 할 수 없다. 누구라도 그런 경험을 한다면 상처를 받을 테니 말이다.

하지만 그다음 태도가 중요하다. 상처를 받은 후 교만하게 반응하느냐, 겸손하게 반응하느냐에 따라 큰 차이가 나타난다. 각각 어떤 결과가 나타나는지에 주목하라.

교만한 반응	겸손한 반응
상처받은 마음 '어떻게 남편이 나에게 이럴 수 있지?' "의인은 없나니 하나도 없으며…" (롬 3:10).	**상처받은 마음** '주님, 제가 어떻게 하기를 원하시나요?' "너희 안에 이 마음을 품으라 곧 그리스도 예수의 마음이니…자기를 낮추시고" (빌 2:5-8).
→ 분노 '도무지 화가 나서 견딜 수가 없어.' "노를 격동하면 다툼이 남이니라" (잠 30:33).	**→ 친절하고 상냥하고 너그러운 태도** '그가 번민하는 모습을 보니 마음이 아파.' "서로 친절하게 하며 불쌍히 여기며 서로 용서하기를 하나님이 그리스도 안에서 너희를 용서하심과 같이 하라" (엡 4:32).
→ 앙심 '남편에게 당신을 결코 용서하지 않겠다고 말할 거야.' "그들이…자기 혀를 연마하며 화살같이 독한 말로 겨누고" (시 64:3).	**→ 사랑** '그가 내게 한 일은 더 이상 생각하지 않고 사랑을 보여줘야지.' "사랑은…악한 것을 생각하지 아니하며" (고전 13:4-5).
→ 도발 '남편과 이혼할 거야.' "결혼한 자들에게 내가 명하노니 (명하는 자는 내가 아니요 주시라) 여자는 남편에게서 갈라서지 말고" (고전 7:10).	**→ 용서** '남편을 용서하겠어.' "만일 네 형제가 죄를 범하거든 경고하고 회개하거든 용서하라" (눅 17:3).

그릇된 생각은 사랑을 파괴한다. 견딜 수 없는 감정의 상처를 부추긴다. 그

런 생각은 널리 퍼져 다른 사람들에게까지 해를 끼친다. 무엇보다도 그릇된 생각은 하나님께 죄를 짓는다. 그런 생각에서 벗어나는 길은 "모든 생각을 사로잡는 것"이다. 다시 말해 그릇된 생각을 친절하고 상냥하고 너그러운 생각으로 대체하고, 5리를 가자면 10리까지 가는 것이다. 남편이 행한 일 가운데 아내가 용서할 수 없는 일은 아무것도 없다. 남편은 비록 하나님 앞에서 죄를 지었지만 아내는 그럴 필요가 없다. 마음이 강퍅해지고 그릇된 생각이 떠오를 때는 당장 기도하며 죄를 뉘우쳐야 한다. 10리까지 가려면 어떻게 해야 할지 계획을 세워보라. 그릇된 생각을 종이에 적은 뒤 경건한 생각으로 대체하라. 남편을 선뜻 용서하기 어렵거든 하나님이 베푸신 은혜를 깊이 묵상하는 시간을 가져라. 그리고 기도하라.

#원리 4 : 두려움은 사랑을 방해한다.

두려움은 많은 아내들이 공통적으로 가지고 있는 문제다. 자신의 의지대로 살지 못할까봐 두려워하는 아내도 있고, 남편이 쉽게 화를 내거나 알코올중독자이기 때문에 두려워하는 아내도 있다. 어떤 경우든 두려움이 있으면 남편을 사랑하기가 어렵다. 두려움을 극복하는 방법은 하나님을 신뢰하고 남편을 사랑하는 것이다. 다윗 왕은 두려운 상황에 직면했을 때 하나님을 신뢰하는 시편을 지었다.

> "여호와는 나의 빛이요 나의 구원이시니 내가 누구를 두려워하리요 여호와는 내 생명의 능력이시니 내가 누구를 무서워하리요 악인들이 내

> 살을 먹으려고 내게로 왔으나 나의 대적들, 나의 원수들인 그들은 실족하여 넘어졌도다 군대가 나를 대적하여 진 칠지라도 내 마음이 두렵지 아니하며 전쟁이 일어나 나를 치려 할지라도 나는 여전히 태연하리로다"(시 27:1-3).

아내는 하나님을 신뢰해야 할 뿐 아니라 "선을 행하고 아무 두려운 일에도 놀라지"(벧전 3:6) 않아야 한다. 아내는 의를 행해야 한다. 즉 하나님께 순종하고 남편에게 사랑을 보여줌으로써 그분을 향한 사랑을 나타내야 한다(마 22:37-39 참조). 남편이 죽을까봐, 또는 자신을 버리거나 끔찍한 방법으로 학대할까봐 두려워한다면 그것을 극복하는 길은 하나님을 신뢰하고 남편을 사랑하는 데 있다.

#원리 5 : 아내는 "사랑으로 옷 입어야" 한다.

어떤 사람들은 다른 이들에 비해 사랑하는 능력이 뛰어나다. 하지만 그렇든 그렇지 않든 성경은 "사랑을 좇고", "사랑 안에서 행하라"고 거듭 말씀한다. 우리는 인내와 친절함으로 사랑을 실천해야 한다. 다음에 제시한 사랑으로 옷 입는 방법 몇 가지를 깊이 생각해 보기 바란다.

• 사랑으로 옷 입기
  - **"사랑은 오래 참고"** : 상황이 자신의 뜻대로 되지 않거나, 어떤 일로 계획이 방해받거나, 기분이 좋지 않을 때 아내는 화가 나기 마련이다. 하지만 아내는 감정의 좋고 나쁨에 상관없이 자신의 의지로 인내할 수 있다. 다시 말

해 모든 것을 인내하며 겸손히 하나님을 의지하는 삶을 선택할 수 있다. 그런 삶을 선택하면 성령께서 하나님의 은혜를 부어주셔서 힘을 거들어주신다.

인내심을 발전시킬 수 있는 방법 가운데 하나는 성경구절을 암송하고, 초조한 마음이 들 때마다 조용히 그 말씀을 떠올리는 것이다. 예를 들어 "사람마다 듣기는 속히 하고 말하기는 더디 하며 성내기도 더디 하라 사람이 성내는 것이 하나님의 의를 이루지 못함이라"(약 1:19-20)는 말씀을 암기하면 좋다. 또 한 가지 방법은 "범사에 감사하라 이것이 그리스도 예수 안에서 너희를 향하신 하나님의 뜻이니라"(살전 5:18)는 말씀대로 조급해질 때마다 하나님께 감사하는 것이다. 또한 갈등이 심해질 때 단지 "사랑은 오래 참고"(고전 13:4)라는 말씀을 속으로 되뇌어도 크게 도움이 된다. 분노를 터뜨리거나 이기적인 생각을 하게 되면 조급해지거나 실망에 빠질 수 있다. 마음의 생각이 그릇된 행동으로 발전하기 전에 하나님께 잘못을 고백하고 용서를 구하는 것이 좋다.

- **"사랑은 온유하며"** : 온유한 태도는 올바른 가정 분위기를 조성하는 지름길이다. 온유함은 부드러운 음성과 친절한 행동을 통해 표현된다. 비난과 욕설은 사람들을 멀리 쫓아내지만 온유함은 사람들을 끌어들인다. 성경이 "하나님의 인자하심이 너를 인도하여 회개하게 하심을"(롬 2:4)이라고 말씀하는 것은 매우 지당하다. 아내는 남편에게 온유한 태도를 드러낼 수 있는 방법을 생각해야 한다. 예를 들어 남편이 설명서를 보고 무엇인가를 만들려고 하는데 설명이 분명치 않아 화를 내는 경우가 있을 수 있다. 그럴 때 아내는 "설명이 제대로 안 돼 있어 유감이군요. 제가 거들 만한 일이 있을까요?"라고 말할 수 있다. 하나님의 은혜를 의지한다면 얼마든지 온유한 음성으로 말하고

친절한 행동을 보일 수 있다.

- **"사랑은 시기하지 아니하며"** : 시기심은 다른 사람이나 사물이 자신을 밀어낼지도 모른다는 일종의 두려움이다. 정당한 우려일 수도 있지만 무익한 상상에 불과할 수도 있다. 어느 경우든 시기심은 자기 중심적이고 자기 지향적인 속성을 지닌다. 아내는 시기심을 버리고, 남편이 혼자 낚시를 하러 간다고 해도 기쁘게 받아들임으로써 그에게 사랑을 나타내야 한다. 또 남편이 시댁 식구를 만나러 나가더라도 시기심을 드러내는 대신 사랑으로 기쁘게 받아들이며, 잘 지내면서 돌아오기를 기다리겠다고 말할 수 있다. 남편이 돌아왔을 때 뿌루퉁한 태도를 보이는 대신 즐겁게 맞이하는 것도 중요하다. 시기심을 느끼는 것이 정당한 경우에는 두려움이나 질투심을 드러내지 말고 성경적으로 반응하라.

- **"사랑은 자랑하지 아니하며"** : 사랑은 자랑하지 않는다. "자랑하다"를 뜻하는 헬라어는 "거만하게 말하다"라는 뜻을 가지고 있다. 거만은 "자신의 가치를 터무니없이 높게 평가하는 태도"를 뜻한다.[12] 여성들은 남편과의 관계를 자랑하는 경우가 많다. 그들은 상황을 실제보다 더 좋게 보이려고 노력한다. 그러면서 자신이 충분한 자격이 있다고 생각하고 남편이 온갖 좋은 일을 해주는 게 당연하다고 믿는다. 사실 속으로는 그보다 더 많은 것을 받아도 마땅하다고 믿는다. 하지만 하나님은 "자랑하는 자는 주 안에서 자랑할지니라"(고후 10:17)고 말씀하신다. 그래야만 교만한 마음으로 자기 자신이나 남편에 대해 자랑을 늘어놓지 않고 모든 것을 하나님의 은혜로 생각하고 감사할 수 있기 때문이다.

- **"사랑은 교만하지 아니하며"** : 교만한 마음이란 자만심이 강한 마음을 뜻한다. 교만한 아내는 어떤 말도 쉽게 받아들이지 않는다. 그녀는 의견이 맞지 않거나 책망을 듣거나 충고를 들을 때 고집을 부리며 방어적인 태도를 보이기 일쑤다. 교만한 아내는 스스로 모든 것을 다 알고 있다는 듯 거만한 행동을 일삼는다. 그런 아내는 남편에게 깊은 상처를 준다. 아내는 교만한 태도를 버리고 남편과 다른 사람들을 섬기는 종이 되어야 한다. 남편의 의견을 존중하는 한편 자신이 틀렸거나, 또는 정보를 잘못 알고 있을 가능성을 배제해서는 안 된다. 그런 태도를 취하는 것은 남편에게 사랑을 나타내는 방법 가운데 하나가 될 수 있다.

- **"사랑은 무례히 행하지 아니하며"** : 무례히 행한다는 것은 남편을 공손하게 대하지 않거나 순종하지 않는 것을 의미한다. 남편을 공손하게 대하지 않는 것은 곧 그를 모욕하는 것과 같다. 남편을 사랑하는 아내는 그에 걸맞은 행동을 하기 마련이다. 그런 아내는 자기 기분에 따라 행동하지 않는다. 일관성이 있기 때문에 남편이 안심하고 신뢰할 수 있다. 남편을 사랑하는 아내는 항상 예의를 지켜 행동한다.

- **"사랑은 자기의 유익을 구하지 아니하며"** : 사랑이 없으면 이기적으로 행동할 수밖에 없다. 이기적인 태도는 목회자와 결혼 상담사들이 흔히 접하는 문제 가운데 하나다. 죄를 지으라는 요구만 아니면 남편의 뜻을 따르는 것이 남편을 사랑하는 태도다. 완고하고 이기적인 아내는 남편에게 좌절감과 실망감을 안겨준다. 그러므로 아내는 남편을 자기보다 더 중요하게 생각해야

하고(빌 2:4 참조) 자신의 뜻을 고집하지 말아야 한다.

- **"사랑은 성내지 아니하며"** : 사랑을 표현한다는 것은 매우 어려운 상황에서도 스스로를 통제할 수 있는 능력을 갖고 있음을 의미한다. 안타깝게도 상황이 그렇게 어렵지 않은데도 조급하게 성내는 아내들이 많다. 아내는 자제심을 기름으로써 사랑을 표현해야 한다. 아내는 "사람이 감당할 시험 밖에는 너희가 당한 것이 없나니 오직 하나님은 미쁘사 너희가 감당하지 못할 시험당함을 허락하지 아니하시고 시험당할 즈음에 또한 피할 길을 내사 너희로 능히 감당하게 하시느니라"(고전 10:13)는 말씀을 기억해야 한다. 화를 내는 대신 인내심과 온유한 태도를 견지하라.

- **"사랑은 악한 것을 생각하지 아니하며"** : 아내는 앙심을 품거나 지난날의 아픔을 끄집어내거나 마음속에 그릇된 생각을 떠올리는 대신 용서하는 태도로 사랑을 표현해야 한다. 입을 굳게 다물고 그릇된 생각을 고치는 것은 사랑을 나타내는 가장 훌륭한 방법 가운데 하나다. "악한 것을 생각하는 것", 즉 과거의 상처를 곱씹는 것은 사랑과 거리가 멀다.

- **"사랑은 불의를 기뻐하지 아니하며 진리와 함께 기뻐하고"** : 남편을 사랑하는 아내는 자신의 죄를 적절히 처리하는 것은 물론 남편에게 영향을 미치거나 그로 하여금 감정이 폭발해 죄를 짓게 유도하지 않는다. 그녀는 남편에게 진실을 말한다. 의로운 태도를 유지하는 것은 곧 남편에게 사랑을 보여주는 방법이다. 아내가 남편에게 사랑을 보여줄 수 있는 또 하나의 방법은

"서로 돌아보아 사랑과 선행을 격려하며"(히 10:24)라는 말씀대로 경건한 사람이 되어 경건하게 살아갈 수 있도록 남편을 돕고 권유하는 것이다.

- **"사랑은 모든 것을 참으며"** : "모든 것"이라는 말에는 남편이 이기적인 모습을 보일 때나 직장에서 힘든 시간을 보낼 때와 같은 상황도 아울러 포함된다. 아내가 남편에게 헌신하면 남편도 그 사실을 의식한다. 사랑은 자기 희생을 요구한다. 그 와중에 아내가 고통을 받는다면 그것은 "선을 행함으로 고난받는 것"(벧전 3:17)에 해당한다.

- **"사랑은 모든 것을 믿으며"** : 성경적 사랑은 상대방을 최대한 좋게 생각하는 것을 의미한다. 다시 말해 아내는 남편의 말이나 행동, 또는 의도를 최대한 나쁘게 생각하지 말고 믿으려고 노력함으로써 사랑을 나타내야 한다. 물론 어떤 경우에는 최악의 결과가 나타날 수도 있다. 하지만 그런 경우에도 겉으로 보이는 현상이 아니라 믿음으로 삶의 방향과 목적을 재조정해야 한다. 즉 남편이 무슨 일을 벌였든 아내는 하나님이 자신의 결혼생활에 주권적으로 간섭하실 것이라고 굳게 확신해야 한다. 어떤 상황에 처하더라도 하나님의 분명한 목적이 있을 것이라고 확신하고 "그의 뜻대로 부르심을 입은 자들에게는 모든 것이 합력하여 선을 이루느니라"(롬 8:28)는 말씀대로 하나님이 선한 길로 인도해 주실 것을 의심치 말아야 한다.

- **"사랑은 모든 것을 바라며"** : 경건한 아내의 희망은 예수 그리스도께 있다. 누구든지 그분을 믿는 자는 부끄러움을 당하지 않는다(롬 10:11 참조). 그러한

희망은 단순한 소원이 아니라 확실한 기대다. 경건한 아내의 희망은 영광의 왕, 모든 것을 이루시는(살전 5:24 참조) 전능하신 우주의 창조주 하나님께 근거한다. 경건한 아내는 남편이 신자가 아닐 경우 그가 회개하고 구원받아 경건한 삶을 살아가리라는 희망의 끈을 절대 놓지 않는다. "모든 것"은 결혼생활과 남편과의 관계에서 비롯하는 모든 상황을 아우른다. 경건한 아내는 스스로에게 이렇게 말한다. "남편은 나를 실망시켜왔어. 하지만 하나님은 지금까지의 상황을 이용하셔서 그가 회개하지 않고는 못 견디게 만드실 거야."

— **"사랑은 모든 것을 견디느니라"** : 경건한 아내는 인생의 온갖 시련과 어려움을 주 예수님을 더욱 닮을 수 있는 기회로 받아들인다. 시련을 달갑게 여기지는 않지만 하나님의 도우심으로 모든 것을 인내하려고 노력한다. 경건한 아내는 십자가를 참으사 부끄러움을 개의치 아니하신(히 12:2 참조) 예수님처럼 사랑을 나타낸다. 그분이 그렇게 인내하셨던 이유는 무엇일까? 그것은 앞에 있는 기쁨을 위해서다. 이처럼 아내는 결혼생활의 시련과 어려움을 올바른 태도로 견뎌냄으로써 하나님과 남편에게 사랑을 보여줄 수 있다. 그녀는 스스로에게 이렇게 말한다. "정말 힘들어. 하지만 하나님의 은혜로 견딜 수 있어."

사랑으로 옷 입는 것은 올바른 생각과 동기로 시작해 올바른 태도와 행동을 지니는 것을 의미한다. 올바른 생각을 하고 사랑을 실천하기 위해 노력해야만 비로소 남편에게 따뜻한 애정과 사랑을 베풀 수 있다. 사랑에서 우러나오는 생각 몇 가지를 제시해 보았다.

> **사랑에서 우러나오는 생각**
>
> - '남편이 기분이 안 좋을지 몰라. 하지만 나는 남편을 외면하지 않겠어.
>   왜냐하면 사랑은 무례히 행하지 않는 것이니까' (고전 13:5 참조).
> - '인내심을 가지고 남편의 말에 귀를 기울임으로써 사랑을 보여주겠어.
>   왜냐하면 사랑은 오래 참는 것이니까' (고전 13:4 참조).
> - '어려운 때를 의로운 태도로 견뎌내 남편에 대한 사랑을 보여주겠어.
>   왜냐하면 사랑은 모든 것을 견디는 것이니까' (고전 13:7 참조).
> - '남편이 저지른 일을 곱씹지 않을 거야.
>   왜냐하면 사랑은 악한 것을 생각하지 않는 것이니까' (고전 13:5 참조).
> - '거짓임을 달리 입증할 수 없으니까 남편을 믿음으로써 사랑을 보여주겠어.
>   왜냐하면 사랑은 모든 것을 믿는 것이니까' (고전 13:7 참조).
> - '남편이 혼자 낚시 여행을 가더라도 즐겁게 받아들여 사랑을 보여주겠어.
>   왜냐하면 사랑은 시기하지 않고 자기의 유익을 구하지 않는 것이니까' (고전 13:4-5 참조).

고린도전서 13장 4-7절을 외우라. 말씀을 토대로 사랑의 특성들을 하나씩 종이에 적어가면서 생각이나 행동으로 남편에게 사랑을 보여줄 수 있는 방법을 구체적으로 기록해 보라. 교회의 지도자들에게 조언과 도움을 구하라. 부지런히 노력하라. 사랑으로 옷 입는 일은 저절로 이루어지지 않는다. 그것은 가장 큰 계명 가운데 하나다. 사랑은 우리가 가장 이루기 힘든 인격적 자질이다. 단지 이 책을 읽는 것만으로는 사랑이 넘치는 사람이 될 수 없다. 사랑으로 옷 입으려면 사랑하겠다는 의지가 필요하다.

10장 | 현숙한 아내의 남편 존중

몇 년 전 어느 주일 아침에 있었던 일이다. 남편은 세면을 마치고 교회에 갈 채비를 하고 있었다. 셔츠에 어울리지 않는 넥타이를 매려고 하는 남편의 모습이 곧 눈에 띄었다. 나는 약간 빈정대는 투로 "당신, 설마 그 넥타이를 매려는 것은 아니겠죠?"라고 말했다. 잠시 어색한 분위기가 이어졌다. 왜냐하면 남편은 그 넥타이를 맬 생각이었기 때문이다. 곧 남편은 약간 짜증 섞인 어조로 "그럴 생각이오. 왜, 무슨 문제라도 있소?"라고 대답했다.

나중에 그 일을 다시 생각하면서 나는 내 질문이 남편을 바보처럼 보이게 만들었다는 사실을 깨달았다. 만일 남편이 "이 넥타이를 맬 생각이 아니었소"라고 대답했다면 그것은 분명 거짓이었을 것이다. 왜냐하면 이미 넥타이를 목에 걸친 상태였기 때문이다. 그에게는 바보처럼 보이지 않으면서 넥타이를 다른 것으로 바꿀 수 있는 적절한 방법이 없었다.

내가 그의 감정을 건드렸다는 사실을 깨닫는 순간 "아내도 자기 남편을 존경하라"(엡 5:33)는 성경 말씀이 떠올랐다. 나는 남편의 "돕는 배필"(창 2:20)로서 그가 나의 빈정대는 질문이 아니라 도움을 필요로 한다는 사실을 마땅히 이해했어야 했다. 다시 말해 그 상황에서 내가 하나님 앞에서 행했어야 할 일은 첫 번째로 공손한 태도를 취하는 것이었고, 두 번째로 도움이 될 만한 조언을 제시하는 것이었다.

남편에 대해 공손하지 못한 태도는 우리에게서 시작되지 않았다. 그것은 하와가 죄를 지은 뒤부터 문제로 부각되었다. 성경에는 욥의 아내나 다윗의 아내와 같은 불손한 아내들의 사례가 많이 나온다. 욥의 아내는 참으로 불손하기 짝이 없는 태도를 보였다. 욥이 이 모든 일에 범죄하지 않은(욥 1:22 참조) 것은 참으로 다행스런 일이지만, 욥의 아내는 "하나님을 욕하고 죽으라"(욥 2:9)는 말로 하나님과 욥을 저주했다. 그로부터 약 500년 뒤에는 다윗 왕의 아내 미갈이 예루살렘으로 언약궤를 옮기며 기뻐하는 다윗을 비웃은 일이 일어났다. 다윗은 하나님의 성전을 건축할 수 있다는 생각에 몹시 기뻐하며 덩실덩실 춤을 추었다. 미갈은 그의 행동을 목격한 뒤 빈정대는 투로 다윗을 향해 "이스라엘 왕이 오늘 어떻게 영화로우신지 방탕한 자가 염치없이 자기의 몸을 드러내는 것처럼 오늘 그의 신복의 계집종의 눈앞에서 몸을 드러내셨도다"(삼하 6:20)라고 꾸짖었다. 물론 다윗은 완전히 벌거벗지 않았다. 단지 왕복을 벗고 제사장의 옷으로 쓰이는 "베 에봇"(삼하 6:14)을 입었을 뿐이었다.

성경은 불손한 아내들의 사례를 많이 보여주고 있지만, 다행히도 공손한 아내들의 사례도 아울러 언급한다. 예를 들어 밧세바는 다윗 앞에서 매우 공손한 태도를 취했다. 그녀는 얼굴을 땅에 대고 절하며 "내 주 다윗 왕은 만세수를 하옵소서"(왕상 1:31)라고 예를 갖추었다. 에스더도 남편인 아하수에로 왕 앞에서 "내가 만일 왕의 목전에서 은혜를 입었고 왕이 내 소청을 허락하시며 내 요구를 시행하시기를 좋게 여기시면"(에 5:8)이라고 말하면서 지극히 공손한 태도를 취했다. 베드로는 "사라가 아브라함을 주라 칭하여 순종한 것같이"(벧전 3:6)라는 말로 사라를 공손한 아내의 본보기로 내세웠다. 요즘 여성들은 남편을 "주"라고 부르는 것이 이상하게 여겨질 것이다. 이 경우 오늘날에 맞는 언어와 공손한 말투를 사용하여 얼마든지 남편에 대한 존경심을 표현할 수 있다. 하나님은 시대에 상관없이 "아내도 자기 남편을 존경하라"(엡 5:33)고 명령하신다.

성경이 말하는 아내의 남편 존경

#원리 1 : 아내는 남편을 존경해야 한다.

하나님의 뜻대로 살고자 하는 아내라면 남편에 대한 존경이 선택 사안이 아니다. 에베소서 5장 33절은 "아내도 자기 남편을 존경하라"고 명령한다. "존경"을 뜻하는 헬라어 "포베오"는 "놀라다, 두려워하다"를 뜻하는 말에서 파생했다. 이는 "경외하다, 존경하다, 특별하게 대우하다"를 의미한다.[13] 확대역 성경은 이 구절의 의미를 좀 더 분명하게 나타냈다.

> "아내는 남편을 존경하고 공경해야 한다. 즉 아내는 남편에게 주의를 기울이고, 그를 존중하고 높이고 좋아하고 우러러보고 흠모해야 한다. 아

내는 남편을 섬기고 칭찬하고 사랑하고 열심히 사모해야 한다."

"존경하라"는 동사는 가정법 중간태 현재 시제다. (A. T. 로버트슨은 여기에 사용된 가정법이 원리 동사가 없는 "실천 명령어"에 해당한다고 설명한다. 즉 이 동사는 실천적 목적을 지닌 명령어다.)[14] 이는 아내가 항상 남편을 존중하는 태도를 선택하고자 노력해야 한다는 뜻이다. 그렇다면 남편의 인격, 즉 기질, 재능, 능력 등이 아내의 존경을 받을 만하지 못할 경우에는 어떻게 해야 할까? 그때는 하나님의 명령에 순종하지 않아도 괜찮은 것일까? 그렇지 않다. 그 이유는 두 번째 원리에 있다.

#원리 2 : 아내는 남편의 지위를 존중해야 한다.

하나님은 남편에게 가정을 다스리는 지위를 허락하셨다. 아내가 남편에게 공손한 태도를 보여야 하는 이유는 하나님이 그에게 가장의 지위를 맡기셨기 때문이다. 성경은 "각 남자의 머리는 그리스도요 여자의 머리는 남자요 그리스도의 머리는 하나님이시라"(고전 11:3)고 말씀한다. 하나님은 가정과 교회와 국가에 권위의 질서를 세우셨다. 따라서 권위 아래에 있는 자들은 항상 권위의 자리에 있는 자들을 존경해야 한다(벧전 2:17; 히 13:17; 엡 5:23 참조). 권위를 존경할 때는 겉으로만 그런 척해서는 안 되고 하나님께 순종하는 마음으로 해야 한다. 권위를 존경하는 것은 피조물에 대한 하나님의 권위, 자녀에 대한 부모의 권위, 종에 대한 주인의 권위, 성도에 대한 장로의 권위, 아내에 대한 남편의 권위라는 질서에 순종하는 것을 의미한다(고전 11:3 참조).

아내가 남편보다 더 똑똑하고 지혜롭고 재능이 뛰어날 수 있다. 하지만 그럼에도 아내는 하나님이 남편에게 허락하신 지위를 존중해야 한다.

> "누가 너를 남달리 구별하였느냐 네게 있는 것 중에 받지 아니한 것이 무엇이냐 네가 받았은즉 어찌하여 받지 아니한 것같이 자랑하느냐"(고전 4:7).

현숙한 아내는 남편이 죄를 짓거나 실패를 경험한 어려운 상황에서도 그의 지위를 존경할 뿐 아니라, 매일의 일상 속에서도 남편을 존중한다. 남편이 일상을 살아가는 동안 아내는 남편의 직업과 외모가 아무리 평범하고, 또 언변이 별로 유창하지 못하더라도 그의 존재 자체를 감사하게 생각해야 한다. 사실 하나님은 "범사에 감사하라"(살전 5:18)고 말씀하신다. 드라마나 시트콤에 빗대면 평범한 보통 남편에게 만족하기 어렵다. 하지만 영의 일, 즉 하나님이 원하시는 일을 생각하면 자신이 가지지 못한 것은 생각하지 않게 되고, 자신이 가진 것에 감사할 수 있다(롬 8:5 참조). 스스로가 더 나은 삶을 누릴 자격이 있다고 생각하면 "마땅히 생각할 그 이상의 생각"(롬 12:3)을 품게 될 뿐 아니라 하나님의 기준이 아닌 세상의 잣대로 남편을 판단하기가 쉽다(삼상 16:7 참조).

아내는 항상 남편을 존중해야 하지만 그가 불신자인 경우에는 그 일이 매우 어려울 수 있다. 하지만 남편이 신자가 아니더라도 가장이라는 지위 때문에 그를 존경해야 한다. 그는 "짊어져야 할 십자가"가 아니라 남편이자 아이들의 아버지다. 하나님은 불신자인 남편에게 복음을 전하기 원하신다. 하지만 그분은 우리의 생각과 다른 방법을 사용하실 수도 있다. "혹 말씀을 순종하지 않는 자라도 말로 말미암지 않고 그 아내의 행실로 말미암아 구원을 받게 하려 함이니 너희의 두려워하며 정결한 행실을 봄이라"(벧전 3:1-2)는 말씀대로 아내는 말이 아니라 행동으로 복음을 전해야 할 책임이 있다.

불신자 남편은 구원받지 못한 채 하나님의 저주 아래 놓인 상태다. 그에게 예수 그리스도를 전하는 것보다 더 중요한 일은 없다. 하지만 우리의 방법이 아니라 하나님의 방법을 따라야 한다. 남편에게 설교하지 말고 그를 위해 기도하고, 그를 기쁘게 하고, 그를 사랑하고 존중하라. 남편과 대화를 나누거나 다른 사람들에게 그에 관해 말할 때 잘못을 저지르지 않도록 주의하라. 하나님은 세상에서 죄인을 구원하시기 위해 일하고 계신다. 하나님의 명령을 따르며 그분이 정하신 때를 기다리는 것이 중요하다.

#원리 3 : 아내는 공손한 태도를 취해야 한다.

남편을 놀리거나 폄하하거나 비웃거나 성가시게 하거나 퉁명스럽게 대하거나 짜증을 내는 아내의 태도는 남편을 존중하는 것과 거리가 멀다. 공손하지 못한 태도는 상처를 주는 말이나 짜증과 불평이 묻어나는 표정을 통해 나타날 수 있다. 이는 누구를 상대로 하든지 죄에 해당한다. "남편을 존경하라"는 것은 아내에게 주어진 하나님의 특별 명령이다.

남편을 존중하는 것은 곧 그에게 사랑을 보여주는 것과 같다. 왜냐하면 사랑은 무례히 행하지 않기(고전 13:5 참조) 때문이다. 원하든 원치 않든 하나님의 말씀에 순종해야 한다는 사실을 항상 잊어서는 안 된다. 남편에게 불손한 태도를 취하거나 죄를 짓는다면 호르몬의 변화나 피로는 물론 심지어 질병조차도 하나님 앞에서 정당한 사유가 될 수 없다. 하나님은 우리가 "감당하지 못할 시험당함을 허락하지"(고전 10:13) 않으신다. 하나님이 은혜를 주시면 죄를 짓지 않고 어려운 상황을 능히 극복할 수 있다.

남편에게 말을 할 때는 특별히 내용, 말투, 표정에 주의하라. 좋은 말이나 덕을 세우는 말만 하라(엡 4:29 참조). 말투는 부드럽고 차분해야 한다(갈 5:23 참조). 때로 남편과 의견이 다르거나 그가 명백히 잘못을 저지르고 있을 때조차 아내의 표정에는 존경심이 엿보여야 한다. 하나님께 도우심을 구하면 기꺼이 도와주실 것이다. 그분은 우리를 도우시는 하나님이시다(시 42:11 참조).

어쩌면 남편에게 자신의 태도가 공손한지 아닌지를 알려달라고 부탁하는 것이 가장 좋은 방법인지도 모른다. 남편이 흔쾌히 응한다면 불손한 말이나 말투, 또는 표정이 나올 때마다 적절히 지적해 줄 것이다. 만일 깊이 생각하지 않고 무조건 화부터 내는 기질을 타고난 경우라면 그런 일이 있을 때 잠시 시간을 두고 행동을 돌아보며 기도할 수 있게 조언해 달라고 부탁하라. 그리고 마음이 가라앉은 뒤에 다시 돌아와 그 문제를 상의하라.

어리석은 자는 조언을 듣지 않고 분노를 드러낼 것이다(잠 12:15-16 참조). 하지만 노력하면 얼마든지 지혜롭고 의로운 길을 선택할 수 있다. 성경은 "의인의 마음은 대답할 말을 깊이 생각하여도 악인의 입은 악을 쏟느니라"(잠 15:28)고 말씀한다. 이 문제와 관련해 얼마나 적극적으로 남편의 도움을 구하느냐에 따라 아내의 영적 성숙도와 주 예수 그리스도에 대한 헌신의 정도를 가늠할 수 있다. 다른 사람의 지적은 때로 당혹감과 수치심을 안겨준다. 하지만 하나님은 겸손한 자에게 은혜를 베푸신다는 사실을 기억하라.

한 가지 예를 들면서 세 번째 원리를 마무리하고자 한다. 아내가 생리할 때가 되었다고 가정하자. 그녀는 긴장감과 초조함을 느낀다. 때는 토요일 아침이다. 부부는 저녁에 사람들을 초대할 계획이다. 아내는 집 안을 청소한다.

남편이 청소를 도와주기를 바라지만 그는 텔레비전 앞에 앉아 골프 경기를 보고 있다. 아내는 화가 난 목소리로 "그렇게 텔레비전만 보고 있지 말고 좀 도와주면 어디가 덧나나요? 당신이야 하고 싶은 대로 하면 좋겠지만 도대체 이렇게까지 생각이 없을 줄은 정말 몰랐어요"라고 쏘아붙인다. 그녀는 그만 무례하고 불손하고 사랑이 없는 태도를 취하고 말았다. 하나님과 남편에 대해 죄를 지었다. 그녀는 부드럽고 차분한 말투로 이렇게 말할 수도 있었다.

"여보, 생리할 때가 되어서인지 오늘 아침은 참 힘들군요. 사람들을 초청하려면 이것저것 준비할 일이 아주 많아요. 당신이 골프를 좋아하는지 알지만 나를 좀 거들어주지 않겠어요? 경기는 녹화해 두었다가 나중에 봐도 되잖아요."

선한 말은 큰 설득력을 지닌다(잠 16:21 참조). 아내가 남편에게 공손한 태도와 말로 부탁하면 기꺼이 도와줄 가능성이 훨씬 더 커진다. 그런데도 남편이 도와주지 않는다면 아내는 그가 이기적이거나 게으르다고 생각할 것이다. 그런 경우에는 공손한 태도로 남편을 책망하는 일이 필요하다.

#원리 4 : 아내는 공손한 태도로 남편을 책망해야 한다.

신자는 책망의 말을 할 때 극도로 신중해야 한다. 책망이란 다른 사람의 잘못을 일깨워주는 말을 뜻한다. 책망의 목적은 하나님과의 관계를 올바로 회복하게 하려는 데 있다. 책망은 "너 자신을 살펴보아 너도 시험을 받을까 두려워하라"(갈 6:1)는 말씀대로 겸손하게 이루어져야 하고, 또 가능한 한 은밀히 해야 한다(마 18:15 참조). 신자가 다른 신자를 책망할 때도 많은 주의가 필요하지만 아내가 남편을 책망할 때는 그보다 훨씬 더 많이 조심해야 한다. 남편이 죄를 짓거든 아내는 그를 책망함으로써 사랑을 보여주어야 한다(잠 27:5 참조). "사랑은…성내지 아니하며 악한 것을 생각하지 아니하며 불의를 기뻐하지 아니하며 진리와 함께 기뻐"(고전 13:4-6)하는 것이다.

아내의 공손한 책망은 사랑을 보여줄 뿐 아니라 선으로 악을 이기는(롬 12:21 참조) 길이기도 하다. 말하자면 악을 선으로 갚는 것이다. 하나님은 우리의 선한 반응을 이용하셔서 원수의 머리에 숯불을 쌓으신다(롬 12:20 참조). 바꾸어 말해 아내의 의롭고 공손한 책망을 통해 남편에게 회개의 압력을 가하신다.

아내가 공손하게 책망의 말을 건네면 남편이 그 말을 받아들이거나 최소한 한 번쯤 깊이 생각해 볼 가능성이 높아진다. 하지만 태도가 불손하면 사태의 본질보다는 아내의 태도에 초점을 맞출 공산이 크다. 공손한 책망이 가능하려면 일어난 일을 객관적으로 생각하는 것이 중요하다. 그러기 위해서는 '어떻게 남편이 나에게 이럴 수 있지?' 와 같이 자신에게 초점을 맞춘 질문이 아니라 '남편을 조금이라도 변화시키기 위해 하나님은 내가 어떻게 행동하기를 원하실까?' 와 같은 질문을 생각해야 한다. 자신의 상처를 곱씹는 대신 남편의 잘못을 하나님께 대한 죄로 받아들여 객관적으로 생각하면 감정을 통제하기가 훨씬 더 쉬워진다.

아내는 남편이 죄를 지었거나 심지어는 낙오자가 되었다고 해도 여전히 그를 존경해야 한다. 남편이 직장을 잃었거나, 좌천되었거나, 승진 심사에서 떨어졌거나, 사업이 부도가 났거나, 그 외에 어떤 이유로든 사회의 낙오자가 되었다면 아내의 지혜로운 책망이 절실히 필요하다. 사실 이때는 책망도 중요하지만 긍휼과 위로가 더욱더 중요하다. 남편의 입장에 서서 그의 심정을 곰곰이 헤아려보라. 그에게 성질을 부리고, 심한 말을 던지고, 잔인한 태도를 보인다면 남편은 깊은 상처를 받고 말 것이다. 그런 행동은 하나님을 영화롭게 하지 못한다. 그때는 "견디기 힘든 일인 줄 알아요. 하지만 하나님이 도와주시면 우리는 다시 일어설 수 있어요", "당신이 이런 일을 겪게 되어 정말 안타까워요", "우리는 경제적으로 다시 회복할 수 있어요. 실패를 교훈으로 삼아요. 하나님은 이 일조차도 우리에게 유익이 되게 하실 거예요"라고 말하는 것이 좋다. 그런 말은 남편에게 잘못을 뉘우치고 하나님과 다른 사람들 앞에서 스스로를 겸손히 낮추는 마음을 심어줄 수 있다.

아내가 너그럽고 공손한 태도로 지혜로운 책망을 건네면 남편이 하나님과의 관계를 올바로 회복하는 일이 더 쉬워질 것이다. 부드러운 말투로 친절하고 덕스러운 말을 하는 것은 남편이 죄를 지었거나 실패했을 때 그에게 사랑과 존경심을 보일 수 있는 올바른 방법이다. 하나님이 아내의 친절한 태도를 통해 그분의 긍휼을 드러내시고 그 거룩한 이름을 영화롭게 하신다는 사실은 참으로 놀라운 일이 아닐 수 없다.

#원리 5 : 불손한 아내는 어려운 상황을 경험할 수도 있다.

아내가 남편에게 불손한 경우 도리어 남편에게 책망을 받을 가능성이 높다. 그런 일이 일어나면 남편은 마음에 깊은 상처를 입고 아내의 영적 지도자로서의 책임과 가장으로서의 책임을 포기한 채 당혹감과 수치심을 느낄 수 있다. "욕을 끼치는 여인은 그 지아비의 뼈가 썩음 같게 하느니라"(잠 12:4)는 말씀은 아내가 불손한 태도를 취할 때 남편이 느끼는 심정을 여실히 증언한다. 더욱이 마음에 상처를 입은 남편이 심기가 뒤틀려 앙심을 품고 분노나 욕설을 퍼붓거나 방어적인 태도를 취할 수 있다. 다시 말해 "악을 악으로, 욕을 욕으로"(벧전 3:9) 갚는 상황이 벌어질 수 있다. 아내는 주 안에서 마땅한(골 3:18 참조) 태도로 남편을 대할 책임이 있기 때문에 불손한 태도를 취하는 경우에는 남편의 죄보다 더 심각하게 주 예수 그리스도의 영광을 가릴 수 있다. 온유하고 공손한 태도 외에 다른 모습을 보이는 것은 하나님 앞에서 마땅하지 않다.

남편을 존중해야 하는 대상은 비단 아내만이 아니다. 자녀들도 아버지를 존경해야 한다(엡 6:2-3 참조). 아내가 남편에게 불손하면 자녀들도 그와 똑같이 행동하기 쉽다. 아내가 남편을 우습게 여기며 거칠고 냉소적인 말투를 일삼으면 자녀들이 아버지를 존경하기가 훨씬 더 어려워진다. 아내의 죄는 자녀들에게 불안감과 분노를 부추기거나 아버지를 우습게 여기는 마음을 심어줄 뿐 아니라, 심지어 어머니처럼 아버지를 노골적으로 무시하는 습성을 길러줄 수 있다. 그런 자녀들은 아버지를 공경해야 할 의무를 쉽게 저버릴 것이다.

지금까지 아내가 남편을 존중해야 하는 이유를 보여주는 성경의 원리들을 살펴보았다. 이제 각자 이 원리들에 얼마나 충실한가를 점검하는 시간을 가져보자. 다음의 평가표를 읽어가면서 남편에게 불손하게 행동했다고 생각되는 항목에 표시하라. 잘 모르겠거든 남편의 생각을 물어보라.

자기 평가표

☐ 남편을 무시하는 투로 말하는가? (몇 가지 예를 들면 다음과 같다.)

"당신, 도대체 뭐가 문제예요?"

"누가 하든 당신보다는 나을 거예요."

"제 아버지라면 절대로 그렇게 하시지 않았을 거예요."

"무엇이든 좀 제대로 할 수 없나요?"

"당신만 의지한 제가 어리석었어요."

"바보같이 굴지 말아요."

"당신이 지금 한 말은 터무니없어요."

"당신은 바보, 멍청이예요."

"당신은 너무 굼떠요. 이제 제가 직접 할 거예요."

- ☐ 공석에서 목회자나 이웃, 친구를 대하는 것처럼 사석에서 남편을 공손하게 대하는가?
- ☐ 화난 모습이나 혐오스런 표정, 또는 팔짱을 낀 자세 등 표정이나 태도로 남편을 불손하게 대하는가?
- ☐ 남편의 말을 가로막거나 방해하는가?
- ☐ 위협하는 말이나 공격적인 말, 또는 눈물을 비롯해 여러 가지 방법으로 남편을 을러대 자신의 뜻을 이루려고 하는가?
- ☐ 남편의 결점을 다른 사람들에게 말하는가?
- ☐ 사람들 앞에서 남편의 말을 부적절하게 반박하곤 하는가?
- ☐ 남편이 다른 남자들에 비해 못하다고 말하는가?
- ☐ 남편을 이해하기 위해 그의 의견에 주의를 기울이는가?
- ☐ 남편이 집에 없을 때 그가 부탁한 대로 믿음직하게 일을 처리할 만큼 가장인 남편의 권위를 인정하는가?
- ☐ 남편의 부탁이 사소한 것 같아도 그 말을 따르려고 노력하는가?
- ☐ 남편에게서 온유하고 차분한 마음씨를 지녔다는 말을 듣는 편인가?
- ☐ 남편을 존경함으로 하나님께 순종하는가?

요즘에는 권위를 존중하는 태도를 찾아보기가 매우 어렵다. 하지만 그리스도인 아내는 하나님의 은혜로 더욱 공손해질 수 있다. 상황이 변하고 남편이 성공과 실패를 거듭할 수도 있다. 또 존경받을 만한 남편도 있고 그렇지 못한 남편도 있다. 하지만 어떤 형편에서든 아내는 의지적인 행동을 통해 남편에 대한 존경심과 하나님께 대한 사랑을 보여줄 수 있다. 하나님은 그런 태도를 중요하게 여기신다. 남편을 존중하는 것은 그가 자격이 있느냐 없느냐와 상관없이 아내가 반드시 지켜야 할 도리다. 상황이나 감정과 상관없이 늘 지녀야 할 마음의 태도다. 그런 태도를 지니기 위해 기꺼운 마음으로 열심히 노력하겠는가?

11장 | 남편과의 은밀한 관계

　딸의 결혼식이 있기 이틀 전, 그녀의 친구 하나가 우리 집에 놀러와 딸의 손톱에 매니큐어를 칠해 주었다. 결혼한 지 얼마 안 된 새댁이었다. 그들은 서로 대화를 주고받으며 웃기도 하고 귓속말로 속삭이기도 했다. 그러던 중 딸이 "엄마, 이리 와보세요"라고 말했다. 나는 무슨 할 말이 있구나 싶어 옷을 개는 일을 멈추고 "무슨 말을 하고 싶은 게냐?"라고 물었다. 둘 다 아무 말이 없었다. 잠시 뒤 딸은 "그거 있잖아요. 다 아시면서"라고 말했다. 처음에는 무슨 말인지 몰랐지만 곧 알아차렸다. 대화의 주제는 성이었다. 나는 "그래, 무엇이 알고 싶으니?"라고 물었다. 그들은 둘 다 "약간의 조언이면 족해요"라고 대답했다. 우리는 대화를 시작했고 나는 몇 가지 조언을 들려주었다.
　남편과 아내의 성적 결합은 하나님이 육체의 친밀함과 자손의 번식을 위해 인류에게 허락하신 선물이다. 하나님이 창조하신 것은 모두 선하다. 남편과 아내의 육체적 결합도 예외가 아니다. 하나님이 의도하신 거룩하고 의로운 것을 왜곡시킨 것은 세상이다. 그리스도인 부부는 성관계를 맺고, 그 과정에서 생각과 행위와 동기의 순수성을 유지할 수 있는 잠재력을 지닌다. 육체의 결합을 하나님이 의도하신 대로 이해하기 위해서는 그분의 본래 의도를 살펴보는 것이 중요하다.

하나님은 육체의 친밀함과 자손의 번식을 위해 부부간의 성관계를 허락하셨다.

> "자손 번식은 하나님이 인류에게 허락하신 생명 탄생의 특권이자 책임이다. 아기를 임신하는 것은 하나님과 인간이 서로 힘을 합쳐 영원한 존재들을 함께 창조하고 만들어내는 일이다."[15]

하나님은 아담과 하와에게 "생육하고 번성하여 땅에 충만하라"(창 1:28)고 말씀하셨다. 그분은 노아의 홍수가 있고 난 뒤에도 "생육하고 번성하여 땅에 충만하라…생육하고 번성하며 땅에 가득하여 그중에서 번성하라"(창 9:1, 7)고 말씀하셨다.

하나님이 육체의 결합을 허락하신 이유는 자손 번식 외에도 부부간의 친밀함과 화합을 강화하시기 위해서였다. 성경은 남자와 여자의 결합을 "한 몸"(창 2:24)이라는 표현으로 묘사한다.

> "이러므로 남자가 부모를 떠나 그의 아내와 합하여 둘이 한 몸을 이룰지로다"(창 2:24).

하나님은 인간에게 부부간에 하나 될 것을 명령하셨다. 이 명령은 마태복음 19장 5절과 에베소서 5장 31절에서 두 차례 더 반복되었다. 구약성경이나 신약성경에서 "한 몸"은 남자와 여자의 육체를 의미한다. 히브리어로는 "바사르"이고 헬라어로는 "사륵스"다. 아울러 "합하여"는 히브리어로 "다바크"이고 헬라어로 "프로스칼라오"다. 이 두 단어는 "함께 꼭 붙어 있다, 달라붙다, 밀접하게 연합되다"를 뜻한다.[16]

하나님은 남편과 아내를 유혹에서 보호하고, 서로 동반 관계를 맺으며, 서로에게 큰 쾌락과 즐거움을 주게 하시려고 그들의 육체적 결합을 고안하셨다. 동반 관계는 부부의 친밀하고 은밀한 육체적 결합을 통해 강화된다. 성경은 종종 남자와 여자의 성적 결합을 서로를 "안다"는 말로 묘사한다(창 4:1; 눅 1:34 참조). 성적 결합을 통한 동반 관계는 부부만을 위한 것으로 그들을 유혹에서 보호하기 위해 마련되었다.

"결혼한 남녀의 온당하고 건전한 육체적 결합은 불륜의 유혹에서 서로를 보호한다."[17]

"음행을 피하기 위하여 남자마다 자기 아내를 두고 여자마다 자기 남편을 두라 남편은 그 아내에 대한 의무를 다하고 아내도 그 남편에게 그렇게 할지라 아내는 자기 몸을 주장하지 못하고 오직 그 남편이 하며 남편도 그와 같이 자기 몸을 주장하지 못하고 오직 그 아내가 하나니 서로 분방하지 말라 다만 기도할 틈을 얻기 위하여 합의상 얼마 동안은 하되 다시 합하라 이는 너희가 절제 못함으로 말미암아 사탄이 너희를 시험하지 못하게 하려 함이라…만일 절제할 수 없거든 결혼하라 정욕이 불같이 타는 것보다 결혼하는 것이 나으니라"(고전 7:2-5, 9).

성적 결합은 동반 관계와 음행으로부터의 보호 외에도 부부가 서로 큰 쾌락과 기쁨을 주고받게 하는 기능을 한다.

"성적 결합을 통해 서로에게 자신을 내어주는 부부의 행동은 큰 쾌락과 즐거움을 가져다준다." [18]

솔로몬은 "네가 젊어서 취한 아내를 즐거워하라…그의 사랑을 항상 연모하라"(잠 5:18-19)고 말했다. 하나님은 성관계를 부부가 더욱 친밀해지고, 자녀를 낳고, 서로 즐거움을 나누는 수단으로 삼으셨다. 그분은 자신의 계획을 이루시기 위해 인간에게 육체의 욕망을 허락하셨다.

남자와 여자는 둘 다 성적 욕구를 느낀다. 하지만 남자가 여자보다 성적 욕구가 더 강한 경향이 있다. 남자들은 성적 욕구를 느끼게 되면 성관계 외에는 다른 생각을 하기가 어렵다. 따라서 하나님은 아내에게 남편의 성적 욕구를 충족시키라고 명령하셨다. 아내 역시 성적 욕구를 느낀다. 따라서 하나님은 남편에게도 아내의 성적 욕구를 충족시키라고 명령하셨다. 부부가 서로의 성적 욕구를 충족시키지 못하면 부도덕한 생각과 행동을 하게 될 위험성이 커진다. 남편은 성적 욕구가 충족되어야만 다른 여성의 유혹에 넘어가지 않는다. 솔로몬은 이 사실을 다음과 같이 묘사했다.

"네 샘으로 복되게 하라 네가 젊어서 취한 아내를 즐거워하라 그는 사랑스러운 암사슴 같고 아름다운 암노루 같으니 너는 그의 품을 항상 족하게 여기며 그의 사랑을 항상 연모하라"(잠 5:18-19).

"족하게 여기며"는 "만족하다"는 의미다. 다시 말해 남편은 아내의 사랑에 만족하면 한눈을 팔지 않는다. 만족이란 배가 잔뜩 부를 때까지 음식을 먹고 또 먹는 것과 같다. 음식을 배불리 먹은 뒤에는 누가 맛있는 후식을 내놓아도 더 이상 먹고 싶은 유혹을 느끼지 않는다. 이처럼 남편도 아내의 사랑에 흠뻑 취해야 한다.

아내는 남편과 육체적으로 결합하는 데 있어 자신의 몸을 스스로 주장할 수 없다. 아내의 몸은 남편이 주장한다. 마찬가지로 남편도 자신의 몸을 스스로 주장하지 못한다. 남편의 몸은 아내가 주장한다. "서로의 몸을 주장하지 못한다"는 말은 부부가 기도하기 위해 잠시 성관계를 중단하자고 합의했을 때나 하나님의 섭리로 인해 상황이 여의치 않을 때를 제외하고는 서로의 성적 요구를 거절할 수 없다는 뜻을 담고 있다.

아내가 남편의 성적 요구에 응하는 것은 하나님의 명령이다. 따라서 그 명령에 순종하는 것은 곧 남편을 사랑하는 것이자 하나님을 사랑하는 것이다. 그런데 아내가 남편의 요구를 받아들이기가 불편할 때는 어떻게 해야 할까? 그때는 일정을 조정해 함께 사랑을 나눌 수 있는 기회를 만듦으로써 남편의 욕구를 충족시키는 일을 중요하게 생각하고 있다는 사실을 보여주어야 한다. 때로는 집 안 청소를 미루거나 친구에게 나중에 다시 전화하겠다고 말한 뒤 잠시 시간을 낼 수 있다.

하지만 어떤 경우에는 남편의 요구를 받아들이기가 도저히 불가능할 때도 있다. 그때는 다음에 사랑을 나눌 시간을 꼭 마련하겠다고 약속하고, 그 시간이 되었을 때 기다린 보람이 있도록 확실하게 사랑을 나누면 된다. 남편의 성적 욕구를 잘 알면서도 그와 잠자리를 같이하지 않는 아내는 자기 자신을 우선시하는 이기적인 사람이라고밖에 달리 말할 수 없다. 그러면 남편은 아내가 자신을 사랑하지 않는다고 생각하거나 자신의 욕구를 충족시켜줄 마음이 없다고 생각할 가능성이 높다. 그런 경우 남편은 실망스럽고 짜증이 나 유혹에 빠질 수 있다.

성경은 성관계에 관해 많은 것을 가르친다. 다음에 제시되는 성경의 원리들을 잘 살펴보라. 이는 『기독교 상담사 매뉴얼 The Christian Counselors Manual』에 수록된 제이 애덤스 박사의 글을 개작한 것이다.[19]

#원리 1 : 부부간의 성관계는 거룩하고 선하다.

"모든 사람은 결혼을 귀히 여기고 침소를 더럽히지 않게 하라"(히 13:4).
"하나님이 지으신 그 모든 것을 보시니 보시기에 심히 좋았더라"(창 1:31).

"침소를 더럽히지 않게 하라"는 말은 부부가 성관계를 맺고, 서로에게 충실하고, 생각이나 행동이 순결해야 한다는 뜻이다. 아내와 남편의 성관계는 죄가 아니고 더럽지도 않다. 순결한 태도로 남편과 육체의 친밀함을 나누는 아내의 행위는 기도하거나 찬양하는 것만큼이나 성스럽다. 생각과 동기와 행동이 순결한 이상 성관계는 하나님을 기쁘시게 하는 행위다. 하나님은 그 행위를 선하게 여기신다.

#원리 2 : 성적 쾌락은 죄가 아니다.

"나는 내 사랑하는 자에게 속하였도다 그가 나를 사모하는구나 내 사랑하는 자야 우리가 함께 들로 가서 동네에서 유숙하자 우리가 일찍이 일어나서 포도원으로 가서 포도 움이 돋았는지, 꽃술이 퍼졌는지, 석류꽃이 피었는지 보자 거기에서 내가 내 사랑을 네게 주리라"(아 7:10-12).

성경은 남편과 아내의 육체적 결합에서 비롯하는 쾌락을 당연시한다. 성적 쾌락은 큰 즐거움이다. 물론 여러 가지 이유로 어떤 때는 다른 때에 비해 성적 쾌락의 정도가 그다지 강렬하지 못할 수도 있다. 하지만 부부간의 성적 결합은 즐겁고 달콤한 시간이 되어야 한다. 어떤 남편은 아내와 사랑을 나누기 전에 그 시간을 축복해 달라고 하나님께 기도한다. 그들은 하나님이 항상 기도에 응답하셨다고 말한다. 대개는 아내와 남편이 똑같이 절정에 달해야 한다. 하지만 둘 중에 한 사람이 지쳐 있거나 하나님의 섭리로 상황이 여의치 않을 경우(예를 들면 아내가 생리 중이거나 임신 중일 때)라면 애무만으로도 사랑을 충분히 표현할 수 있다.

#원리 3 : 아내는 남편을 배려해야 한다.

"내가 잘지라도 마음은 깨었는데 나의 사랑하는 자의 소리가 들리는구나 문을 두드려 이르기를 나의 누이, 나의 사랑, 나의 비둘기, 나의 완전한 자야 문을 열어다오 내 머리에는 이슬이, 내 머리털에는 밤이슬이 가득하였다 하는구나 내가 옷을 벗었으니 어찌 다시 입겠으며 내가 발을 씻었으니 어찌 다시 더럽히랴마는 내 사랑하는 자가 문틈으로 손을 들이밀매 내 마음이 움직여서 일어나 내 사랑하는 자를 위하여 문을 열 때"(아 5:2-5).

'어떻게 하면 남편을 즐겁게 해줄 수 있을까?'라고 생각하는 것이 남편을 사랑하는 아내의 태도다. 남편에게 즐거움을 주다 보면 아내 역시 처음에 기대했던 것보다 더 큰 즐거움을 경험할 수 있다. 성적 흥분이 일어나기까지는 여성이 남성보다 오랜 시간 걸리는 것이 보통이다. 아내가 남편을 배려하기 위해서는 남편을 먼저 생각하고, 자신을 원하는 그의 속성을 잘 이해해야 한다. 또한 남편이 잘하는 부분이 있으면 아낌없이 칭찬해야 한다. 안타깝게도 요즘에는 아내들이 피곤에 지친 탓에 이 원리를 쉽게 간과하곤 한다.

어린 자녀들을 키우는 젊은 아내들은 하루 일과를 마치고 나면 기진맥진하기 일쑤다. 하지만 아무리 바쁘더라도 미리 계획을 세워 남편과 특별한 시간을 갖는 것이 좋다. 아이들을 키우느라 여유가 없을지라도 남편을 생각하며 그와 함께하는 시간을 기대해야 한다. 아울러 남편에게 자신의 상황을 말해 주어 그도 계획을 세울 수 있게 해야 한다. 남편을 위해 힘과 시간을 남겨두는 것은 충분한 가치가 있다. 아무리 바쁜 아내일지라도 그렇게 하면 남편을 얼마든지 배려할 수 있다.

남편 역시 아내의 요구를 거부하고 스스로 자기의 몸을 주장할 수 없다는 사실을 기억하라. 때로 아내는 남편에게 선뜻 다가가기를 꺼려한다. 그리고는 그가 무심하다고 생각하며 속으로 상처를 받는다. 남편이 무심하다거나,

자신을 사랑하지 않는다거나, 스스로 육체적인 매력이 없다고 단정하지 말고 그에게 솔직한 생각을 털어놓고 사랑을 나누자고 제안하라. 성경은 아내와 남편에게 자기 중심적인 태도를 버리고 서로를 배려하라고 가르친다.

#원리 4 : 성관계는 규칙적으로 계속 이루어져야 한다.

"너는 그의 품을 항상 족하게 여기며"(잠 5:19).

일주일에 성관계를 몇 차례 가져야 한다는 규칙은 없다. 하지만 서로가 실망하거나 유혹을 느끼지 않을 정도로 충분히 자주 가지는 것이 좋다. 성관계를 하지 않거나 어쩌다가 한 번 가지는 부부가 있다. 그런 부부는 늘 바쁘고 지친 탓에 부부로서가 아니라 오누이와 같은 삶을 살아간다. 하지만 부부 관계에는 규칙적이고 계속적인 성관계가 반드시 포함되어야 한다.

#원리 5 : 남편을 이용하려고 하지 말라.

"아무 일에든지 다툼이나 허영으로 하지 말고 오직 겸손한 마음으로 각각 자기보다 남을 낫게 여기고 각각 자기 일을 돌볼뿐더러 또한 각각 다른 사람들의 일을 돌보아 나의 기쁨을 충만하게 하라"(빌 2:3-4).

남편에게서 무엇을 얻어낼 요량으로 그와 거래하려는 것은 이기적인 태도다. 그런 아내의 동기는 의롭지 못하다. 아내는 자신이 아니라 남편을 섬겨야 한다. 아내가 남편과 거래를 하고 이용함으로써 그를 어린아이처럼 대우하는 것은 매우 잘못된 행동이다. 아내는 남편에게서 무엇을 얻어내고자 하는 동기를 지녀서는 안 된다. 아내는 항상 하나님의 영광을 동기로 삼아야 한다.

#원리 6 : 성관계는 동등하고 상호적이어야 한다.

동등하고 상호적인 성관계란 부부 중 누구든 성관계를 주도할 수 있다는 뜻이다. 남편과 아내가 합리적이고, 상대방을 서로 배려한다면 둘 중에 아무나 자유롭게 성관계를 주도할 수 있다. 서로가 유쾌하고 즐겁고 다정한 상태에서는 무엇이든 다 괜찮다. 물론 포르노그래피 시청, 다른 사람에 대한 성적 환상을 주고받는 행위 등은 죄이므로 예외다(갈 5:19 참조).

남편과 육체의 친밀함을 나눌 시간을 계획하고, 그에게 자신을 내어주며, 그와 함께하기를 기대하고, 서로 한 몸이 되기를 열망하라. 사랑스럽고 유순하고 다정다감한 아내가 되라.

12장 | 순종 : 아내의 진정한 기쁨

애틀랜타 교외 지역의 한 교회에서 초등학교 2, 3학년 학생들을 가르치는 교사가 있었다. 어느 날 교사의 귀에 한 무리의 소녀들이 왁자지껄 떠드는 소리가 들렸다. 교사는 "얘들아, 무슨 이야기를 그렇게 하니?"라고 물었다. 한 작은 소녀가 앞으로 걸어나와 친구들을 대신해 말했다.

"저희는 어서 빨리 열일곱 살이 되었으면 좋겠어요."

교사는 속으로 '그래야 데이트도 하고 화장도 할 수 있으니까요'라는 대답을 기대하고 "왜지?"라고 물었다. 하지만 소녀는 "열일곱 살이 되면 아무도 이래라저래라 하지 않을 테니까요"라고 답했다. 학생들이 자리에 모여앉자 교사는 이렇게 말했다.

"안타깝게도 나쁜 소식을 전해야겠구나. 나는 마흔이 다 되었는데도 여전히 사람들로부터 이래라저래라 하는 소리를 듣고 산단다."

교사는 그 삶이 사실은 나쁜 것이 아니라 좋은 것이라고 설명했다. 그것은 모든 사람을 위한 하나님의 계획 가운데 일부다. 어린 학생들은 모든 사람이 권위 아래 사는 것이 하나님의 뜻이라는 사실을 배워야 했다. 이 장에서 우리가 배울 내용은 바로 순종이다. 우리는 성경의 가르침을 따라 남편에게 기쁘게 순종함으로써 하나님과 동행하는 법을 배워야 한다.

질서 있는 세계

하나님은 질서 있는 세계를 창조하셨다. 그분은 질서를 유지하시기 위해 권위를 바탕으로 하는 세 가지 제도를 마련하셨다. 가정, 교회, 국가가 그것이다. 하나님이 그런 제도를 세우신 이유는 사람들이 서로 조화를 이루며 살고 생명이 보호받도록 하시기 위해서다. 예를 들어 하나님은 부모가 자녀를(엡 6:1-4 참조), 장로가 성도를(히 13:17 참조), 위정자가 국민을(롬 13:1-2 참조) 각각 보호하게 하셨다. 또한 하나님은 가정에 남편을 세우셔서 아내를 보호하고 다스리게 하셨다.

> "이와 같이 남편들도 자기 아내 사랑하기를 자기 자신과 같이 할지니 자기 아내를 사랑하는 자는 자기를 사랑하는 것이라 누구든지 언제나 자기 육체를 미워하지 않고 오직 양육하여 보호하기를 그리스도께서 교회에게 함과 같이 하나니"(엡 5:28-29).

사실 남편에 대한 아내의 순종은 그리스도인 아내를 위한 하나님의 뜻이다. 하나님은 남편에 대한 아내의 순종을 하나님과 동행하고, 그분의 뜻을 이해하고, 성령으로 충만함을 입은 결과로 간주하실 정도로 중요하게 생각하신다.

> "그런즉 너희가 어떻게 행할지를 자세히 주의하여…오직 주의 뜻이 무엇인가 이해하라…성령으로 충만함을 받으라 시와 찬송과 신령한 노래들로 서로 화답하며…범사에 우리 주 예수 그리스도의 이름으로 항상 아버지 하나님께 감사하며 그리스도를 경외함으로 피차 복종하라 아내들이여 자기 남편에게 복종하기를 주께 하듯 하라"(엡 5:15-22).

아내는 순종의 중요성을 간과할 때가 많다. 그 이유는 남편이 잘못하는 일에만 온 신경을 쓰기 때문이다. 아내는 자신의 책임에 관심을 집중하는 법을 배워야 한다.

아내의 책임에 집중하라

남편은 불완전한 존재이기 때문에 때로 아내에게 죄를 지을 수밖에 없다. 아내가 남편의 책임과 의무에만 관심을 집중한다면 하나님이 아내에게 주신 책임과 의무를 간과할 소지가 높다. 아내는 하나님이 정하신 남편에 대한 세 가지 책임에 초점을 맞춰야 한다. 그것은 남편을 사랑하고, 남편을 존중하고,

남편에게 순종하는 것이다.

   남편이 아내에게 죄를 지어 깊은 상처를 줄 경우 아내는 자신의 잘못된 태도를 쉽게 놓치거나 정당화하기 쉽다. 예를 들어 아내는 이렇게 생각하기 쉽다.

- '남편이 자신이 할 일을 제대로 했으면 좋겠어.'
- '남편이 이기적이지만 않다면 더 좋은 아내가 될 수 있을 텐데.'
- '남편이 옳은 일을 하지 않으니까 나도 하나님이 원하시는 아내가 될 수 없는 거야.'
- '변화될 사람은 내가 아니라 남편이야.'
- '아무리 노력해 봤자 소용없어. 남편은 변하지 않을 거야.'

   다는 아니더라도 대다수의 남편이 삶의 변화가 필요한 상태다. 하지만 성경은 하나님께 대한 아내의 순종이 남편의 행동에 달려 있다고 가르치지 않는다. 남편이 먼저 변해야만 자신도 변할 수 있다고 생각하는 아내는 더 이상 남편의 행동에 연연하지 말고 하나님의 말씀에 순종함으로써 그분을 기쁘시게 하는 일을 추구해야 한다.

   아내가 남편에게 순종함으로써 하나님이 맡겨주신 책임에 집중하면 자신의 상황을 더 잘 볼 수 있을뿐더러 남편의 죄를 성경의 가르침에 따라 올바로 처리하는 방법을 깨닫게 된다. 아울러 성경이 현숙한 아내의 순종에 대하여 가르치는 내용을 깊이 숙지하면 순종에 관해 자칫 혼동할 수 있는 개념을 말끔히 없앨 수 있다.

   아내는 성경적 순종에 관해 잘못 이해하기 쉽다. 오늘날의 사회는 성경적 순종에 관해 불신하고 적대적인 감정으로 바라보는 경향이 있다. 흔한 오해 가운데 하나는 남편에 대한 아내의 순종을 무거운 짐, 즉 아내가 "짊어져야 할 십자가"로 생각하는 것이다. 이는 성경의 가르침과 정면으로 배치된다. 현숙한 아내의 순종은 단순히 해야 하는 일이 아니라 마음에서 우러나오는 즐거움이다.

아내의 순종과 기쁨에 관한 네 가지 원리

#원리 1 : 기쁨은 하나님의 말씀을 믿고 순종할 때 생겨난다.

> "주의 증거들로…나의 기업을 삼았사오니 이는 내 마음의 즐거움이 됨이니이다"(시 119:111).

"주의 증거", 즉 그분의 말씀은 시편 저자의 즐거움이었다. 그는 하나님의 말씀 가운데 일부가 아니라 전부에서 기쁨을 찾았다. 남편에 대한 아내의 순종은 하나님의 계명 가운데 하나이기 때문에 아내는 그것을 기뻐해야 한다.

> "하나님을 사랑하는 것은 이것이니 우리가 그의 계명들을 지키는 것이라 그의 계명들은 무거운 것이 아니로다"(요일 5:3).

하나님의 계명을 못마땅하게 여기거나 거부한다면 기뻐할 수 없다. 경건한 신앙생활은 하나님의 계명을 지키는 것을 기쁘게 여기는 삶을 가리킨다.

하나님의 계명은 우리를 보호하고 유익하게 하려고 주어졌기 때문에(신 10:13 참조) 무거운 짐이 아니라 기쁨이 되어야 한다. 하나님의 뜻에 겸손히 순종하겠다고 굳게 결심하고 살아야 그분의 계명이 우리의 기쁨이 될 수 있다. 누구에게 순종할지를 미리 결정해 두면 어떤 시험이 닥쳐도 흔들리지 않을 수 있다.

#원리 2 : 기쁨은 하나님이 어려운 상황에서도 여전히 그분의 목적을 이루고 계신다는 사실을 알 때 생겨난다.

"내 형제들아 너희가 여러 가지 시험을 당하거든 온전히 기쁘게 여기라"(약 1:2).

하나님은 항상 아내의 상황 속에서 뜻하신 목적을 이루고 계신다. 하나님은 아내에게 그리스도의 성품을 닮고 그분께 영광을 돌릴 수 있는 특별한 기회와 특권을 부여하신다. 그분은 어떤 악이나 시련도 능히 섭리하셔서 아내를 유익하게 하시고, 그 안에 그리스도의 형상이 이루어지게 하신다. 하나님의 목적은 어떤 상황에서든 반드시 이루어진다.

성경은 "우리가 알거니와 하나님을 사랑하는 자 곧 그의 뜻대로 부르심을 입은 자들에게는 모든 것이 합력하여 선을 이루느니라"(롬 8:28)고 말씀한다. 따라서 우리는 시험을 당할 때 온전히 기뻐해야 한다. 그때는 '이것은 내게 유익한 일이야. 하나님의 분명한 목적이 있어. 그렇지 않다면 하나님이 이런 일을 당하게 하실 리가 없어. 즐겁지는 않지만 하나님이 내 삶 속에서 원하시는 목적을 이루고 계신다는 사실을 알고 기뻐해야 해'라고 생각해야 한다.

#원리 3 : 기쁨은 어려운 상황에서 주 예수님이 보여주신 본보기를 따를 때 생겨난다.

"예수를 바라보자 그는 그 앞에 있는 기쁨을 위하여 십자가를 참으사 부끄러움을 개의치 아니하시더니"(히 12:2).

아내는 주 예수님을 본받아 시련 속에서 "우리가 잠시 받는 환난의 경한 것이 지극히 크고 영원한 영광의 중한 것을 우리에게 이루게 함이니"(고후 4:17)라는 말씀을 기억하고 하나님을 기쁘시게 함으로써 기뻐할 수 있다.

내일을 바라보면서 주 예수 그리스도께 소망을 두어야 한다. 우리는 주님 때문에 후일을 웃을 수 있다(잠 31:25 참조). 삶에서 일어나는 모든 일을 우리를 돌보시기 위한 하나님의 섭리로 받아들이도록 노력하라.

시련을 당할 때는 '사랑은 모든 것을 견딘다고 성경은 말씀하고 있어(고전 13:7 참조). 그래, 나는 좀 더 견딜 수 있어. 하나님을 기쁘시게 하는 데서 기쁨을 찾을 거야. 지금 내가 그분을 기뻐하면 앞으로 영원히 기뻐하게 될 거야'라고 생각하라.

#원리 4 : 기쁨은 성령 충만할 때 생겨난다.

성령 충만한 사람은 마음에서 기쁨이 솟아난다. 에베소서 5장 18절은 신자들에게 "성령으로 충만함을 받으라"고 명령한다. 성령 충만은 성령과 하나님의 말씀에 지배된 상태를 의미한다(골 3:16 참조). 이는 감정적인 경험이 아니라 성경이 가르치는 책임을 이행하는 것을 가리킨다. 에베소서 5장이 묘사하는 하나님과 삶에 관한 사고방식도 그 가운데 포함된다.

에베소서를 좀 더 읽어 내려가면 성령 충만한 사람이 기뻐하는 이유를 이렇게 밝히고 있다.

> "마음으로 주께 노래하며 찬송하며 범사에…항상 아버지 하나님께 감사하며"(엡 5:19-20).

또한 성령 충만한 사람은 "교회가 그리스도에게 하듯…범사에…복종"(엡 5:24)한다. 성령 충만한 아내는 남편에게 순종하고 "마음으로 주께 노래하며 찬송하며 범사에…항상 아버지 하나님께 감사하며" 기뻐한다. 이 밖에도 성경은 성령 충만한 사람이 성령의 열매를 맺는다고 말씀한다. 그 가운데 하나가 "희락", 곧 기쁨이다. 성령 충만한 사람은 날마다 하나님께 감사하며 살아간다. 그는 생각에서나 입에서 항상 감사가 흘러넘친다.

성경이 말하는 순종과 기쁨의 관계를 살펴보면, 순종하는 것이 항상 즐겁지는 않지만 주 예수 그리스도를 영화롭게 할 때마다 기쁨이 항상 솟아난다는 점을 알 수 있다. 따라서 나타날 결과를 두려워하지 말고 단지 주님을 영화롭게 하는 것만을 생각하며 순종하는 법을 배우는 일에 전념해야 한다. 이것이 우리를 향한 하나님의 목적이다. 하나님은 질서 있는 세계를 창조하셨다. 하나님을 영화롭게 하는 방법을 결정할 수 있는 주권은 오직 그분께 있다.

앞으로 두 장에 걸쳐 성경이 가르치는 순종의 원리와 순종하는 아내를 보호하시기 위한 하나님의 방법을 살펴볼 예정이다. 순종하기가 어렵다면 하나님께 머리를 조아리고 그분의 마음과 눈으로 이 주제를 바라보게 해달라고 기도하라.

제3부
현숙한 아내로 살아가기

The Excellent Wife

"누가 현숙한 여인을 찾아 얻겠느냐 그의 값은 진주보다 더 하니라"(잠 31:10).

13장 | 순종의 성경적 의미

　일반 여성들은 물론 심지어 그리스도인 여성들조차 남편에 대한 아내의 순종을 잘못 이해하고 더러 반감을 느끼는 경우가 종종 있다. 이 주제는 교회와 세상 모두에서 큰 오해와 비난의 대상이 되고 있다. 여성들은 그런 가르침을 받아들이는 것이 어리석은 짓이라고 생각한다. 특히 여성주의자들은 이 가르침을 격렬히 반대한다. 그들은 "남편이 아내를 폭행해도 잠자코 있어야 합니까?"라거나 "남편은 무책임하게 매일 술만 퍼먹고 사는데 아내가 수년 동안 뒷바라지를 했습니다. 그런데도 남편이 아내에게 제멋대로 굴게 놔두라는 말입니까?"라고 묻는다. 이 질문들은 성경에 근거한 답변이 필요하다.

　한편 어떤 그리스도인들은 남편이 설령 죄를 짓더라도(즉 아내를 위협하거나 폭력을 쓰거나 욕설을 퍼붓더라도) 온전히 순종해야 한다고 주장한다. 그렇다면 성경은 소위 "학대 신학"을 지지할까? 그렇지 않다. 성경은 하나님이 죄 짓는 남편을 둔 아내를 보호하시기 위한 방법을 마련하셨다고 가르친다. 따라서 아내는 하나님의 보호법을 활용할 책임이 있다. 어떤 사람들은 묵묵히 주님을 위해 고난을 당하는 아내야말로 진정 신령한 사람이라고 말한다. 하지만 하나님이 아내를 보호하시기 위해 마련하신 방법을 사용하지 않는 것이 과연 믿음 있는 행위일까?

성경은 괴로움을 무조건 참는 것이 다 영성의 표현이라 말할 수 없고, 때로는 어리석은 "자의적 숭배"에 불과할 수도 있다고 가르친다(골 2:18-23 참조). 우리는 그런 태도를 "금욕주의"라고 일컫는다. "금욕주의"란 "엄격한 자기 부정을 종교적 실천 수단으로 간주하는 태도"를 뜻한다.[20] 다시 말해 괴로움을 많이 참아낼수록 더욱 신령해진다는 주장이다. 하지만 이 주장은 "선을 행함으로 고난받는 것이 하나님의 뜻"(벧전 3:17)이라는 말씀에 담긴 의미와 아무 상관이 없다.

한편 어떤 교회는 순종을 "주님을 위한 고난"으로 간주하거나 "발깔개처럼 마구 짓밟혀도 상관없다"는 논리에 반대해 또 다른 극단에 치우친다. 그들은 아내의 역할에 관한 여성주의자들의 견해를 받아들여 많은 교회가 여성해방 운동을 지지해야 한다고 가르친다. 목회자들은 매우 민감한 문제라는 이유로 순종의 문제를 애써 회피한다. 또 설혹 이 문제를 다루더라도 아내의 책임을 분명하게 가르치기보다는 "남편과 아내가 서로 순종해야 한다"는 식으로 문제를 적당히 얼버무려 구미에 맞게 변질시키는 것이 보통이다. 안타깝게도 이런 현실은 하나님의 뜻을 알고, 행하고자 하는 그리스도인 여성들에게 혼란과 오해를 가져다준다.

성경의 가르침이 왜곡되거나 잘못 설명되는 경우가 종종 있기 때문에 성경이 가르치는 순종이 무엇이고, 하나님이 순종을 통해 어떻게 영광을 받으시는지 분명히 이해할 필요가 있다.

성경적 순종의 다섯 가지 원리

#원리 1 : 매사에 남편에게 순종하라.

> "아내들이여 자기 남편에게 복종하기를 주께 하듯 하라…아내들도 범사에 자기 남편에게 복종할지니라"(엡 5:22, 24).

"복종하다"를 뜻하는 헬라어 동사는 "휘포타소"다. 이는 군대의 계급 서열을 뜻하는 군사 용어다. 아내가 남편의 권위 아래 있는 것은 가정의 질서와 조화를 위해 하나님이 주권적으로 결정하신 일이다. 아내의 서열, 지위는 남편과 다르다. 그렇다고 아내가 열등한 존재라는 뜻은 결코 아니다. 그리스도인 아내는 하나님의 관점으로 자신을 바라봐야 한다.

> "이는 하나님께서 외모로 사람을 취하지 아니하심이라"(롬 2:11).
> "남자나 여자나 다 그리스도 예수 안에서 하나이니라"(갈 3:28).

하나님은 남자와 여자를 차별하지 않으신다. 남편과 아내는 서로 동등하다. 하지만 아내는 종처럼 순종하신 주 예수 그리스도를 본받아 결혼생활에서 하나님이 맡겨주신 역할에 충실해야 한다.

그리스도께서 성부 하나님에 비해 열등하시지 않듯 아내도 남편에 비해 열등하지 않다. 하지만 그리스도께서는 구원의 계획을 이루시기 위해 성부 하나님의 뜻에 순종하셨다. 마찬가지로 아내도 가정을 위한 하나님의 계획을 이루기 위해 남편에게 순종해야 한다. 아내는 열등하지 않지만 다른 역할을 수행한다. 아내의 역할은 남편의 "돕는 배필"이 되는 것이다. 하나님은 남편에게 아내의 도움이 필요하다는 사실을 잘 알고 계셨다.

> "여호와 하나님이 이르시되 사람이 혼자 사는 것이 좋지 아니하니 내가 그를 위하여 돕는 배필을 지으리라 하시니라"(창 2:18).

순종의 범위는 "범사에"(엡 5:24)라는 말을 통해 분명히 확인할 수 있다. 이는 경제적인 부분, 집 단장, 머리 모양, 저녁 식사, 자녀 훈계 등 삶의 모든 영역을 아우른다. 예를 들어 순종하는 아내는 남편이 새로 산 소파가 별로 마음에 들지 않으니 당장 도로 갖다주라고 말하며 화를 낼 경우 죄를 지으라는 요구가 아닌 이상 그의 말에 기꺼이 따라야 한다. 다시 말해 죄를 지으라고 요구하지만 않는다면 아내는 남편에게 온전히 순종해야 한다.

하나님이 남편에게 아내를 다스리는 권위를 주셨지만, 아내를 다스리는 궁극적인 권위는 오직 하나님께 있다. 즉 하나님의 권위가 남편의 권위보다 높다. 따라서 남편이 죄를 지으라고 요구할 경우, 아내는 "사람보다 하나님께 순종"(행 5:29)해야 한다.

• 죄 짓기를 요구하는 사례

- **남편의 명령** : "앞으로 교회에 나가지 마시오."
- **하나님의 명령** : "모이기를 폐하는 어떤 사람들의 습관과 같이 하지 말고…"(히 10:25).

불신자 남편이 아내가 교회에 나가는 것을 원하지 않을 경우 아내는 공손한 태도로 그 명령을 거부해야 한다. 하지만 남편이 화내는 원인이 아내가 자기보다 교회 친구들을 더 중요하게 생각한다는 데 있다면 문제는 다르다. 그런 경우 아내는 적절히 양보하며 남편을 가장 중요하게 여긴다는 인상을 심어주어야 한다. 구체적으로 말해 남편이 때로 낚시 여행이나 캠핑을 같이 떠나고 싶어하거든 기꺼이 함께 즐거운 시간을 보내는 것이 좋다. 하나님은 교회 출석을 지나치게 엄격하게 지키기보다는 매사에 충실하게 행동하려는 마음가짐을 더 어여삐 여기신다.

- **남편의 명령** : "나를 책망하지 마시오"(그리스도인 남편).
- **하나님의 명령** : "형제들아 사람이 만일 무슨 범죄한 일이 드러나거든 신령한 너희는 온유한 심령으로 그러한 자를 바로잡고 너 자신을 살펴보아 너도 시험을 받을까 두려워하라"(갈 6:1).

그리스도인 아내는 그리스도인 남편을 책망해서는 안 된다고 생각하는 사람들이 있는데 이는 오해다. 그런 잘못된 신념은 "말로 말미암지 않고 그 아내의 행실로 말미암아 구원을 받게 하려 함이니"(벧전 3:1)라는 말씀을 잘못 해석한 데서 비롯한다. 이 말씀은 불신자와 결혼한 아내들에게 주어진 것이다. (14장의 방법 4를 참조하라). 따라서 부부가 다 그리스도인인 경우에는 적용할 수 없다. 그리스도인 부부는 남편과 아내일 뿐 아니라 주님 안에서 형제와 자매다. 그들은 "생명의 은혜를 함께 이어받을 자"(벧전 3:7)이기 때문에 주 예수 그리스도를 더 많이 닮도록 서로를 도와야 한다.

또 어떤 사람들은 아내가 남편을 책망하는 것은 그를 무조건 사랑하는 것이 아니기 때문에 책망을 자제해야 한다고 생각한다. 다시 말해 남편이 변화되든 그렇지 않든 아무 말도 하지 말고 오로지 사랑해야 한다는 것이다. 하지만 참 사랑은 "불의를 기뻐하지 아니하며 진리와 함께 기뻐"(고전 13:6)한다. 아내는 남편의 잘못된 행동을 보았을 때 단 둘이 있는 자리에서 사랑으로 솔직하게 그를 책망해야 한다. 남편이 아내에게 자신을 책망하지 말라고 말하는 것은 하나님께 순종하지 말라는 소리와 다름없다. 그런 경우 아내는 남편이 아니라 하나님께 순종하는 길을 선택해야 한다.

여기에서 주의해야 할 사항이 있다. 아내가 죄를 지으라는 남편의 말에 순종하기를 거부할 때는 그의 요구가 죄라는 확실한 증거가 있어야 한다. 예를 들어 술을 파는 식당에서는 절대 식사를 할 수 없다고 생각하는 아내가 있는데, 어느 날 남편이 그곳에서 함께 식사하자고 제안한다면 아내는 어떻게 해야 할까? 그런 경우에는 남편의 제안을 거절하는 것이 성경의 명령인지, 자신의 개인적인 기준인지를 확인해야 한다. 간단히 말해 그것은 성경의 명령이 아니기 때문에 남편의 제안을 흔쾌히 받아들이는 것이 좋다.

또 하나 주의해야 할 점이 있다. 그리스도인 아내들 가운데는 '나는 남편의 허락 없이 집을 구입해 본 적이 없고, 그의 승인 없이 자동차를 판 적도 없어. 그러니 나는 순종적인 아내라고 생각해'라고 여기는 사람들이 종종 있다. 하지만 그 남편에게 "아내가 순종적인가요?"라고 물으면 "아니오"라고 대답할 확률이 높다. 이는 관점이 서로 다르기 때문이다. 따라서 아내는 하나님과 남편의 관점으로 순종을 바라보고, 스스로의 관점을 바꿀 책임이 있다. 남편은 가장이기 때문에 아내는 사소해 보이는 요청이나 지시에도 기꺼이 순종해야 한다. 왜냐하면 남편은 그런 것을 중요하게 생각하기 때문이다. 하나님의 섭리가 허락하지 않는 상황만 아니라면 아내는 남편에게 순종해야 한다. 그렇지 않으면 남편은 물론 하나님에게까지 불순종의 죄를 저지르게 된다.

아내가 자신의 태도를 바꿀 수 있는 방법 가운데 하나는 겸손한 태도로 남편에게 "제가 우리의 결혼생활에서 무엇을 잘못하고 있나요?"라고 묻는 것이다. 남편이 불신자일지라도 아내의 성격상의 결점이나 불순종하는 태도를 얼마든지 잘 지적해 줄 수 있다. 남편이 그리스도인이든 아니든 아내는 남편에게 순종해야 한다. 죄를 지으라는 요구만 제외하고 매사에 그에게 순종해야 한다.

#원리 2 : "선한 일"을 행하는 것을 두려워하지 말라.

> "사라가 아브라함을 주라 칭하여 순종한 것같이 너희는 선을 행하고 아무 두려운 일에도 놀라지 아니하면 그의 딸이 된 것이니라"(벧전 3:6).

아내는 남편의 부도덕한 행위, 폭행이나 욕설, 무책임한 행동, 가정을 버리겠다는 으름장, 술 취함과 마약 복용 등의 이유로 매우 두려운 상황에 처할 수 있다. 남편이 그런 식으로 행동하면 누구라도 두려움을 느끼지 않을 수 없다. 그런 경우 아내는 어떻게 두려움을 이겨낼 수 있을까? 그 비결은 "선을 행하는 것"(벧전 3:6 참조)이다. 예를 들어 하나님과 남편에게 사랑을 베푸는 것은 선한 일에 속한다. 하나님과 다른 사람을 사랑하는 것은 가장 큰 두 계명이다(마 22:37-39 참조). 아내가 하나님의 말씀에 순종함으로써 그분을 사랑하고, 남편을 포함한 다른 사람을 사랑하는 것은 그리스도인으로서의 의무다. 그러면 구체적으로 어떻게 사랑할 수 있을까?

• **사랑의 방법**

아내는 자신의 감정과 상관없이, 심지어는 당혹스럽거나 고통을 느낄 때조차도 하나님께 순종함으로써 그분을 사랑할 수 있다(요 14:23 참조). 또한 참되고 옳고 칭찬받을 만한 생각을 함으로써 하나님을 사랑할 수 있고(빌 4:8 참조), 적절한 성경적 책망을 시도함으로써 그분을 사랑할 수 있다(갈 6:1 참조).

아내는 남편의 잘못을 마음속으로 곱씹지 않음으로써 그를 사랑할 수 있고(고전 13:5 참조), 남편이 악을 행하더라도 축복해 줌으로써 그를 사랑할 수 있으며(벧전 3:9 참조), 힘든 시련을 참아냄으로써 그를 사랑할 수 있다(고전 13:7 참조). 그 밖에도 남편이 행한 일에 대해 객관적이고 희망적으로 반응함으로써 사랑을 보여줄 수 있다. 아내는 상황이 아무리 어렵더라도 남편이 회개할 수 있다고 믿어야 한다. 아울러 옳고 공손하고 진실한 태도로 남편과 대화를 나누는 것도 그를 사랑하는 또 하나의 방법이다(엡 5:33 참조). 물론 남편을 위해 기도함으로 사랑을 보여줄 수도 있다(약 5:16 참조).

아내가 하나님과 남편을 더욱 사랑할수록 두려움은 그만큼 줄어들기 마련이다. 비록 두려움이 모두 사라지지는 않더라도 최소한 두려움에 짓눌리는 일은 없을 것이다. 하나님과 남편에 대한 사랑은 남편의 행동이 초래한 두려움보다 훨씬 더 강력한 힘을 발휘한다.

하지만 남편이 거짓말을 하거나 아내를 속여 계속해서 실망시키는 경우에는 어떻게 해야 할까? 먼저 아내는 남편이 아니라 하나님을 더욱 신뢰하는 법을 배워야 한다. 아내는 남편을 용서해야 한다. 물론 어떤 상황에서는 남편을 신뢰하는 것이 어리석어 보일 수도 있다. 하지만 남편이 정직하고 충실한 태도를 보이면 차츰 아내의 신뢰를 다시 회복할 수 있을 것이다. 아내는 "전에 하나님께 소망을 두었던 거룩한 부녀"(벧전 3:5)처럼 되어야 한다. 옳은 일을 하는 것을 두려워하지 않기 위해서는 참되고 옳고 경건하고 정결하고 칭찬받을 만한 생각을 하면 된다. 성경은 "무슨 덕이 있든지 무슨 기림이 있든지 이것들을 생각하라"(빌 4:8)고 명령한다.

• 두려운 생각과 사랑의 생각

순종하는 아내는 선한 일을 행하기를 두려워하지 않는다. 그녀는 하나님을 온전히 의지하고 그분이 어려운 상황에서, 은혜가 가장 필요할 때 은혜를 베푸실 것이라고 확신한다. 아내가 남편 앞에서 올바른 태도를 취할 경우 항상 그렇지는 않지만 대부분 기대했던 것보다 더 좋은 결과가 나타나곤 한다. 설혹 좋은 결과가 나타나지 않더라도 하나님을 기쁘시게 했고, 또 그 고난이 선을 행하기 위한 고난(벧전 3:17 참조)이라는 사실을 깨닫고 마음에 위로를 받을 수 있다.

두려운 생각	사랑의 생각
• '남편이 화가 나서 나를 버린다면 나는 감당할 수 없을 거야.' (이 생각이 잘못인 이유는 자신에게 초점을 맞추고 있기 때문이다.)	• '남편이 화가 나서 나를 버린다면 그렇게 하라지. 그가 나를 버리든 버리지 않든 하나님과 그에게 사랑을 보여주겠어. 하나님이 남편의 분노를 감당할 수 있는 은혜를 분명히 주실 거야.' (이 생각이 옳은 이유는 하나님께 초점을 맞춰 그분을 온전히 신뢰하기 때문이다.)
• '남편이 다시 술을 마시기 시작했어. 저러다가 직장을 잃으면 어쩌지?' (이 생각이 잘못인 이유는 그릇된 문제에 초점을 맞춰 스스로 걱정을 초래하기 때문이다.)	• '남편이 직장생활을 유지하는 것보다 회개하는 것이 더 중요해. 직장에서 해고되면 정신을 차리고 하나님을 바라볼지도 몰라. 물론 남편이 직장을 잃으면 생활은 힘들겠지. 하지만 하나님이 극복할 수 있는 힘을 주실 거야.'
• '남편이 저지른 일을 다른 사람들이 알게 된다면 그들은 어떻게 생각할까?' (이 생각이 잘못인 이유는 하나님의 말씀보다 다른 사람의 생각에 초점을 맞추기 때문이다.)	• '다른 사람들도 이 문제가 남자라면 누구나 가지고 있는 죄라는 사실을 알아야 해. 남편은 분명 자신의 잘못을 뉘우치고 용서받을 수 있을 거야.'

#원리 3 : 남편이 불신자일지라도 기꺼이 순종하라.

"아내들아 이와 같이 자기 남편에게 순종하라 이는 혹 말씀을 순종하지 않는 자라도 말로 말미암지 않고 그 아내의 행실로 말미암아 구원을 받게 하려 함이니 너희의 두려워하며 정결한 행실을 봄이라"(벧전 3:1-2).

14장에서 자세히 다루겠지만 여기에서 "말씀을 순종하지 않는 자"는 불신자 남편을 가리킨다(벧전 2:7 참조). 그리스도인 여성이 불신자와 결혼한 경우 그녀는 경건한 삶을 살며 남편을 존중해야 할 책임이 있다. 아내는 남편을 거스르지 말고 그를 위해야 한다. 남편을 기쁘게 하고 사랑하며, 그를 원수가 아니라 남편이자 아이들의 아버지로서 존중해야 한다. 그가 그리스도인처럼 생각하거나 행동하기를 기대해서는 안 된다. 그가 교회나 성경 공부에 무관심해도 실망하지 말아야 한다. 아내는 남편을 기쁘게 하고, 서로 친밀한 관계를 나누며, 하나님이 원하시는 아내가 되기 위해 노력해야 한다.

구원받지 못한 남편과 사는 아내는 이상적인 결혼생활을 우상시하는 탓에 때로 비참하고 불행한 심정을 느끼곤 한다. 그녀는 속으로 '남편이 그리스도인이 되지 않으면 절대 행복할 수 없을 거야'라고 생각한다. 아내가 실망하는 이유는 자신이 원하는 것을 얻지 못하기 때문이다. 그리스도인 아내는 이상적인 결혼생활을 갈망하는 마음의 우상을 버리고 주 예수 그리스도를 성심껏 섬기는 일에 관심을 기울여야 한다. 오직 하나님만이 남편이 그리스도인이 될 것인지 아닌지, 또 된다면 언제, 어떻게 될 것인지 알고 계신다.

구원받지 못한 남편과 살면서 주님께 온전히 헌신한 아내는 분명 정결하고 공손한 행실로 남편을 대할 것이다. 아내가 경건하고 공손한 태도를 취하면 남편의 마음이 쉽게 부드러워진다. 만일 남편의 마음이 부드러워지지 않고 더 강퍅해진다면 아내는 "믿지 아니하는 자가 갈리거든 갈리게 하라"(고전 7:15)는 말씀을 따를 수도 있다. 아내가 남편을 괴롭히며 불손하거나 반항적인 태도를 일삼는 탓에 남편과 헤어진다면 이는 결코 옳지 않다. 하지만 아내가 공손하고 순종적인 태도를 유지하고 있는데 단지 죄 짓기를 거부한다는 이유로 남편이 떠난다면 그것은 어쩔 도리가 없다.

몇 년 전 불신자와 서둘러 결혼한 그리스도인 여성이 있었다. 가정생활에 여러 가지 어려움이 생겼고, 그 문제의 책임은 남편은 물론 그녀에게도 똑같이 있었다. 하지만 그녀는 남편 때문에 하나님께 불평을 늘어놓는 일을 중단하고 모든 문제를 그분께 일임했다. 그러자 남편이 그녀를 대하는 태도가 조금씩 나아졌다. 나중에서야 그녀가 말기 암에 걸렸다는 사실이 알려졌다. 투병생활을 하면서 남편은 아내가 하나님과 그분의 말씀을 통해 많은 힘과 위로를 얻는 모습을 지켜보았다. 그러던 어느 날 남편이 눈물을 흘리며 그녀에게 용서를 구했고 그리스도인이 되고 싶다는 마음을 드러냈다. 그녀는 사랑스런 태도로 남편에게 복음을 전했고 침대 옆에 나란히 무릎을 꿇고 그를 그리스도께 인도했다. 그녀는 지금 주님과 함께 있다. 나는 종종 그녀를 생각한다. 그녀가 죽기 전에 그런 기쁨을 누릴 수 있었던 것이 참으로 감사하다. 그녀는 주님께 순종했고 "너희 속에 있는 소망에 관한 이유를 묻는 자에게는 대답할 것을 항상 준비"(벧전 3:15)하고 있던 사람이었다.

불신자 남편을 둔 아내는 남편이 요구할 때 선뜻 믿음을 전할 준비를 해두어야 할 뿐 아니라 남편과 그의 친구들과 어울려 이곳저곳을 다니더라도 술 취하거나, 거짓말을 하거나, 성적 범죄를 저지르는 등 죄에 대해서는 단호히 선을 그어 배격해야 한다. 거절을 해야 할 때는 "저를 끼워주려는 의도는 고맙지만 제가 같이할 일은 아닌 것 같아요. 볼링을 치러 가거나 식사를 한다면 함께할게요"라는 식으로 공손히 대답하는 것이 좋다. 아내는 그런 식으로 자신이 그들과 어울리고 싶어한다는 사실을 알릴 수 있다.

아울러 흥미로운 대화거리를 미리 준비해 놓으면 대화가 이루어지는 동안 스스로 의로운 척하는 인상을 풍기거나 남편을 불편하게 하지 않고 적당한 시기에 바람직하지 못한 화제를 다른 쪽으로 슬쩍 돌려놓을 수 있다. 그러려면 잡지나 신문 기사 가운데 남편과 그의 친구들의 흥미를 자극할 만한 내용을 읽고 기억해 두는 노력이 필요하다. 아내의 그런 노력은 다른 사람을 사랑하는 일일 뿐 아니라 스스로도 재미있고 유익한 시간을 보낼 수 있는 방법이 된다. 그로 인해 남편과 그의 친구들에게 사랑을 보여줄 수 있다.

#원리 4 : 하나님의 말씀이 비방받지 않게 하라.

> "자기 남편에게 복종하게 하라 이는 하나님의 말씀이 비방을 받지 않게 하려 함이라"(딛 2:5).

"비방하다"는 말은 "헐뜯다, 중상하다, 거슬러 말하다, 비난하다"를 뜻한다.[21] 아내가 남편에게 순종하지 않으면 하나님의 말씀을 불명예스럽게 만들 수밖에 없다. 왜냐하면 현숙한 아내에게 적용되는 하나님의 기준에 맞지 않기 때문이다. 겉으로만 그리스도를 믿는 모양새를 갖추었을 뿐 남편에게 순종하는 문제와 관련해 내면의 태도가 바뀌지 않으면 주님께 순종할 수 없다. 바울 사도는 "아내들아 남편에게 복종하라 이는 주 안에서 마땅하니라"(골 3:18)고 말했다. 경건한 순종 외에 다른 것은 그리스도인 아내에게 마땅하지도, 적당하지도 않다. 왜냐하면 하나님과 그분의 말씀을 불명예스럽게 만들기 때문이다.

- **하나님의 말씀을 명예롭게 하라**

　- 순종하는 아내는 하나님께 순종하는 것을 자신의 뜻을 고집하는 것보다 더 중요하게 생각한다. 그녀는 자신의 뜻을 고집하기보다 순종함으로써 하나님이 기뻐하시는 "산 제물"(롬 12:1)이 된다. 그녀는 자신이 원하는 것을 희생하고 주님이 원하시는 것을 추구한다.

　- 순종하는 아내는 하나님을 경외한다. 그녀는 자신이 전능하시고 거룩하신 하나님을 섬기기 위해 세상에 태어났다는 사실을 알고 있다. 그녀는 하나님을 자신을 떠받드는 "램프의 요정"으로 생각하지 않는다. 시편 저자는 "여호와를 경외함으로 섬기고 떨며 즐거워할지어다"(시 2:11)라고 말했다. 솔로몬 왕은 "스스로 지혜롭게 여기지 말지어다 여호와를 경외하며 악을 떠날지어다"(잠 3:7)라고 경고했다. 아내가 하나님의 말씀과 남편을 대적하는 것은 죄악이다. 하나님을 경외해야만 모든 것이 균형을 이룬다. 예수님은 "몸은 죽여도 영혼은 능히 죽이지 못하는 자들을 두려워하지 말고 오직 몸과 영혼을 능히 지옥에 멸하실 수 있는 이를 두려워하라"(마 10:28)고 말씀하셨다.

　- 순종하는 아내는 하나님의 말씀이 인도하는 대로 살아간다. 골로새서 3장 16절은 "그리스도의 말씀이 너희 속에 풍성히" 거하게 해야 한다고 말씀한다. 그리스도의 말씀이 아내 안에 거하며 삶을 인도하고 있는지의 여부는 남편에게 공손히 순종하는지, 하나님께 감사하며 순종하는 삶을 살고 있는지를 통해 확인된다. 아내가 그런 삶을 살면 그리스도의 말씀이 그녀 안에 풍성히 거하고 하나님의 말씀이 비방받지 않을(딛 2:5 참조) 것이다.

　- 순종하는 아내의 삶은 에베소서 5장에 언급된 결혼생활의 기준을 외면하지 않는다. 에베소서 5장은 아내와 남편의 관계를 그리스도에 대한 교회의

복종에 빗대어 설명하고 있다.

> "그러므로 교회가 그리스도에게 하듯 아내들도 범사에 자기 남편에게 복종할지니라"(엡 5:24).

그리스도와 교회의 관계는 결혼생활의 아름다운 청사진과 같다. 아내가 남편에게 순종할 때 그녀는 하나님이 정해 주신 역할에 충실할 수 있다(6장을 참조하라). 남편이 올바르게 반응하지 않더라도 순종하는 아내는 하나님의 말씀과 주 예수 그리스도를 영화롭게 한다.

– 순종하는 아내는 마음이 내키든 내키지 않든 항상 순종한다. 마음이 내키지 않는데도 기꺼이 순종했던 사례를 성경에서 찾는다면 주 예수 그리스도를 본보기로 들 수 있다. 그분은 "십자가를 참으사 부끄러움을 개의치"(히 12:2) 않으셨다. 예수님이 감당하셨던 고난과 수치는 조금도 즐거운 것이 아니었지만 그분은 하나님의 구원 계획을 이루시기 위해 즐겁게 감당하셨다. 마찬가지로 아내도 항상 순종하고 싶은 마음이 들지는 않겠지만, 그래도 하나님의 은혜를 힘입어 거룩한 마음으로 주 예수님의 영광을 위해 얼마든지 순종할 수 있다.

순종해야 하지만 그러고 싶지 않은 상황이 닥쳤을 때는 '사랑은 자기의 유익을 구하지 않는다고 성경은 말씀하고 있어. 남편의 뜻을 따름으로써 사랑을 보여주겠어' 라거나 '사랑은 모든 것을 참으며 모든 것을 믿는다고 성경은 말씀하고 있어. 모든 것을 참고 순종함으로써 남편에게 사랑을 보여주겠어' 등과 같은 생각을 통해 그런 마음을 극복할 수 있다. 경건하고 순종적인 아내는 하나님의 은혜를 의지하며 의지력을 발동해 감정을 억제하고 옳은 일을 할 수 있다.

남편이 이기적이거나 비합리적일뿐더러 아내가 남편에게 받은 상처를 곰곰이 되씹는 경우에는 공손히 순종하고 싶은 마음을 유지하기가 매우 어렵다. 그런 경우 겉으로는 옳은 태도를 취할 수 있겠지만 마음에는 응어리가 져 순종하고 싶지 않을 것이 분명하다. 그때 아내는 그런 생각과 태도를 친절하고 상냥하고 너그러운 생각과 태도로 바꾸어 남편에 대한 앙심을 버리고 회개해야 한다(엡 4:31-32 참조). 순종적인 아내가 되는 데는 마음의 생각과 말하는 태도가 큰 영향을 미친다. 순종하는 아내가 되고자 노력한다면 하나님이 은혜로 도와주실 것이다.

> "하나님이 능히 모든 은혜를 너희에게 넘치게 하시나니 이는 너희로 모든 일에 항상 모든 것이 넉넉하여 모든 착한 일을 넘치게 하게 하려 하심이라"(고후 9:8).

#원리 5 : 다른 경건한 여성에게 순종의 훈련과 조언을 구하라.

조언을 구할 경건한 여성을 찾는 가장 좋은 방법은 신실한 목회자나 교회 지도자들의 추천을 받는 것이다. 목회자와 교회 지도자들은 다른 사람들의 "영혼을 위하여 경성하기를 자신들이 청산할 자인 것같이"(히 13:17) 하는 사람들이다. 조언을 구할 경건한 여성은 교리가 건전해야 한다. 왜냐하면 "사람의 속임수와 간사한 유혹에 빠져 온갖 교훈의 풍조에 밀려 요동"(엡 4:14)하게 될 가능성이 높기 때문이다. 나이 든 여성이 젊은 여성을 가르치는 경우에는 해를 끼치든 선을 끼치든 그 영향력이 지대한 법이다.

안타깝게도 나이 든 여성들 때문에 젊은 여성들이 신비주의, 세속 철학, 하나님의 성품에 관한 그릇된 견해, 성화의 교리에 관한 오해, 남편에 대한 불순종에 빠지는 사례가 적지 않다. 이런 위험성 때문에 교회 지도자들은 나이 든 여성들에게 젊은 여성들을 가르치는 데 필요한 내용과 방법을 철저히 교육하기 위한 장치를 마련해야 한다. 그 가운데는 나이 든 여성들이 젊은 여성들에게 성경에 어긋나는 일을 하지 않도록 교육하는 일도 포함된다. 지혜로운 젊은 여성이라면 견책을 달게 받아 지혜를 얻을 것이다(잠 15:32-33 참조).

스스로에게 '나는 즐겁게 순종하고 있는가? 어떻게 기도해야 할까?' 라고 질문하라. 남편에게 순종하는 문제로 하나님을 얼마나 기쁘시게 해드리고 있는지 생각해 보라. 잠시 다음에 제시된 순종적이지 못한 아내의 태도를 살펴보고 자신에게 해당되는 항목이 있는지 점검하라.

순종적이지 못한 아내의 전형적인 태도 몇 가지를 열거하면 다음과 같다. 다음의 항목 외에 남편에게 순종하지 않았던 경험을 떠올리며 각자 자신의 목록을 만들어보는 것도 좋다.

순종적이지 못한 아내의 태도

- 남편을 성가시게 한다.
- 자녀를 훈계하지 않는다(심지어 남편이 당부해도 훈계의 책임을 등한시한다).
- 남편보다 다른 사람들에게 더 충실하다.
- 자신의 뜻대로 되지 않으면 다투는 말을 하거나 뾰루퉁해지거나 냉담하게 대한다.
- 예산을 초과하는 지출을 일삼는다.

- 남편의 말을 가로막거나 방해한다(특히 주위에 다른 사람들이 있을 때 더욱 노골적이다).
- 남편을 적당히 구슬려 자신의 뜻을 기어이 이루고 만다(거짓말이나 눈물, 끈질긴 요구, 잔소리, 불평, 분노, 으름장 등의 수단을 사용하는 경향이 있다).
- 남편의 의견을 묻지 않고 덥석 중요한 결정을 내린다(때로 남편이 아내에게 어떤 일에 대해서는 스스로 결정하라고 지시할 수도 있다. 그런 경우는 남편이 권한을 위임한 상황이기 때문에 자유롭게 결정할 수 있다. 그럴 때를 제외하고는 가장인 남편의 권위에 순종하는 태도로 그의 생각을 물어야 한다).
- 남편의 뜻을 노골적으로 거역한다.
- 남편의 결정을 우려하며 자신이 주도적으로 모든 일을 결정하려 든다.
- 남편의 말에 관심을 기울이지 않는다.

간단히 말해 순종은 하나님 앞에서 모든 신자가 취해야 할 태도이자 남편 앞에서 아내가 취해야 할 태도다. 아내는 부드럽고 온유하고 공손한 태도로 남편에게 순종하든지, 고집스럽고 거친 태도로 그를 거역하든지 둘 중에 하나를 선택해야 한다. 지금까지 남편에게 순종하지 못했다면 주님께 잘못을 고백한 뒤(요일 1:9 참조) 남편의 용서를 구하라. 잘못을 구체적으로 설명하며 용서를 비는 것이 가장 좋은 방법이다. 겸손한 태도로 자신이 잘못한 것만 생각하라. 그러면 오늘부터라도 당장 경건하고 온순하고 순종적인 아내가 될 수 있다. 이것이 아내에게 바라시는 하나님의 뜻이다.

14장 | 아내를 위한 특별 보호법[22]

하나님은 친히 성경에 아내를 위한 보호법을 마련하셨다. 따라서 아내는 이들 방법을 십분 활용해야 한다. 그리스도인 아내는 남편이 자신이나 다른 사람들에게 죄를 짓는 상황에서도 여전히 그의 "돕는 배필"(창 2:18)이기 때문이다. 이들 방법은 아내를 보호하기 위해 마련되었을 뿐 아니라 그리스도인 남편이 하나님 앞에서 충실하게 살아갈 수 있도록 도와준다. 아울러 남편이 불신자인 경우에는 그를 그리스도께 인도하는 역할을 한다.

아내를 보호하기 위한 일곱 가지 방법들은 아내가 흔히 사용하는 순서대로 기록되었다. 아내가 활용하기에 반드시 쉽지만은 않은 내용이다. 특히 남편과 갈등을 겪는 상황에서는 더욱 그렇다. 하지만 하나님께 영광을 돌리기 위해 그분의 말씀에 충실하려고 노력하면 하나님이 이들 방법을 잘 활용할 수 있게 도와주실 것이다.

처음에는 영적으로 성숙한 다른 여성의 도움을 받는 것이 유익할 것이다. 이때는 신중해야 한다. 왜냐하면 오랫동안 신앙생활을 해온 그리스도인 여성들 가운데도 이들 방법을 성경적으로 적용하는 법을 잘 모르는 경우가 많기 때문이다. 남편이 죄를 지을 경우 아내는 무조건 묵묵히 순종해야 한다고 가르치는 사람들도 있다. 따라서 이 점을 염두에 두고 다음에 제시된 일곱 가지 방법들을 살펴보기 바란다.

아내를 보호하기 위한 일곱 가지 방법

#방법 1 : 성경적으로 의사를 전달하는 방법을 배워라.

> "지혜로운 자의 마음은 그의 입을 슬기롭게 하고 또 그의 입술에 지식을 더하느니라"(잠 16:23).

아내가 남편과 갈등을 겪는 상황에서 성경적으로 의사를 전달하는 능력보다 더 중요한 것은 없다. 성경적인 의사소통은 성경의 원리에 근거한다. 모든 상황에서 적절한 말을 전할 수 있는 능력을 기르는 것이 아내를 향한 하나님의 뜻이다. 그것은 얼마든지 훈련할 수 있다. 혀를 길들이는 것은 하나님과 남편에게 성경적으로 순종하기 위한 첫 단계다.

이 일은 많은 연습과 기도가 필요하다. 두려움이나 실망, 또는 분노에 사로잡혀 있는 상태에서는 무엇을 말해야 하고, 또 어떻게 해야 할지를 쉽게 결정하기가 어렵다. 하지만 하나님이 은혜를 주시면 얼마든지 그런 능력을 기를 수 있다. 아내는 하나님을 영화롭게 하는 방법으로 남편에게 응답할 수 있는 능력을 길러야 한다.

하나님을 영화롭게 하는 응답이란 부드럽고 사랑스런 말투로 듣는 사람의 덕을 세우는 말을 하는 것이다. 예를 들어 현숙한 아내는 거친 태도로 남편에게 말을 쏟아내는 대신 무슨 말을 어떻게 해야 할지 신중히 생각하고 조심스레 말을 꺼낸다. 이것이 하나님을 영화롭게 하는 화법이다(15장을 참조하라).

성경적인 의사소통에 실패하는 것은 죄에 해당한다. 그것은 곧 하나님께 대한 불순종이다. 아내의 죄는 항상 상황을 더욱 어렵게 만든다. 하지만 "무릇 더러운 말은 너희 입 밖에도 내지 말고 오직 덕을 세우는 데 소용되는 대로 선한 말을 하여 듣는 자들에게 은혜를 끼치게 하라"는 에베소서 4장 29절의 권고를 따르면 하나님께 순종함으로써 그분을 영화롭게 할 수 있다. 그래야만 아내의 혀가 하나님의 은혜를 전하는 도구가 될 수 있다. 이 방법은 단지 보호의 차원을 넘어 축복을 가져다주는 통로다.

#방법 2 : 선으로 악을 이기는 법을 배워라.

"악에게 지지 말고 선으로 악을 이기라"(롬 12:21).

남편이 죄를 지었을 때 아내는 올바른 말로 대응해야 할 뿐 아니라 올바른 행동과 태도를 취해야 한다. 악을 악으로 갚기보다 선으로 악을 이겨야 한다. 베드로전서 3장 9절은 "악을 악으로, 욕을 욕으로 갚지 말고 도리어 복을 빌라 이를 위하여 너희가 부르심을 받았으니 이는 복을 이어받게 하려 하심이라"고 말씀한다.

앞서 인용한 로마서 12장 21절 말씀은 선택 사안이 아닌 명령이다. 아내는 남편의 죄에 선으로 맞서야 한다. 주님이 부부의 갈등 상황을 종식시키시거나 싸움에서 승리할 때까지 계속 싸워야 한다. 하루 만에 끝나는 싸움이 있는가 하면 몇 년이 걸리는 싸움도 있다. 어떤 싸움은 매우 어렵지만 하나님의 능력과 은혜를 의지하고 그분의 방법대로 싸우면 결코 패하지 않을 것이다. 현숙한 아내는 아무리 힘들고, 또 아무리 오래 걸려도 악으로 선을 이겨내야 한다.

아내는 성경대로 악에 맞서 싸우는 동안 그 싸움이 남편과의 화해를 이루어낼 것이라고 확신할 수 있다. 왜냐하면 성경이 "사람의 행위가 여호와를 기쁘시게 하면 그 사람의 원수라도 그와 더불어 화목하게 하시느니라"(잠 16:7)고 약속하기 때문이다.

그러면 어떻게 선으로 악을 이길 수 있을까? 남편이 죄를 지었을 경우 그의 잘못을 곱씹으며 어떻게 하면 되갚아줄 수 있을지 고민하지 말고 기도하면서 그에게 축복이 될 만한 행동을 진지하게 생각해 보라. 아울러 마음속으로 결정을 내렸다면 그것을 실행에 옮겨라.

요한삼서 11절은 "사랑하는 자여 악한 것을 본받지 말고 선한 것을 본받으라 선을 행하는 자는 하나님께 속하고 악을 행하는 자는 하나님을 뵈옵지 못하였느니라"고 말씀한다. 또한 로마서 12장 14절은 "너희를 박해하는 자를 축복하라 축복하고 저주하지 말라"고 명령한다. 이는 "남에게 대접을 받고자 하는 대로 너희도 남을 대접하라"(눅 6:31)는 예수님의 말씀과도 일맥상통한다

(누가복음 6장 27-29절을 함께 읽어보라).

선으로 악을 이길 수 있는 실천 방법 몇 가지를 제시해 보았다. 하나님께 지혜와 창의력을 구해 또 다른 좋은 방법이 있는지 생각해 보라.

- 남편을 위해 매일 기도한다.
- 남편에게 부드럽고 온유한 태도로 친절한 말을 건넨다.
- 도시락통에 사랑이 담긴 쪽지나 카드를 넣어두어 남편을 감동시킨다.
- 남편이 좋아하는 특별 음식을 만들어준다.
- 남편에게 뜻밖의 선물을 준다.
- 남편의 자동차에 연료를 가득 채워준다.
- 남편이 좋은 일을 해주었을 때 고맙다고 말한다.
- 남편의 좋은 성품이나 기질을 칭찬한다.
- 남편에게 겸손히 잘못을 고백한다.
- 남편에 대한 헌신을 새롭게 다짐한다.
- 남편과 사랑을 나눌 수 있는 특별한 시간을 마련한다.
- 남편이 좋아하는 일을 함께하며 시간을 보낸다.
- 남편과 함께 산책한다.
- 하나님께 순종함으로써 남편에게 경건한 믿음을 보여준다.

남편을 축복하기란 쉽지 않다. 특히 그로 인해 상처와 분노를 느끼는 상황에서는 더욱 그렇다. '남편을 축복하라고? 그는 그럴 자격이 없어' 라는 생각이 저절로 든다. 인간의 견지에서 보면 당연한 일이다. 하지만 남편을 친절하게 대하는 것은 "숯불을 그 머리에"(롬 12:20) 쌓아놓을 수 있는 가장 은혜롭고 강력한 하나님의 방법 가운데 하나다. 아내는 그런 방법을 통해 남편의 악을 선으로 이길 수 있다.

하나님은 현숙한 아내가 발깔개처럼 짓밟히기를 원하지 않으신다. 오늘날 우리 사회는 여성들이 그와 같은 취급을 당하고 있다고 주장하며 "인내와 참을성 있는 사랑"을 실천하지 않는다. 그러나 아내는 하나님의 능력과 "은혜에 굳게"(벧전 5:12) 서야 한다. 그것이 하나님의 뜻이다. 아내는 모압과 암몬 족속이 유다 지파를 대항했을 때 여호사밧이 귀 기울여야 했던 말씀에 기초해 결혼생활의 갈등을 헤쳐 나가는 법을 배워야 한다. 역대하 20장 15절을 읽어 보자.

> "여호와께서 이같이 너희에게 말씀하시기를 너희는 이 큰 무리로 말미암아 두려워하거나 놀라지 말라 이 전쟁은 너희에게 속한 것이 아니요 하나님께 속한 것이니라"(대하 20:15).

경건한 아내는 자신의 힘으로 문제를 해결하려 들지 않는다(잠 14:1 참조). 결코 남편에게 앙심을 품지 않는다. 아내가 복수를 원한다면 악을 악으로 갚지 말라는 하나님의 명령을 어기는 셈이 된다. 하나님은 그런 악한 생각을 용납하지 않으신다.

로마서 12장 19절은 "내 사랑하는 자들아 너희가 친히 원수를 갚지 말고 하나님의 진노하심에 맡기라 기록되었으되 원수 갚는 것이 내게 있으니 내가 갚으리라고 주께서 말씀하시니라"고 말씀한다.

하나님은 남편이 죄를 짓더라도 아내가 오래 참고 인내하기를 바라신다. 아내는 하나님을 의지하고 순종함으로써 남편의 죄를 그분의 정의로운 심판에 맡겨야 한다. 남편을 축복하는 일은 5리를 가자고 할 때 10리를 가주는 것과 같다. 예수님은 "누구든지 너로 억지로 오 리를 가게 하거든 그 사람과 십 리를 동행하고"(마 5:41)라고 말씀하셨다. 10리를 가겠다는 마음가짐이 있으면 남편에 대해 앙갚음하고 싶은 마음을 느끼지 않을 수 있다. 히브리서 12장 14-15절을 읽어보자.

> "모든 사람과 더불어 화평함과 거룩함을 따르라 이것이 없이는 아무도 주를 보지 못하리라 너희는 하나님의 은혜에 이르지 못하는 자가 없도록 하고 또 쓴 뿌리가 나서 괴롭게 하여 많은 사람이 이로 말미암아 더럽게 되지 않게 하며"(히 12:14-15).

악에 굴복하지 않고 주님께 순종하려면 무엇보다 인내가 필요하다. 아내는 항상 인내하며 끝까지 선으로 악을 이겨야 한다. 하지만 지나치게 일찍 포기해 버리는 아내가 너무나도 많다. "너희에게 인내가 필요함은 너희가 하나님의 뜻을 행한 후에 약속하신 것을 받기 위함이라"(히 10:36)는 성경 말씀을 기억하라. 악을 선으로 대하는 아내는 끝까지 인내함으로써 축복을 받을 것이다.

#방법 3 : 성경적으로 호소하는 법을 배워라.

> "입이 선한 자는 남의 학식을 더하게 하느니라"(잠 16:21).

성경적 호소란 명령이나 지시, 또는 지침을 다시 생각하거나 재평가해 주기를 바라는 마음으로 권위의 자리에 있는 사람에게 간청하는 것을 가리킨다. "다니엘은 뜻을 정하여…환관장에게 구하니"(단 1:8)라는 말씀에서 다니엘은 성경적 호소를 했다. 그는 권위 아래 있는 사람에게 권위자가 죄를 지으라고 요구하지만 않는다면 항상 성경의 권위에 순종해야 한다는 사실을 알고 있었다. 경건한 아내도 남편이 죄 지으라고 요구하지만 않는다면 항상 그의 뜻을 받아들여야 한다.

하지만 아내는 남편의 돕는 배필이기 때문에 좀 더 지혜롭고 나은 생각이 있을 때 남편에게 현명한 조언이나 충고를 아껴서는 안 된다. "지혜 있는 자는 듣고 학식이 더할 것이요 명철한 자는 지략을 얻을 것이라"(잠 1:5)는 말씀대로 지혜로운 남편이라면 아내의 충고를 기꺼이 받아들일 것이다. 아내보다 남편을 더 잘 아는 사람이 누구겠는가? 하나님은 아내를 돕는 배필로 만드셔서 남편의 곁에 두셨다.

성경적 호소에는 여러 가지 조건이 뒤따른다. 첫 번째, 아내의 호소는 남편의 목표나 소원을 이루는 데 기여해야 한다. (물론 이는 남편의 목적이 하나님의 말씀에 어긋나지 않는 경우에만 해당된다.)

두 번째, 호소의 동기와 관련된다. 아내는 남편을 이용할 의도를 지녀서는 안 된다. 다시 말해 호소라는 수단을 자신의 뜻을 고집하기 위해 사용해서는 곤란하다.

세 번째, 호소는 공손한 태도와 순종하는 마음으로 이루어져야 한다. 무시하거나 귀에 거슬리는 말투가 아니라 상냥하고 온순한 말투를 사용해야 한다.

네 번째, 호소는 적절한 때에 이루어져야 한다. 현명한 아내는 남편이 바쁠 때나 피로할 때, 또는 화가 나 있을 때를 피해 호소의 말을 전달한다. 물론 항상 그래야 하는 것은 아니다. 즉 심각한 결과가 예상되는 상황에서는 즉시 호소의 말을 전달해야 한다.

다섯 번째, 호소는 단 한 차례로 족하다. 물론 심각한 상황에서는 이해를 촉구하기 위해 호소를 되풀이할 필요가 있다. 하지만 호소의 말을 자주 반복하면 잔소리를 하거나, 자기 주장을 내세우거나, 남편을 이용하려 든다는 인상을 심어줄 가능성이 높다. 그런 상황은 성경적 호소의 효율성을 떨어뜨린다. (남편이 사전에 알지 못했던 새로운 정보가 있는 경우에만 호소의 말을 다시 건넬 수 있다.)

여섯 번째, 호소의 말을 건넬 때 아내는 반드시 서두나 결론에 남편의 뜻에 기꺼이 따르겠다는 단서를 붙여야 한다. (이 경우 역시 남편이 죄 지으라는 요구를 하지 않는다는 조건이 뒤따라야 한다.) 이때는 "여보, 당신이 결정하는 대로 따를 준비가 되어 있어요"라는 식으로 말할 수 있다.

일곱 번째, 남편이 아내에게 죄를 지으라고 요구할 경우에는 남편의 의도를 만족시킬 다른 대안을 제시할 수 있어야 한다. 예를 들어 이런 식으로 말할 수 있다. "여보, 당신이 원하는 것을 할 수 있다면 참 좋겠어요. 하지만 그러면 하나님의 말씀을 거역해야 해요. 이렇게 하면 어떻겠어요? 그래도 괜찮겠어요?"

그리스도인 남편을 상대로 하는 호소는 성경의 원리에 근거해야 한다. 그래야만 지혜로운 호소가 이루어질 수 있다. 현명한 아내는 성경 말씀을 인용해 호소의 말을 더욱 강력하게 전달할 수 있다.

하지만 "육신의 생각은 하나님과 원수가 되나니 이는 하나님의 법에 굴복하지 아니할 뿐 아니라 할 수도 없음이라"(롬 8:7)는 말씀대로 남편이 불신자인 경우에는 성경 말씀을 인용하거나 하나님의 이름을 거론하면 자칫 화를 돋울 수 있다.

그런 때는 남편의 양심에 호소하는 편이 더 낫다. 예를 들어 이렇게 말하라. "여보, 가계 예산이 잘못 운영되지 않도록 당신의 결정을 다시 생각해 주면 좋겠어요. 당신이 가족을 부양하기 위해 열심히 노력하고 있다는 것은 잘 알지만 그런 결정은 우리 가족 모두를 힘들게 할 거예요. 제가 당신의 결정을 따르면 당신에게는 더 큰 도움이 되겠지만 사실 저로서는 많은 희생을 감당해야 할 거예요. 당신이 그 점을 생각해 주면 좋겠어요. 제 말에 귀 기울여주어 고마워요."

남편이 아내의 호소에 귀를 기울이지 않거나 거절하면 그 순간 그의 결정을 하나님의 뜻으로 알고 받아들여라. (물론 남편이 죄를 짓는 경우는 예외다. 그때는 즉시 다음 단계의 보호법을 활용해야 한다.) 그러면 하나님이 적절한 때에 남편의 어리석은 결정이나 교만한 마음을 징계하실 것이다. 호소의 말을 건넨 뒤에는 고난을 받는 상황이 벌어지더라도 남편의 마지막 결정을 하나님의 뜻으로 알고 받아들여야 한다.

아내가 남편의 악하고 경건하지 못한 명령을 따르지 않고 하나님께 순종하는 경우에는 고난을 받을 수도 있다. 그때는 "선을 행함으로 고난받는 것이 하나님의 뜻일진대 악을 행함으로 고난받는 것보다 나으니라"(벧전 3:17)는 성경 말씀을 기억해야 한다.

경건한 아내는 하나님이 자신을 보호하시기 위해 다른 방법을 마련하셨다는 사실을 잊어서는 안 된다.

#방법 4 : 성경적으로 책망하는 법을 배워라.

> "너희는 스스로 조심하라 만일 네 형제가 죄를 범하거든 경고하고 회개하거든 용서하라"(눅 17:3).

성경적 책망은 누군가의 행위가 하나님의 말씀에 어긋날 경우 그 사실을 일깨워주는 것을 의미한다. 이는 비단 권위자에게만이 아니라 죄를 짓는 모두에게 해당한다. 그리스도인 남편과 아내는 주 예수 그리스도의 형상을 더 많이 닮도록 서로를 도울 책임이 있기 때문에 서로 상대방의 죄를 책망해야 한다. 그들은 "그리스도를 경외함으로 피차 복종"(엡 5:21)해야 한다.

사랑이 하는 일은 파괴가 아니라 건설이다. 성경적 태도와 동기로 이루어지는 아내의 책망은 남편의 덕을 세운다. "모든 성경은 하나님의 감동으로 된 것으로 교훈과 책망과 바르게 함과 의로 교육하기에 유익하니 이는 하나님의 사람으로 온전하게 하며 모든 선한 일을 행할 능력을 갖추게 하려 함이라"(딤후 3:16-17)는 말씀대로 이는 또한 하나님의 말씀이 지향하는 목적이기도 하다.

경건한 아내가 사랑으로 진리를 말하지 않는다면 남편은 그의 영적 성장을 위해 하나님이 마련해 주신 수단(아내의 권고와 격려) 가운데 하나를 박탈당하는 셈이 된다. 성경적 사랑은 진리와 함께 기뻐한다(고전 13:6 참조). 경건한 아내의 책망은 사랑을 베푸는 일일 뿐 아니라 (성경적 책망이 이루어지고 남편이 그것을 겸손히 받아들인다면) "지혜 있는 자를 책망하라 그가 너를 사랑하리라"(잠 9:8)는 말씀대로 아내에 대한 남편의 사랑을 더욱 견고하게 한다. 따라서 경건한 아내라면 자신이 사랑하는 남편을 위해 결코 책망을 아끼지 않을 것이다. 베드로전서 4장

8절을 읽어보자.

> "무엇보다도 뜨겁게 서로 사랑할지니 사랑은 허다한 죄를 덮느니라"(벧전 4:8).

이 말씀은 누군가의 죄를 다른 사람들에게 널리 퍼뜨리는 것이 아니라 성경적 태도와 사랑으로 처리함으로써 죄를 덮는 것이 사랑의 역할이라는 점을 일깨워준다.

계속 죄를 짓고 있는 그리스도인 남편을 책망하는 일은 아내가 해도 되고 안 해도 되는 선택 사안이 아니다. 그것은 아내에게 주어진 명령이다. 왜냐하면 남편과 아내는 그리스도를 믿는 믿음의 형제요 자매이기 때문이다. "형제들아 사람이 만일 무슨 범죄한 일이 드러나거든 신령한 너희는 온유한 심령으로 그러한 자를 바로잡고"(갈 6:1)라는 말씀은 그리스도인 남편이 죄를 지을 때 경건한 아내가 해야 할 일을 잘 설명하고 있다. 아내는 남편과 단 둘이 있는 자리에서 솔직하고 분명한 태도로 그의 잘못을 일깨워주어야 한다.

아울러 이 구절은 "너 자신을 살펴보아 너도 시험을 받을까 두려워하라"(갈 6:1)는 말씀으로 책망의 말을 건네는 사람에게 주의를 당부한다. 아내는 남편에게 책망의 말을 건넬 때 불순한 의도가 없는 깨끗한 양심으로 해야 할 뿐 아니라 올바른 태도를 유지해야 한다. (다시 말해 불손하거나 논쟁적인 말투를 사용해서는 안 된다.) 아내는 남편을 책망할 때 먼저 자신의 동기를 충분히 살펴보아야 한다. 남편의 죄를 드러내기보다 그를 회복시키는 데 초점을 맞춰야 한다. 상황을 자신에게 유리한 방향으로 이끌거나 다른 이득을 취하려는 의도는 결코 바람직하지 않다. 아내는 마태복음 7장 5절에 명시된 예수님의 가르침, 즉 "먼저 네 눈 속에서 들보를 빼어라 그 후에야 밝히 보고 형제의 눈 속에서 티를 빼리라"는 말씀을 따라야 한다.

지혜로운 아내는 남편이 편안한 마음으로 귀 기울일 수 있는 시간을 선택할 뿐 아니라 어떻게 말을 꺼낼지 미리 주의 깊게 계획을 세운다. 잠언 15장 28절은 "의인의 마음은 대답할 말을 깊이 생각하여도"라고 말씀한다. 필요하다면 할 말을 종이에 적어 여러 차례 소리 내어 읽으면서 미리 연습을 해두어도 좋다. 책망의 말은 사랑으로 이루어져야 한다(엡 4:15 참조). 또한 간간이 적절한 칭찬이나 격려를 곁들여 부드럽게 건네는 것이 좋다. 더불어 성경적 해결 방안을 제시할 수 있도록 준비해야 한다.

두 사람의 그리스도인이 어떤 행동이 죄인지 아닌지에 대해 의견이 엇갈릴 때는 성경에 근거해 그 문제에 대해 올바로 조언해 줄 제3자가 필요하다. 바울 사도는 빌립보교회에 편지를 보내 서로 사이가 좋지 않은 그리스도인 여성 두 사람의 화해를 도우라고 권고했다.

그리스도인 아내는 불신자 남편에게 호소나 책망의 말을 전할 때 성경을 인용하거나 하나님의 이름을 거론해서는 안 된다. 왜냐하면 그의 생각은 "하나님의 법에 굴복하지"(롬 8:7) 않기 때문이다. 하지만 성경이 가르치는 원리를 사용할 수는 있다. 또 책망의 말을 건넬 때는 공손한 태도로 남편을 존중하고 하나님을 영화롭게 해야 한다. 남편이 냉소적인 태도로 아내의 책망을 조롱하고 비웃고 멸시하는 경우에는 더 이상 책망의 말을 건네지 않는 것이 좋다. 성경은 "거만한 자를 책망하지 말라 그가 너를 미워할까 두려우니라 지혜 있는 자를 책망하라 그가 너를 사랑하리라"(잠 9:8)고 말씀한다. 그 대신 아내는 남편의 어리석은 요구와 교묘한 속임수에 성경적으로 대처하는 법을 배워야 한다.

남편은 신자든 불신자든 아내의 책망을 달게 받아들여야 할 책임이 있다. 하지만 항상 그런 결과가 나타나는 것은 아니다. 때로 남편은 아내의 책망을 거부하거나, 심지어는 거칠게 화를 내며 책임을 전가하거나, 위협적인 태도를 취하기도 한다. 그런 경우 아내는 뒤로 물러서지 말고 자신의 책임을 다하려고 노력해야 한다. 하나님이 남편의 분노나 위협에 대처할 수 있는 은혜를 허락하실 것이다. "온전한 사랑이 두려움을 내쫓나니"(요일 4:18)라는 말씀대로 하나님의 말씀에 순종하며 주님을 온전히 사랑하면 남편의 잘못된 반응으로 인한 두려움을 능히 이겨낼 수 있다.

요즘은 사랑으로 이루어지는 성경적 책망의 모습이 자취를 감춘 지 오래다. 하지만 우리는 성경적 책망을 교회와 가정에서 다시 회복해야 한다. 이것은 하나님이 아내를 보호하시기 위해 마련하신 방법 가운데 하나다.

#방법 5 : 어리석은 요구에 성경적으로 대처하는 법을 배워라.

> "미련한 자의 어리석은 것을 따라 대답하지 말라 두렵건대 너도 그와 같을까 하노라 미련한 자에게는 그의 어리석음을 따라 대답하라 두렵건대 그가 스스로 지혜롭게 여길까 하노라"(잠 26:4-5).

미련한 자는 하나님의 말씀을 거부하고 자기 눈에 좋아 보이는 일만 하는 사람을 가리킨다(잠 1:7, 12:15 참조). 미성숙한 그리스도인 남편은 때로 아내에게 불합리하거나 거친 요구나 비난을 함으로써 어리석게 행동할 수 있다. 마찬가지로 아내도 남편의 어리석은 요구에 잘못 반응함으로써 어리석게 행동할 수 있다. 특히 남편이 아내가 책임을 다하지 못했다며 역공세를 퍼부을 수도 있다. 그런 상황은 남편이 아내를 성경적으로 이끄는 법을 아직 알지 못할 때 종종 벌어진다. 그런 남편은 아내를 사랑으로 이끄는 대신 자신의 목적을 이루기 위해 아내를 위협하고 이용하고 거칠게 비난하고 괴롭힌다.

남편이 하나님이 주신 권위를 남용할 때 아내는 종종 큰 혼란에 빠진다. 그런 행동은 아내에게 상처를 줄 뿐 아니라 분노를 격동시킨다. 심지어 순종적인 아내조차도 영향을 받는다. 그렇다면 남편이 어리석고 불합리한 요구를 해올 때 아내가 순종하는 태도를 유지하면서 스스로를 보호할 수 있는 방법은 무엇일까?

무엇보다 아내는 어리석은 남편을 지혜롭게 대하는 법을 설명하는 성경 말씀을 이해해야 한다. 잠언 26장 4절은 "미련한 자의 어리석은 것을 따라 대답하지 말라 두렵건대 너도 그와 같을까 하노라"고 말씀한다. 대부분의 아내는 남편이 그릇된 반응을 보일 때 화를 내거나, 두려워하거나, 토라지거나, 입을 다물거나, 친정어머니를 찾아가거나, 울음을 터뜨리거나, 심한 공격을 퍼붓는 등 스스로를 보호할 방법을 찾는다. 하지만 그런 태도는 악을 악으로 갚는 것, 곧 어리석음을 어리석음으로 대하는 것과 같다.

경건한 아내는 하나님을 영화롭게 함으로써 어리석은 행동을 대하는 법을 배워야 한다. 잠언 26장 5절은 "미련한 자에게는 그의 어리석음을 따라 대답하라 두렵건대 그가 스스로 지혜롭게 여길까 하노라"고 조언한다. 다시 말해 아내는 남편의 어리석은 행동에 대해 성경의 지혜로 맞서야 한다. 예를 들어 아내가 남편을 위해 온종일 집 안을 깨끗이 청소하고 특별한 저녁 식사를 준비했는데, 직장에서 기분이 나빠 돌아온 남편이 아내의 수고에 감사하기보다 오히려 바닥에 먼지가 있다고, 식사가 마음에 안 든다고 화를 낸다면 어떻겠는가? 남편의 불친절하고 무분별하고 남을 배려하지 않는 반응을 본 아내는 아마 욕설을 퍼붓거나 침실로 뛰쳐들어갈 가능성이 높을 것이다. 또 나중에 친구들에게 남편의 흉을 볼 것이고, 급기야는 앙갚음할 방법을 궁리할 것이 뻔하다. 하지만 그런 어리석은 방법이나 태도는 하나님을 기쁘시게 하지 못한다. 경건한 아내에게 그것은 바람직하지 않다.

그리스도인 남편이 아내에게 할 일을 제대로 못했다며 불합리하게 비난을 퍼붓는 경우, 아내는 남편의 비난이 아무리 잘못되었다고 해도 먼저 그의 말에 귀를 기울여야 한다. 만일 그의 비난이 일리가 있다고 생각되거든 자신의 잘못을 인정해야 한다. 아내가 겸손한 모습을 보임으로써 성경적 태도로 남편의 잘못을 책망할 때 그 역시 그런 태도를 취해야 한다는 깨달음을 줄 수 있다.

예수님도 권위자들이 그릇된 책망의 말을 할 때 그 방법을 사용하셨다. 예를 들어 누가복음 2장 42-49절에는 예수님이 12세 되셨을 때의 일화가 기록되어 있다. 예수님의 부모는 아들을 예루살렘에 남겨두고 길을 떠났다. 나중에 아들이 없어진 것을 발견한 그들은 황급히 아들을 찾아 나섰고 마침내 발견했다. 그들은 "아이야 어찌하여 우리에게 이렇게 하였느냐"고 물었다. 그 때 예수님은 스스로를 어리석게 변명하거나 화를 내어 죄를 짓지 않으시고

"어찌하여 나를 찾으셨나이까 내가 내 아버지 집에 있어야 될 줄을 알지 못하셨나이까"라고 말씀하심으로 그들의 어리석음을 깨우쳐주셨다. 51절 말씀은 이 말이 반항적인 의미가 아니라는 사실을 뒷받침한다. 예수님은 죄를 짓지 않으셨다. 그분은 부모를 "순종하여" 받드셨다.

공생애 말기에 대제사장 가야바가 예수님의 가르침에 대해 질문을 던졌을 때도 그분은 "어찌하여 내게 묻느냐 내가 무슨 말을 하였는지 들은 자들에게 물어보라 그들이 내가 하던 말을 아느니라"(요 18:21)고 대답하셨다. 예수님은 권위자들이 그릇된 비난을 제기하는 순간, 즉시 알아차리시고 곧바로 어리석음을 일깨워주셨다.

아내도 신중한 태도로 그렇게 행동해야 한다. 물론 아내는 자신이 예수님처럼 완전무결한 존재가 아니라는 사실을 늘 염두에 두어야 한다. 아내는 남편의 잘못을 지적하기에 앞서 자신의 책임과 실패 가능성을 기억해야 한다.

남편의 반응에 어리석게 행동해서는 안 된다는 것을 이해하기란 쉽다. 하지만 갈등이 고조된 상황에서 선뜻 행동으로 옮기는 것은 결코 쉽지 않다. 혼란스러울 때는 남편에게 즉각적으로 반응할 필요가 없다. 잠언 15장 28절은 "의인의 마음은 대답할 말을 깊이 생각하여도"라고 말씀한다. 남편의 거칠고 불합리한 요구에 맞닥뜨린 상황에서는 잠시 대답할 말을 생각할 시간을 구하는 것이 좋다. 예를 들어 이렇게 말할 수 있다. "당신에게 대답할 말을 생각할 시간이 필요해요. 가능한 한 빨리 대답해 줄게요."

남편이 현명한 결정을 내리기 위해 필요한 정보나 사실을 십분 고려하지 않을 때 그는 섣부른 판단이나 비난을 일삼을 소지가 높다. 경건한 아내라면 남편의 섣부른 판단에 대해 "사연을 듣기 전에 대답하지(잠 18:13 참조) 말고 좀 더 알아본 뒤에 말하면 좋지 않겠어요?"라고 대답할 것이다.

#방법 6 : 경건한 신자의 조언을 구하는 법을 배워라.

"너는 전략으로 싸우라 승리는 지략이 많음에 있느니라"(잠 24:6).

지혜로운 조언이란 하나님의 말씀, 곧 성경에 근거한 조언을 의미한다. 필요할 때 경건한 조언을 구하거나 따르지 않는 것은 큰 잘못이다. 이보다 더 큰 잘못은 그릇된 조언을 구하고 따르는 것밖에 없다. 안타까운 일은 교회에서조차 성경에 근거한 조언을 구하기가 항상 쉽지만은 않다는 것이다. 교회에는 하나님의 말씀이 무슨 뜻인지조차 이해하지 못하는 신자들이 있고, 성경이 아니라 하나님으로부터 직접 특별한 말씀을 받는다고 주장하는 신자들도 있다. 경건한 조언은 크든 작든 성경을 통해 입증될 수 있는 조언을 의미한다. 따라서 성경의 가르침을 잘 알고 그 가르침대로 살아가는 신실하고 경건한 신자의 조언을 구하는 것이 중요하다.

경건한 신자는 성경이 오류가 없는 진리이며 올바로 이해하고 순종한다면 사람들을 바른 길로 인도할 수 있다고 믿는다. 또한 인간에게 성경이 주어진 목적이 하나님을 기쁘시게 하는 삶을 알려주기 위해서라고 생각한다. 그들은 삶의 모든 상황에 적용될 수 있는 실천적 진리가 성경에 가득하다고 확신한다. 한마디로 성경은 사람들이 필요로 하는 조언을 풍성하게 제공한다. 시편 19편 7절 말씀대로 하나님의 말씀은 "확실하여 우둔한 자를 지혜롭게" 한다.

조언을 구하는 데 필요한 지침 몇 가지를 제시하면 다음과 같다.

- **조언은 객관적이어야 한다.**

　양쪽의 말을 모두 들어야 한다. 왜냐하면 "송사에서는 먼저 온 사람의 말이 바른 것 같으나 그의 상대자가 와서"(잠 18:17) 밝히기 때문이다. 성경을 바탕으로 객관적으로 판단하는 사람은 인간의 말보다 성경의 진리에 더 충실하다. 때로 아내의 부모나 형제, 친한 친구들은 아내의 말만 믿고 자칫 남편을 그릇 판단할 소지가 높다. 따라서 각별히 주의를 기울여 객관적인 조언을 구해야 할 필요가 있다. 사실 성경에 근거하지 않은 편파적인 조언은 상황을 개선하기는커녕 도리어 악화시킨다.

- **조언은 하나님의 말씀을 통해 문제를 해결하는 데 초점을 맞추어야 한다.**

　디모데후서 3장 16절은 "모든 성경은 하나님의 감동으로 된 것으로 교훈과 책망과 바르게 함과 의로 교육하기에 유익하니"라고 말씀한다. 정확하고 문맥상으로 올바르게 전달된 하나님의 말씀은 신앙생활의 모든 측면에 많은 도움을 준다. 무엇보다 문제를 성경적으로 정확히 규명하는 일이 필요하다. 예를 들어 '남편의 행동이 하나님의 말씀에 어떻게 어긋나는가? 화를 내거나, 거짓말을 하거나, 욕설을 퍼붓는 등 죄를 짓고 있는가?' 라는 질문을 생각해야 한다. 성경적 해결책을 찾으려면 문제를 먼저 성경적으로 규명해야 한다. 다시 말해 적절한 성경 말씀에 근거해 성경의 언어로 문제를 규명한 뒤 해결책을 강구해야 한다. 바울은 이렇게 말했다.

> "우리가 세상의 영을 받지 아니하고 오직 하나님으로부터 온 영을 받았으니 이는 우리로 하여금 하나님께서 우리에게 은혜로 주신 것들을 알

게 하려 하심이라 우리가 이것을 말하거니와 사람의 지혜가 가르친 말로 아니하고 오직 성령께서 가르치신 것으로 하니 영적인 일은 영적인 것으로 분별하느니라"(고전 2:12-13).

• 회복에 초점을 맞추어야 한다.

남편과 아내의 관계와 하나님과 부부의 관계를 회복하는 것이 가장 중요한 목표다. 상담사의 역할은 남편과 아내를 도와 각자 잘못을 깨닫고 서로 용서하고, 나아가 하나님의 용서를 구하게 하는 데 있다. 남편이 성경적인 조언을 구하는 데 동참하지 않으면 아내만이라도 조언을 구해 결혼생활의 실패를 부추긴 잘못을 바로잡아야 한다. 나중에 아내의 잘못이 어느 정도 개선된다면 남편에게 함께 조언을 구하자고 말하기가 더욱 쉬워질 것이다.

• 아내는 조언을 구할 때 남편을 비난하거나 욕해서는 안 된다.

잠언 10장 18절은 "미움을 감추는 자는 거짓된 입술을 가진 자요 중상하는 자는 미련한 자이니라"고 말씀한다. 아내가 남편의 죄에 대해 성경적으로 대처하는 법을 배우는 것과 그를 다른 사람 앞에서 깎아내리는 행위는 서로 별개다. 아내는 남편을 비난하는 말을 자제하고 조언을 통해 문제의 해결책을 찾는 데 집중해야 한다.

• 아내는 남편의 문제를 털어놓는 사람들의 수를 최소화해야 한다.

"지략이 많으면 평안을 누리느니라"(잠 11:14)는 말씀이 있지만 성경적 조언을 구하겠다는 진지한 노력 없이 남편의 죄를 사람들에게 거침없이 털어놓는 아내는 험담을 일삼는 죄에 빠질 뿐이다.

- **아내는 나이 든 경건한 여성이 젊은 여성에게 가르치는 성경적 조언을 따라야 한다.**

디도서 2장 2-3절에 언급된 자격을 갖춘 "늙은 여성", 즉 나이 든 여성은 아내가 조언을 구하기에 적합한 후보자다. 그녀는 디도서 2장 4-5절의 말씀대로 젊은 여성들에게 "남편과 자녀를 사랑하며 신중하며 순전하며 집안일을 하며 선하며 자기 남편에게 복종"하라고 권고해야 할 의무가 있다. 물론 성경은 "여자가 가르치는 것과 남자를 주관하는 것을 허락하지 아니하노니"(딤전 2:12)라고 말씀한다. 따라서 나이 든 여성은 남편이 아니라 아내들에게만 조언을 베풀어야 한다.

- **조언을 구할 대상자로는 교회 지도자들이 적합하다.**

교회 지도자들은 조언을 해줄 책임이 있다. 그들은 "범사에 오래 참음과 가르침으로 경책하며 경계하며"(딤후 4:2) 권해야 한다.

#방법 7 : 국가의 제도를 성경적으로 이용하는 법을 배워라.

"각 사람은 위에 있는 권세들에게 복종하라"(롬 13:1).

국가의 제도란 경찰, 가정 및 아동 센터, 지역 당국, 법원 등을 말한다. 이들 제도를 이용하는 것은 극단적 방법이기 때문에 아내와 어린 자녀들의 신변이 위험하거나 심각한 범죄가 발생한 상황에 국한되어야 한다.

아내는 신변의 위험을 느낄 때는 즉시 경찰에 도움을 요청해야 한다. 남편이 폭력을 휘두르거나 극심한 욕설로 공격할 때는 지체하지 말고 교회 지도자들에게 권징을 요구하거나 지역 당국에 연락해야 한다. 교회나 지역 당국의 힘을 빌려 남편으로 하여금 죗값을 치르게 하는 것은 하나님께 대한 순종에 해당한다. 왜냐하면 그러한 제도 역시 하나님이 아내를 보호하시기 위해 마련하신 보호법 중 하나이기 때문이다.

아내가 남편의 보복을 두려워하는 것은 충분히 이해할 수 있다. 하지만 아내는 하나님께 순종해야 할 뿐 아니라 그분이 마련해 주신 보호법을 십분 활용할 수 있어야 한다. 아내가 남편의 폭력을 무턱대고 받아들일 경우에 아무도 그녀의 안전을 보장해 줄 수 없기 때문에 자칫 불행한 사태가 빚어질 수 있다.

아내가 하나님이 마련하신 보호법을 활용하는데도 남편이 해를 가한다면 이는 의를 위해 고난을 받는 셈이 된다(벧전 2:21-23 참조). 그 경우 아내는 "죄를 범하지 아니하시고 그 입에 거짓도 없으시며 욕을 당하시되 맞대어 욕하지 아니하시고 고난을 당하시되 위협하지 아니하시고 오직 공의로 심판하시는 이에게 부탁"(벧전 2:22-23)하셨던 예수 그리스도의 모범을 따라야 한다.

하나님의 말씀에 순종함으로써 그분을 사랑하고, 남편이 하나님과 올바른 관계를 회복하기 원하며, 그를 사랑하는 아내는 모든 두려움을 이겨낼 수 있다. 왜냐하면 "온전한 사랑이 두려움을"(요일 4:18) 내쫓기 때문이다.

그리스도인 아내는 하나님이 성경을 통해 제시하신 방법들을 적절히 이용해야 한다. 이는 영적으로 성숙한 태도에 속한다. 반면 그렇게 하지 않는 것은 어리석은 일일 뿐 아니라 하나님의 말씀에 순종하지 않거나 그분의 말씀을 무시하는 태도다. 경건한 아내가 되고자 한다면 하나님의 말씀에 순종할수록 그분의 보호법을 더욱 열심히 활용해야 한다는 점을 반드시 기억해야 한다. 아울러 아내가 하나님과 남편에게 순종할수록 남편이 회개하고 하나님께 돌아올 가능성이 더 커진다. 비록 남편이 회개하지 않더라도 경건한 아내는 그런 방법을 이용하는 것이 "하나님 앞에 값진"(벧전 3:4) 행동이자 그분을 영화롭게 하는 것이라는 사실을 잊어서는 안 된다.

15장 | 현숙한 아내의 대화 기술

어떤 말을 하고 나서 곧바로 후회해 본 적이 있는가? 우리 가운데 "혀는 능히 길들일 사람이 없나니…한 입에서 찬송과 저주가 나오는도다 내 형제들아 이것이 마땅하지 아니하니라"(약 3:8-10)는 야고보의 말을 이해하지 못할 사람은 아무도 없다. 우리의 말이나 태도는 다른 사람들에게 상처를 줄 수 있다. 말은 사람을 짓뭉개고 날카롭게 찌른다. 어떤 상처는 결코 아물지 않는다. 남편과 아내는 결혼생활을 하는 동안 말로써 서로에게 깊은 상처를 줄 수 있다. 사실 부부는 종종 성경에 어긋나는 태도로 서로 말을 주고받는다. 사랑과 친절이 아니라 다툼과 분노와 악의가, 지혜가 아니라 어리석음이, 신중한 말이 아니라 성급한 말이 부부 사이를 오갈 때가 있다. 따라서 "내 형제들아 이것이 마땅하지 아니하니라"는 야고보의 말을 또 한 번 당부하고 싶다.

이 장의 주제는 올바른 대화 기술, 곧 아내의 언어에 관한 내용이다. 하나님의 뜻대로 남편을 사랑하고 존중하며 그에게 순종할 생각이라면 남편에게 올바로 의사를 전달할 수 있어야 한다. 그러기 위해서는 다음에 소개하는 성경의 아홉 가지 원리들을 반드시 숙지해야 한다.

#원리 1 : 바른 생각과 바른 말을 하라.

성경에서 "마음"은 사람의 생각, 선택, 동기 등이 이루어지는 장소를 가리킨다. 마음은 통제 불가능한 감정의 기관이 아니다. 선택은 생각에 의해 좌우된다. 예수님은 "마음에 가득한 것을 입으로 말함이라"(마 12:34)는 말씀으로 생각과 말의 연관성을 분명히 지적하셨다. 잘못된 말은 잘못된 생각에서 시작된다. 따라서 잘못된 말을 하고 있다면 잠시 자신이 무엇을 생각하고 있는지 헤아려봐야 한다. 거룩한 삶에 대한 예수님의 기준은 외적인 순종만이 아니라 생각을 통한 내면의 변화를 모두 포함한다. 따라서 말씀으로 생각을 새롭게 해 마음을 변화시켜야 한다.

바꿀 필요가 있는 언어 습관과 관련된 성경 구절을 묵상하면 생각을 말씀으로 새롭게 할 수 있다. 성경 묵상이란 성경 구절을 몇 차례 반복해서 읽으며 삶에 적용하기 위한 방법을 찾는 과정을 의미한다. 예를 들어 잘 참지 못하고 남편에게 톡 쏘아붙이는 습관이 있다면 "사랑은 오래 참고"(고전 13:4)라는 성경 구절을 묵상할 수 있다. 똑같거나 비슷한 상황이 벌어졌을 때 오래 참을 수 있는 방법을 생각해 보라. 남편이 직장에서 있었던 일을 장황하게 설명하는 상황에서 요점만 간단히 말했으면 좋겠다는 생각이 들거든 얼른 "사랑은 오래 참고"라는 구절을 떠올리며 그의 이야기에 관심을 표하라. 그러면 생각이 올바르게 되면서 말도 올바르게 될 것이다.

#원리 2 : 무슨 말이든 하나님 앞에서 책임을 지라.

하나님은 전지하시다. 그분은 모든 것을 아시고, 그 무엇도 잊으시는 법이 없다. 하나님은 우리가 주일 아침만이 아니라 항상 거룩한 삶을 살기 원하신다. 우리가 무익한 말을 얼마나 많이 하며 살고 있는지 생각해 보면 정신이 번쩍 들 것이다. 무익한 말이란 "게으르고 나태하고 무가치한 말"을 뜻한다.[23] "어떤 사람들은 자기만 들으려고 말하는 것처럼 말한다"는 옛말도 있다. 그리스도인 아내는 말을 할 때 신중해야 한다. 하나님의 뜻대로 남편에게 사랑과 존경과 순종을 보여주려면 특히 말에 각별한 주의를 기울여야 한다.

#원리 3 : 진실을 말하되 사랑으로 하라.

진실을 말하는 것은 항상 쉽지만은 않다. 사실 매우 곤혹스럽다. 때로는 남편에게 별로 즐겁지 않은 진실을 말해야 할 때가 있다. 어떤 때는 그저 속아주거나 문제를 회피하는 편이 더 쉬워 보인다. 하지만 남편이 반드시 알아야 할 진실이 있을 때는 인내와 친절과 사랑의 태도로 깨우쳐주어야 한다. 예를 들어 남편이 누군가를 지나치게 비방하는 상황을 가정해 보자. 그때는 화제를 슬쩍 다른 데로 돌리면 분위기가 좀 더 나아질 수 있다. 예수님은 "네 형제가 죄를 범하거든 가서 너와 그 사람과만 상대하여 권고하라 만일 들으면 네가 네 형제를 얻은 것이요."(마 18:15)라고 말씀하셨다. 지금까지 남편에게 진실을 말하기를 주저했다면 지금부터라도 진실을 말하되 사랑으로 하라.

#원리 4 : 그릇된 말은 입 밖에 꺼내지 말라.

골로새서 3장 8절은 그릇된 말을 분명하게 정의한다. 분함과 노여움은 서로 다른 종류의 분노를 가리킨다. 분함은 노기가 충천해 소리를 지르고 욕설을 퍼붓는 등 노여움이 극에 달한 상태를, 악의는 다른 사람이 불행해지기를 바라는 천박한 의도를, 비방은 다른 사람을 나쁘게 말하는 것을, 부끄러운 말은 다른 사람에게 상처를 주기 위한 "추잡하고 품위 없는 말"을 각각 의미한다.[24]

아내는 때로 생리가 시작되기 직전에 감정의 균형이 깨지는 탓에 짜증 섞인 말이나 천박한 말, 심지어는 악의에 찬 말을 입 밖에 내뱉곤 한다. 그때는 보통 때보다 말을 통제하기가 더 어렵지만 하나님을 의지하면 얼마든지 가능하다(고전 10:13 참조). 아내는 감정 상태와 상관없이 옳은 것을 생각하고 말하기 위해 더욱 열심히 노력해야 한다. 그릇된 말은 무엇이든 죄에 해당한다. 그런 말을 했을 때는 얼른 하나님께 잘못을 고백해야 한다. 그리고 사랑으로 진실을 말해야 한다.

#원리 5 : 남편의 말을 최대한 좋게 해석하라.

우리는 "마음의 뜻"을 판단할 수 없다. 누군가를 아무리 잘 알아도 오직 하나님만이 그 마음의 동기를 정확히 아실 수 있다. 다른 사람의 생각이나 그들이 어떤 행동을 하는 이유를 알 수 있다는 생각은 주제넘은 일이다. 자신의 분별력을 과신하는 사람들은 종종 다른 사람의 동기를 터무니없이 왜곡하여 해석하곤 한다. 사실 아내는 남편의 동기를 잘못 판단해 그의 속마음을 섣불리 판단하고 그에 따라 행동하는 경향이 있다.

아내가 남편의 말이나 행동에 과민 반응하는 경우 남편은 어리둥절한 표정을 지을 수밖에 없다. 아내는 때로 "저를 화나게 하려고 그런 말을 했죠?"라거나 "어렸을 때 당신 아버지에게 당했던 것을 지금 저에게 되갚으려는 거죠?"라는 식으로 남편의 동기를 판단한다. 남편의 동기를 판단하려 하지 말고 그에게 유리한 쪽으로 해석하고, 그의 행동을 최대한 좋게 받아들여라. 예를 들어 '남편은 그 일이 나에게 얼마나 중요한지 잘 몰랐던 게 분명해' 라거나 '내가 이 상황에 대해 모르는 것을 남편은 알고 있을지도 몰라' 라고 생각하라. 주님이 다시 오셔서 남편의 동기를 올바로 판단하실 때까지 인내하며 기다리라.

#원리 6 : 성급히 말을 꺼내지 말라.

솔로몬은 성급한 말을 "칼로 찌름같이"(잠 12:18)라는 표현에 빗대었다. 성급한 말은 듣는 사람의 마음에 깊은 상처를 남긴다. 고통을 가져다주고 상대방을 아프게 한다.

상처 주는 말을 자주 하는 것은 상대방을 지배하고 싶은 욕망에서 비롯한다. 다른 사람을 지배하기 좋아하는 사람은 보복의 의미가 담긴 말을 내뱉는 경향이 있다. 그는 누군가로부터 비난을 받으면 그보다 갑절이나 더 많은 위협과 비난을 퍼붓는다. 하지만 우리는 예수 그리스도를 본받아야 한다. 베드로는 그리스도께서 "욕을 당하시되 맞대어 욕하지 아니하시고 고난을 당하시되 위협하지 아니하시고 오직 공의로 심판하시는 이에게 부탁하시며"(벧전 2:23)라고 증언한다. 주님은 하나님께 자신을 온전히 맡기셨다. 그분은 악을 악으로 갚지 않으셨다. 남편으로부터 속이 상하는 말을 들었을 때는 주 예수 그리스도를 바라보라. 남편에게 보복하는 대신 좋은 약을 바르듯 상처를 치유하는 말을 하라.

#원리 7 : 오래 참으며 상냥하게 말을 건네라.

아내가 상냥한 태도로 말하면 남편이 아내의 요청은 물론 권고의 말에도 훨씬 더 진지하게 관심을 기울일 것이다. 물론 거짓으로 달콤한 말을 속삭여서는 안 된다. 진심으로 오래 참으며 친절하게 말을 건네야 한다. 사실 남편은 아내가 상냥하게 말하면 요구를 거절하기가 무척이나 어렵다. 한 가지 주의할 점은 "상냥한 말"이 자신의 뜻을 기어이 이루기 위한 책략이 아니라 정당한 방법으로 남편을 설득해 원하는 것을 얻어내는 수단이 되어야 한다는 것이다. 마음의 진정한 동기를 시험해 보고 싶으면 자신의 뜻이 이루어지지 않았을 때 나타나는 반응을 살펴보면 된다. 아내는 자신의 뜻이 이루어지든 이루어지지 않든 의로운 말로 하나님께 영광을 돌려야 한다.

#원리 8 : 지혜롭고 친절하게 말하라.

현숙한 아내는 지혜롭고 친절하다. 현숙한 아내의 입에서는 지혜롭고 친절한 말이 흘러나온다. 그녀의 지혜는 하나님의 말씀에서 비롯하고, 그녀의 친절은 성령 충만함에서 비롯한다. 그녀의 말은 무례하거나 쌀쌀맞거나 거칠거나 상처를 주지 않는다. 그녀는 덕스럽고 유익한 말만 한다. 남편에게 말할 때 지혜롭고 친절하기를 원한다면 온순한 태도로 말해야 한다. 잠언 15장 4절은 "온순한 혀는 곧 생명 나무"라고 말씀한다.

남편에게 어떤 대우를 받고 싶은가? 자신이 잘못했거나 죄를 지은 경우에 남편이 어떠했으면 좋겠는가? 친절한 태도와 인정사정없는 태도, 지혜로운 태도와 어리석은 태도 가운데 무엇을 원하는가? 물론 누구나 남편이 지혜롭고 친절한 태도로 대해 주기를 원할 것이다. 그렇다면 자신이 대접받고자 하는 대로 남편을 대접하라(마 7:12 참조).

남편이 어리석게도 무언가를 사고 싶어하는 상황을 가정해 보자. 우선은 무슨 말을 해야 할지 잘 생각하고 나서 온순한 태도로 말을 건네야 한다. 예를 들어 이렇게 말하라. "여보, 낚싯배를 갖고 싶어하는 마음, 다 알아요. 저도 당신에게 낚싯배가 있었으면 좋겠어요. 하지만 은행에서 돈을 빌려 당장 낚싯배를 사기보다는 돈을 저축해 좀 더 여유가 있을 때 사면 좋겠어요." 어떤 상황에서든 남편에게 상냥한 말투로 지혜롭게 말하라. 이것이 현숙한 아내의 대화 기술이다.

#원리 9 : 더욱더 순결한 말을 하라.

은은 값어치가 있는 귀하고 소중한 물건이다. 의인의 혀도 그와 같다. 은을 여러 차례 정련해 순은을 만들 듯 아내는 언어를 정화시켜 더욱더 순결한 말을 하려고 노력해야 한다. 올바른 말을 할 때까지 몇 번이고 연습해 언어를 정화시켜야 한다(딤전 4:7 참조). 하고 싶은 말을 깊이 생각한 뒤 혼자서 소리 내어 연습하라. 온순한 말투로 말하려고 노력하라. 처음에는 우스꽝스럽게 느껴질지 몰라도 경건해지려면 훈련이 필요하다. 경건한 언어의 가치는 귀한 보화인 순은과도 같다.

말하는 태도와 방법은 그리스도에 대한 헌신의 정도를 나타낸다. 대화법은 훈련이 필요한 기술이다. 남편에게 말을 하는 태도나 말투를 지켜본 뒤 잘못이 있으면 지적해 달라고 부탁하라. 남편이 잘못을 지적할 때는 즉시 자신을 돌이켜보고 잘못을 고백한 뒤 용서를 구해야 한다. 그렇다면 이 일은 얼마나 중요할까? 다음 말씀을 읽어보라.

> "누가 현숙한 여인을 찾아 얻겠느냐 그의 값은 진주보다 더 하니라…입을 열어 지혜를 베풀며 그의 혀로 인애의 법을 말하며"(잠 31:10, 26).

16장 | 현숙한 아내의 갈등 해소법

    경건한 대화법은 하나님을 영화롭게 하는 방법으로, 갈등을 해결하는 데 반드시 필요한 요소다. 현숙한 아내는 "입을 열어 지혜를 베풀며"(잠 31:26) 갈등을 피해 달아나거나 숨지 않을뿐더러 불도저가 흙더미를 밀듯 남편을 무차별적으로 짓밟지 않는다. 그리스도인 부부는 서로 하나가 되어야 한다. 우리는 항상 죄를 짓고, 또 성격과 기질이 서로 다르기 때문에 가장 좋은 상황에서도 하나 되기가 그리 쉽지 않다. 따라서 남편과의 갈등을 성경적으로 해결하는 방법을 배우는 것이 중요하다.

    이 장에서는 갈등 해결에 도움이 되는 생각과 방해가 되는 생각을 살펴볼 계획이다. 갈등을 일으키는 세 가지 원인(서로의 차이, 이기심, 의로움)과 그에 대한 해결책도 함께 다룰 것이다. 아울러 갈등을 성경적으로 해결하여 현숙한 아내가 되기 위해 필요한 네 가지 자질들도 겸하여 다룰 생각이다.

바울은 에베소교회에 보낸 서신에서 신자들이 하나 될 것을 강력히 권고했다.

> "평안의 매는 줄로 성령이 하나 되게 하신 것을 힘써 지키라"(엡 4:3).

결혼생활이 조화를 이루지 못하면 하나님이 원하시는 교회의 하나 됨이 이루어질 수 없다. 부부가 서로 다툴 경우 다른 신자들도 둘 중에 한쪽을 역성들며 갈등에 합류할 가능성이 높다. 죄를 억제하지 않으면 결국에는 큰 파장이 일어날 수밖에 없다. 결혼생활에 갈등이 일어날 경우 부부는 자기 자신이나 다른 사람들에게 스스로의 입장을 정당화하는 말을 일삼게 된다. 그러한 말 가운데는 상처받은 것에 대한 앙심도 아울러 포함된다. 부부가 경건한 태도로 갈등을 함께 해결해 나가려면 성경에 어긋나는 생각을 버리고 올바른 생각을 가지는 것이 매우 중요하다. 아내는 갈등 상황에서 스스로에게 잘못된 생각을 주입하기 쉽다. 그런 생각은 갈등의 해결을 방해한다. 잘못된 생각 몇 가지를 소개하면 다음과 같다.

갈등 해결을 방해하는 잘못된 생각

- '내 생각을 밀고 나갈 거야. 집을 초록색으로 칠한다는 게 대체 말이 돼?'
- '뭐하러 말을 해? 듣지도 않을 게 뻔한데.'
- '남편은 나를 화나게 해. 오직 자기만 생각하는 사람이야.'

- '남편은 절대 변하지 않아.'
- '남편은 하나님도 포기하신 사람이야.'
- '아무 소용없어. 문제가 너무 커 해결할 수 없어.'
- '상황은 조금도 나아지지 않을 거야. 이혼할 수밖에 없어.'
- '더 이상 스트레스를 감당할 수 없어.'
- '아무 희망이 없어.'

이런 생각들은 자포자기 상태에 빠져 더 이상 문제를 해결하기 위해 노력하지 않겠다는 뜻을 정당화하려는 그릇된 자기 암시에 불과하다. 아내는 그런 생각을 하는 동안 심한 감정의 고통을 느끼게 되고 곧 상황을 더 이상 감당할 수 없다는 결론을 짓고 만다. 하지만 아내는 갈등을 피할 빌미를 찾는 대신 "마음을 새롭게 함으로 변화를"(롬 12:2) 받아야 한다. 그 과정에서 감정을 더욱 잘 다스리게 되고 문제 해결을 위해 노력할 수 있는 용기를 얻게 된다. 그렇다면 잘못된 생각을 버리고 어떤 생각을 해야 할까? 어떤 생각을 해야 갈등을 성경적으로 해결하기가 더욱 쉬워질까?

갈등 해결을 돕는 올바른 생각

- '하나님은 내가 이 상황을 통해 무엇을 깨닫기 원하실까?'
- '나는 그리스도인이야. 갈등이 생겼다고 해서 먼저 이혼을 요구하는 것은 도저히 해서는 안 될 선택이야.'
- '하나님이 이 모든 갈등을 잘 견딜 수 있게 도와주실 거야.'
- '어차피 갈등을 겪어야 한다면 죄 때문이 아니라 옳은 일을 했기 때문에 고난 받았으면 좋겠어.'

> - '이 갈등 상황에는 분명히 하나님의 목적이 있어.'
> - '내가 어떻게 변해야 이 갈등을 해결하는 데 도움이 될까?'

잘못된 생각은 감정에 큰 영향을 미쳐 갈등을 합리적이고 이성적으로 해결하는 데 방해가 된다. 하지만 올바른 생각은 갈등을 성경적으로 해결하도록 돕는다. 갈등의 원인은 세 가지, 곧 서로의 차이, 이기심(또는 죄), 의로움이다.[25]

갈등의 첫 번째 원인은 서로의 차이에 있다. 이는 잠자는 시간과 일어나는 시간, 명절을 보내는 전통, 집 안을 청소하는 방식, 좋아하는 음식, 치약을 짜는 습관, 거실을 파란색이나 초록색으로 바꾸는 것 등 다양한 삶의 습관과 태도에서 비롯한다. 서로의 차이는 그 자체로는 옳거나 그르지 않다. 그것은 죄가 아니다. 남편과 아내의 의견이 다른 것은 아무 문제가 되지 않는다. 하지만 그 차이를 올바로 다루지 않으면 결국에는 죄로 발전할 수 있다.

서로의 차이를 극복하는 데 도움이 되는 성경의 가르침은 "오래 참음"(엡 4:2)이다. 다시 말해 이는 상대방의 전통이나 습관을 받아들이는 것을 의미한다. 부부는 자신이 원하는 대로 하기 위해 상대방을 위협해서는 안 된다. 예를 들어 남편이 어떤 것을 진정으로 중요하게 생각한다면 죄를 지으라는 요구가 아닌 이상 아내는 부부의 하나 됨을 유지하고 남편의 권위를 존중하기 위해 기꺼이 양보해야 한다.

서로의 차이를 극복하기 위한 또 하나의 방법은 부부가 "부모를 떠나…둘이 한 몸을 이룰지로다"(창 2:24)라는 말씀에서 찾을 수 있다. 부부는 그들만의 새로운 전통과 습관을 발전시켜나갈 필요가 있다. 때로 양가 부모가 흔쾌히 동의하지 않을지라도 부부는 함께 삶의 계획을 세워나가야 한다. 물론 가능하면 부모를 존중하는 것이 좋다.

딸아이가 처음으로 추수감사절을 우리와 따로 보냈던 일이 생각난다. 그녀가 결혼한 지 1년이 지난 뒤였다. 딸아이 부부는 시부모님 댁을 방문하기로 결정했다. 나는 "좋은 시간 보내고 오렴"이라고 말하며 흔쾌히 승낙했지만 수화기를 내려놓자마자 곧 울음을 터뜨렸다. 하지만 남편이 "부모를 떠나 한 몸이 되도록" 놔두어야 한다는 사실을 일깨워준 순간 슬픔이 곧 사라졌다. 그의 말이 옳았다. 우리는 추수감사절 식사에 온 교인을 초대하기로 결정했다. 식사 자리에는 모두 30명의 교인들이 참석했고 우리는 축복된 추수감사절을 보냈다. 자식을 떠나보내는 일은 어렵다. 하지만 그럴지라도 올바른 태도로 자식을 떠나보내야 한다.

부모가 올바른 태도를 취하지 않을 경우에는 결혼한 자녀가 공손히 그들의 잘못을 일깨워주어야 한다. 예를 들어 이렇게 말할 수 있다. "어머니, 아버지, 저희는 두 분을 사랑해요. 이번 추수감사절에 두 분과 함께 지내고 싶어요. 하지만 다른 곳에서 친구들과 함께 시간을 보내고 싶어요. 실망하실 줄 알지만 저희의 결정을 기쁘게 생각해 주세요." 그래도 부모가 받아들이지 않을 경우에는 좀 더 강한 책망의 말이 필요하다. 부드러운 어조로 이렇게 말하라. "어머니, 아버지는 주님 안에서 저희를 초대할 자유가 있으세요. 그리고 저희는 그런 부모님이 감사해요. 하지만 저희도 다른 계획을 세울 자유가 있어요. 저희를 흔쾌히 보내주시면 좋겠어요." 그러면 대다수의 부모는 흔쾌히 수락할 것이다.

명절을 보내는 전통이든 치약을 짜는 습관이든 서로의 차이로 인해 생기는 갈등을 이겨내는 방법은 오래 참음이다. 서로의 차이는 죄가 아니지만 부부는 그로 인해 죄를 지을 수 있다. 그런 상황은 이기심이라는 두 번째 갈등의 원인을 생각하게 만든다.

자신의 뜻대로 하고 싶은 것이 인간의 본성이다. 우리는 다른 사람의 지시를 받아 행동하기를 원하지 않는다. 우리는 반항적이고 이기적인 본성을 타고났다. 따라서 때로 그러한 이기심 때문에 갈등이 일어나곤 한다. 갈등은 종종 분노, 토라짐, 교묘한 속임수, 성가신 잔소리 등의 형태로 발전한다.

아내가 이기적일 때 남편은 아내가 원하는 것보다 그녀의 잘못된 태도에 더 크게 흥분하며 반응할 가능성이 높다. 다시 말해 남편은 아내가 자신의 통제 범위를 벗어났다고 생각해 갈등과 냉전을 불사할 수 있다. 따라서 아내는 자신의 이기심이나 반항으로 갈등이 일어났을 때 하나님과 남편에게 용서를 구해야 한다. 잘못을 교훈 삼아 자신의 뜻을 고집하는 일을 그만두어야 한다.

남편이 이기적으로 행동할 때는 몇 가지 사례를 지적하면서 사랑스럽고 온유한 태도로 그의 잘못을 지적해 주는 것이 좋다. 이기심 때문에 생긴 갈등을 회개를 통해 해결하고 사랑의 길로 나아가야 한다. 사랑은 자기의 유익을 구하지 않는다(고전 13:5 참조). 부부가 서로 하나 되지 못하는 가장 큰 원인은 이기심이다.

갈등의 세 번째 원인은 의로움이다. 이 갈등은 부부 중 한 사람이 배우자가 성경에 기록된 하나님의 도덕법을 어겼다고 판단하는 상황에서 발생한다. 의로운 갈등이 발생하는 원인은 자녀 양육, 영화 관람, 독서, 텔레비전 시청부터 진실 말하기, 도덕적 순결, 하나님의 이름을 모독하지 않기에 이르기까지 헤아릴 수 없이 다양하다.

아내는 하나님의 말씀을 그분의 절대적인 계명에서 사사로이 분리해 해석하지 않도록 주의해야 한다. 예를 들어 남편이 거북한 장소에 함께 가자고 요청하는 상황이 생길 수 있다. 그곳에 가는 것은 분명 죄가 아니다. 아내는 죄를 지으라고 요구하지만 않는다면 남편의 뜻에 따라야 한다. 다시 말해 죄가 되는 일은 결코 해서는 안 되지만, 남편의 요구를 가급적 받아주려고 노력해야 한다. 그 과정에서 옳은 일을 위해 고난을 받을 수도 있다. 하지만 죄 때문에 고난받는 일이 있어서는 안 된다.

의로운 갈등을 해결하는 방법은 부부가 함께 하나님의 말씀에 순종하는 것이다. 만약 남편이 순종을 거부할 경우에는 하나님이 아내를 보호하시기 위해 마련하신 방법들을 활용해야 한다(14장을 참조하라).

갈등은 이따금 의로움 때문에 일어나기도 하지만 이기심이나 서로의 차이 때문에 발생하는 경우가 대부분이다. 성경을 중심으로 어떤 일이 죄라는 사실이 확실히 드러나면 자신의 입장을 분명히 해야 한다. 그 밖의 문제에 대해서는 유연성을 보여도 좋다.

갈등이 일어났을 때는 어떻게 반응하느냐가 중요하다. 갈등의 원인이 무엇이든 그것을 빌미로 죄를 지어서는 안 된다. 바울은 에베소교회에 보낸 서신에서 신자들의 하나 됨과 일치를 강조했다. 다음 성경 구절을 읽으면서 당시 신자들에게 어떤 태도가 필요했는지 살펴보라.

> "그러므로 주 안에서 갇힌 내가 너희를 권하노니 너희가 부르심을 받은 일에 합당하게 행하여 모든 겸손과 온유로 하고 오래 참음으로 사랑 가운데서 서로 용납하고 평안의 매는 줄로 성령이 하나 되게 하신 것을 힘써 지키라"(엡 4:1-3).

모든 신자와 마찬가지로 부부는 결혼생활을 하면서 겸손과 온유와 인내와 관용의 태도를 발전시켜나가야 한다. 그래야만 죄를 짓지 않고 갈등을 해결할 수 있다.

갈등 해결에 필요한 태도

1. 겸손

겸손은 "마음을 낮추는 것"을 의미한다.[26] 겸손한 사람은 하나님과 사람들 앞에서 자기 자신을 올바로 평가한다. 그는 "마땅히 생각할 그 이상의 생각을 품지"(롬 12:3) 않는다.

우리는 자기 자신을 먼저 생각하는 본성이 있다. 하지만 하나님은 본성과 반대되는 태도를 요구하신다. 성경은 갈등을 해결하기 위해 필요한 겸손을 "각각 자기보다 남을 낫게 여기고"(빌 2:3)라는 말로 설명한다. 아내는 남편을 자기보다 낮게 여김으로 스스로를 겸손히 낮출 수 있다.

아내는 남편이 죄를 지으라고 요구하지만 않는다면 자신의 뜻보다 남편의 뜻을 더 중요하게 생각해야 한다. 주님이 갈등 상황을 피할 수 있도록 섭리하시지 않는 한 아내는 시간이 아무리 오래 걸리더라도 성경적으로 갈등을 극복하기 위해 노력해야 한다. 자기의 유익을 구하지 않고 스스로를 겸손히 낮출수록 하나님께 더 큰 영광이 돌아가고 부부 사이의 갈등도 해결될 것이다.

2. 온유

온유는 "스스로를 다스릴 수 있는 힘"을 뜻한다.[27] 베드로는 아내들에게 온유한 심령으로 자신을 단장하라고 권고했다. 온유는 여자를 "하나님 앞에 값진" 존재로 만드는 성품 가운데 하나다(벧전 3:3-4 참조). 온유한 아내는 갈등에 지나치게 반응하지 않고 감정을 억제한다. 강한 감정 표출은 그 자체로는 죄가 아니다. 하지만 갈등 상황에서 자신의 뜻을 기어이 이루기 위한 수단으로 사용될 경우에는 죄가 될 수 있다.

온유는 성령의 열매 가운데 하나이자(갈 5:23 참조) 신자가 추구해야 할 덕목이다(딤전 6:11 참조). 이는 부드러움과 동정심으로 이루어진다. 온유한 아내는 냉혹하거나 쌀쌀맞거나 빈정대지 않으며, 두려워하거나 병적으로 흥분하는 법도 없다. 온유한 아내는 하나님이 허락하시는 상황에 온전히 만족한다. 상황을 자신에게 맞추려고 애쓰지 않으며 압박을 받더라도 침착함을 유지한다. 또한 남편과 서로 의견이 엇갈릴 때도 신중하고 사려 깊게 반응할 뿐 아니라 갈등의 와중에서도 목소리가 차분하고 온순하다.

3. 인내

인내는 "감정적인 도발이나 긴장감이 느껴지는 상황에서 참고 견디는 것"을 의미한다.[28] 바울은 골로새 신자들이 "그의 영광의 힘을 따라 모든 능력으로 능하게 하시며 기쁨으로 모든 견딤과 오래 참음에 이르게"(골 1:11) 해달라고 기도했다. 그러면 하나님은 우리에게 인내를 어떻게 가르치실까? 하나는 시련을 통해서이고(롬 5:3 참조), 또 하나는 시험을 통해서다(약 1:3 참조). 시련과 시험은 모두 갈등을 자극하는 요인이다. 인내도 온유처럼 성령의 열매에 속한다(갈 5:23 참조). 아내는 갈등이 일어났을 때 오래 참으면서 남편의 말을 귀 기울여 듣고 적절히 반응해야 한다.

4. 관용

관용은 "자제심과 상대방에 대한 오래 참음으로 이루어진다."[29] 하나님은 "전에 지은 죄를 간과하심으로"(롬 3:25) 관용을 베푸셨다. 바울은 "누가 누구에게 불만이 있거든 서로 용납하여 피차 용서하되"(골 3:13)라고 당부했다. 우리의 부패한 본성으로는 관용을 베풀기가 어렵지만 하나님의 능력을 의지하며 그분의 말씀에 순종하면 얼마든지 가능하다. 관용은 남편에 대해 오래 참는 것을 의미한다. 갈등을 해결하고 하나 되려면 많은 시간과 노력이 필요하다.

갈등이 일어났을 때는 먼저 자기 자신을 돌아보고 이들 네 가지 태도가 자신에게 있는지 살펴보라. 만일 없다면 무슨 잘못이 있는지 구체적으로 생각해 본 뒤 하나님께 고백하고 남편에게 용서를 구하라. 어떤 반응을 보여야 마땅한지 고민해 보고 이후에는 성경적으로 반응하라.

갈등의 원인이 서로의 차이 때문이라면 남편을 먼저 생각해 자신의 뜻보다 남편의 뜻을 더 중요하게 여겨라. 남편을 오래 참음과 사랑으로 대하고 필요하다면 관용하라. 갈등의 원인이 이기심 때문이라면 자신의 잘못을 뉘우쳐라. 남편이 이기적으로 행동했다면 인내하며 부드럽게 책망하라. 갈등의 원인이 의로움 때문이라면 죄를 짓지 말고 남편과 함께 성경을 읽으며 하나님의 뜻을 찾아라.

'도저히 희망이 없어. 남편은 절대 변하지 않을 거야'라고 생각한다면 이는 곧 하나님을 무시하는 것과 같다. 왜냐하면 하나님은 성령의 능력을 힘입고 말씀에 순종한다면 얼마든지 "평안의 매는 줄로 성령이 하나 되게 하신 것을 힘써"(엡 4:3) 지킬 수 있다고 가르치시기 때문이다. 갈등의 원인은 물론 그 결과에 상관없이 성경적으로 갈등을 해결해 나간다면 현숙한 아내로 거듭날 수 있다.

17장 | 현숙한 아내의 분노 극복하기

　분노로 인해 심한 죄책감을 느낀다고 하소연하는 여성들이 많다. 그들은 깊은 좌절감을 느낀다. 그들의 분노는 결혼생활을 비롯해 다른 여러 관계를 파국으로 몰아간다. 한 젊은 여성은 지극히 사소한 문제인데 자기 뜻에 맞지 않는다는 이유로 분노를 터뜨리곤 했다. 그때마다 그녀는 심한 죄책감을 느꼈지만 여전히 똑같은 잘못을 되풀이했다. 또 어떤 여성은 "그래도 전보다는 나아진 편이에요"라는 말로 자신의 분노가 그다지 나쁘지 않은 듯 스스로를 정당화했다. 한 여성은 자신이 좌절하고 짜증내는 이유가 스트레스 때문인 것 같다고 말했다.

　분노와 조급함은 좌절감이나 짜증을 느낄 때 주로 발생하는 감정이다. 속마음을 털어놓는다고 해서 좌절감이 사라지는 것은 아니다. 단지 죄와 죄책감을 더해 줄 뿐이다.

분노를 자신의 뜻을 기어이 이루기 위한 수단으로 이용하는 여성들이 많다. 분노 때문에 결혼 관계가 깨지는 경우가 허다하다. 분노는 별거나 이혼의 원인 가운데 큰 비중을 차지한다. 따라서 이 장에서는 분노를 이겨내기 위해 필요한 성경의 사례와 원리를 살펴봄으로써 분노의 본질을 설명하는 데 초점을 맞추고자 한다. 성경은 분노에 관해 많은 정보를 제공한다. 그만큼 분노를 뜻하는 헬라어도 여러 가지다.

분노를 뜻하는 헬라어

"오르게"는 "끓어오르는 분노"를 뜻한다.[30] 이 말은 "격한 흥분, 화, 분개, 앙심"을 뜻하는 기초어로서 우리가 버려야 할 육신의 일 가운데 속한다(골 3:8 참조). 육신의 일은 부도덕, 술 취함, 끓어오르는 분노처럼 명백히 드러나는 죄를 말한다.

"분냄"은 갈라디아서 5장에 언급된 육신의 일 가운데 하나다. 골로새서 3장 8절은 이 말을 "노여움"으로 번역했다. 이는 "화를 잘 내는 기질, 울화, 격노, 흥분"을 뜻한다.[31]

"짜증"은 분노를 뜻하는 또 하나의 용어다. 에베소서 4장 26절은 "해가 지도록 분[파로리스모스]을 품지 말고"라고 말씀한다. "파로리스모스"는 "분노를 터뜨리다"라는 뜻을 담고 있다.[32]

이 세 용어들은 분노를 서로 약간씩 다른 각도에서 조명한다. 분노에 관한 성경의 사례 몇 가지를 소개하면 다음과 같다.

분노에 관한 성경의 사례

사울 왕은 다윗이 전쟁터에서 거둔 승리를 질투하며 의심했다. 그는 "사울이 죽인 자는 천천이요 다윗은 만만이로다"(삼상 18:7)라는 여인들의 노랫소리를 듣고 크게 분노했다. 그 뒤부터 사울은 강퍅한 마음을 품고 다윗을 죽이려고 애썼다. 그가 다윗을 대하는 태도는 참으로 애처로울 만큼 처량했다. 왜냐하면 다윗이 사울을 하나님의 기름 부음을 받은 왕으로 생각했고 여전히 그에게 충성을 바쳤기 때문이다. 다윗은 사울에게 아무런 해도 가하지 않을 만큼 충성심이 강했다. 사울은 분노를 터뜨리는 대신 하나님이 다윗에게 허락하신 승리를 기뻐했어야 옳다.

가인은 하나님이 자신의 제사는 받지 않으시고 동생 아벨의 제사는 받으셨다는 이유로 크게 분노했다. 하나님은 가인에게 경고하시며 "너는 죄를 다스릴지니라"(창 4:7)고 말씀하셨다. 하지만 그는 분노를 삭이지 못하고 급기야 아벨을 살해하고 말았다.

바리새인들은 완고하고 화를 잘 내는 사람들이었다. 교만에 사로잡힌 그들은 다른 사람들을 지배하려 들었다. 하나님이 가인에게 경고하셨듯이 예수님은 그들에게 이렇게 경고하셨다.

> "화 있을진저 외식하는 서기관들과 바리새인들이여 너희는 교인 한 사람을 얻기 위하여 바다와 육지를 두루 다니다가 생기면 너희보다 배나 더 지옥 자식이 되게 하는도다"(마 23:15).

"화"는 곧 저주를 뜻한다. 누가복음 11장을 읽어보면 예수님의 경고가 있은 뒤 바리새인들과 서기관들이 "거세게 달려들어 여러 가지 일을 따져 묻고 그 입에서 나오는 말을 책잡고자 하여"(눅 11:53-54) 틈을 노렸다는 사실을 알 수 있다.

이러한 분노의 사례들은 한 가지 공통점을 지닌다. 즉 마음에서 어떤 소원과 생각이 일어나는 순간 분노가 서서히 시작되어 점차 증폭되다가 급기야는 무서운 죄로 귀결된다는 것이다. 사울은 다윗을 죽이려 했고, 가인은 아벨을 살해했으며, 바리새인들은 당국자들을 부추겨 예수님을 처형했다. 분노는 무서운 죄다. 분노를 극복하려면 무엇보다 분노에 관한 성경의 원리를 숙지하는 노력이 필요하다.

분노에 관한 성경의 원리

#원리 1 : 하나님은 의로운 분노를 느끼신다.

> "하나님은 의로우신 재판장이심이여 매일 분노하시는 하나님이시로다"(시 7:11).

하나님은 진노를 여러 번 돌이키시지만(시 78:38 참조) 언젠가는 그 분노를 온전히 드러내실 것이다. 하나님은 거룩하시기 때문에 죄를 반드시 징벌하셔야 한다. 선지자들은 하나님의 진노가 드러나는 날, 곧 여호와의 진노의 날에 관해 예언했다. 믿지 않는 사람들은 스스로 의식하지 못할 뿐 지금 하나님의 진노 아래 놓여 있다. 하나님의 임박한 진노 아래 계속해서 머물 이유는 조금도 없다. 그리스도를 믿는다면 그분이 대신 하나님의 진노를 감당하신다. 그리스도를 아는 사람들에게 "그의 노염은 잠깐이요 그의 은총은 평생"(시 30:5)이다.

#원리 2 : 사람도 분노를 느낀다.

"분을 내어도 죄를 짓지 말며 해가 지도록 분을 품지 말고"(엡 4:26).

의로운 분노는 극히 드물다. 누군가가 저지른 극악무도한 죄에 대해 분노하는 것은 옳은 일이다. 태아를 죽이는 행위에 대해 분노를 느끼는 것은 당연하다.

하지만 우리가 느끼는 분노는 대개 의롭지 못하다. 심지어 성경이 인정하는 분노조차 종종 죄로 변질될 때가 많다. 분노를 느끼는 상황에서도 참되며 경건하며 옳으며 정결하며 사랑받을 만하며 칭찬받을 만한(빌 4:8 참조) 생각을 한다면 그것은 곧 의로운 분노에 해당한다. 아울러 우리는 "성내지 아니하며 악한 것을 생각하지"(고전 13:5) 않아야 한다.

#원리 3 : 사람의 분노는 하나님의 의로운 목적을 이루지 못한다.

"사람이 성내는 것이 하나님의 의를 이루지 못함이라"(약 1:20).

"남편에게 화를 내지 않으면 그는 집에서 아무 일도 하지 않을 거예요"라고 말하는 아내들이 많다. 성질을 내야만 남편을 움직여 집 안을 돌보게 할 수 있을 것 같지만 사실은 그렇지 않다. 그릇된 남편을 바로잡는 하나님의 방법은 온유한 태도다. 분노는 하나님의 의로운 목적을 이루지 못한다.

#원리 4 : 우리는 노하기를 더디 해야 한다.

> "내 사랑하는 형제들아 너희가 알지니 사람마다 듣기는 속히 하고 말하기는 더디 하며 성내기도 더디 하라"(약 1:19).

자신의 뜻대로 되지 않는다고 분노를 불태웠던 적이 얼마나 되는가? 아마도 너무 많아 오직 하나님만 그 수를 세실 수 있을 정도일 것이다. 야고보는 우리에게 경고했다. 가장 먼저 들으라고 말이다. 우리는 듣는 기술을 익혀야 한다. 다음으로 말하기를 더디 해야 한다. 할 말을 먼저 생각하고 분노 대신에 덕을 세우는 말을 선택해야 한다.

예를 들어 남편이 토요일에 바깥 창을 닦기로 약속했다고 가정해 보자. 외출해 있다가 유리창이 반짝반짝 닦여 있을 모습을 상상하며 집에 돌아온다. 하지만 집에 돌아온 순간 남편이 유리창을 하나도 닦아놓지 않았다는 사실을 알게 된다. 그 즉시 실망해 남편을 보는 순간 속에서 화가 부글부글 끓어오른다. 그때 지혜로운 아내라면 "듣기는 속히 하고"라는 말씀을 따라 먼저 남편의 사연을 들어볼 것이다. 아마도 남편은 합리적인 변명을 들려줄지 모른다. 하지만 그렇지 않을지라도 "말하기는 더디 하며"라는 말씀대로 "잠시 할 말을 생각한 뒤 다시 올게요"라고 말하는 것이 좋다. 그다음 기도하면서 어떤 태도로, 무슨 말을 해야 할지 생각하고 남편에게 다시 돌아와 온유한 목소리로 대화를 나누라. 지금까지 말한 대로 한다면 "성내기도 더디 하라"는 말씀에 순종하는 셈이 된다.

#원리 5 : 분노는 혼자가 아니라 친구들을 함께 데려온다.

> "이제는 너희가 이 모든 것을 벗어버리라 곧 분함과 노여움과 악의와 비방과 너희 입의 부끄러운 말이라"(골 3:8).

분함과 노여움은 악의(야비한 말), 비방(상대방의 명예를 떨어뜨리는 말), 입의 부끄러운 말(잔인한 말)을 함께 데려온다. 이들 악덕은 종종 서로 한 묶음이 되어 흉한 몰골을 드러낸다. 우리는 그러한 죄들을 단호하게 버려야 한다. 그 대신 긍휼, 친절, 겸손, 온유, 오래 참음, 관용, 용서, 사랑(골 3:12-14 참조)과 같은 올바른 덕성을 길러야 한다. '남편 때문에 너무 속상해. 남편도 그의 가족들처럼 어리석기 짝이 없어' 라는 생각은 악의에 찬 독설로 비화할 가능성이 높다. 따라서 그런 생각을 버리고 '사랑은 오래 참고 친절해. 친절한 태도로 남편에게 사랑을 보여주겠어' 라거나 '내가 잘 설명하지 못해서 내 말을 오해했는지도 몰라' 와 같은 생각을 하라.

분노의 죄는 홀로 나타나는 법이 드물다. 분노는 종종 언덕에서 엄청난 속도와 힘으로 굴러내려 오는 눈덩이와 같다. 언덕 위에서 눈덩이를 멈춰 세우지 않으면 언덕 아래로 함께, 빨리 굴러 떨어지고 말 것이다.

#원리 6 : 분노는 육신의 일에 속한다.

> "육체의 일은 분명하니…우상 숭배와 주술과 원수 맺는 것과 분쟁과 시기와 분냄과 당 짓는 것과 분열함과 이단과"(갈 5:19-20).

심리학자들 가운데는 내담자들에게 분노를 참지 말고 터뜨리라고 충고하는 이들이 많다. 그러나 그들의 충고는 잘못이다. 왜냐하면 분노는 죄이기 때문이다. 그것은 육신의 일 가운데 하나다. 다른 모든 죄와 마찬가지로 분노를 터뜨렸을 때는 하나님께 잘못을 고백해야 한다(요일 1:9 참조). 분노할 때마다 우리의 부패한 육신이 성령을 대적한다(갈 5:17 참조). 분노하지 말라. 그것은 단지 죄에 치우칠 뿐이다.

#원리 7 : 성경은 분노를 일으키는 사람과 분노를 가라앉히는 사람을 다음과 같이 대조한다.

분노를 일으키는 사람	분노를 가라앉히는 사람
• "과격한 말은 노를 격동하느니라"(잠 15:1).	• "유순한 대답은 분노를 쉽게 하여도"(잠 15:1).
• "분을 쉽게 내는 자는 다툼을 일으켜도"(잠 15:18).	• "노하기를 더디 하는 자는 시비를 그치게 하느니라"(잠 15:18).
• "노를 품는 자와 사귀지 말며 울분한 자와 동행하지 말지니 그의 행위를 본받아 네 영혼을 올무에 빠뜨릴까 두려움이니라"(잠 22:24-25).	• "은밀한 선물은 노를 쉬게 하고"(잠 21:14).

• "지혜로운 자와 미련한 자가 다투면 지혜로운 자가 노하든지 웃든지 그 다툼은 그침이 없느니라"(잠 29:9).	• "거만한 자는 성읍을 요란하게 하여도 슬기로운 자는 노를 그치게 하느니라"(잠 29:8).
• "분은 잔인하고 노는 창수 같거니와"(잠 27:4).	• "그 입술을 제어하는 자는 지혜가 있느니라"(잠 10:19).
• "대저 젖을 저으면 엉긴 젖이 되고 코를 비틀면 피가 나는 것같이 노를 격동하면 다툼이 남이니라"(잠 30:33).	• "화평하게 하는 자는 복이 있나니 그들이 하나님의 아들이라 일컬음을 받을 것임이요"(마 5:9).
• "노는 우매한 자들의 품에 머무름이니라"(전 7:9).	• "노하기를 더디 하는 자는 크게 명철하여도"(잠 14:29).
• "미련한 자의 입은 미련한 것을 쏟느니라"(잠 15:2). "미련한 자는 당장 분노를 나타내거니와"(잠 12:16).	• "의인의 마음은 대답할 말을 깊이 생각하여도"(잠 15:28).

분노를 일으키는 사람과 분노를 가라앉히는 사람의 차이점은 분명하다. 전자는 어리석고 후자는 지혜롭다. 전자는 거칠고 후자는 부드럽다. 전자는 분쟁을 일으키고 후자는 분쟁을 가라앉힌다. 전자는 어리석은 말을 서슴없이 내뱉지만 후자는 대답하기 전에 할 말을 생각한다.

#원리 8 : 교만은 종종 분노로 귀결된다.

"교만에서는 다툼만 일어날 뿐이라 권면을 듣는 자는 지혜가 있느니라"(잠 13:10).

교만을 뜻하는 히브리어는 "주제넘거나 무례한 태도"를 뜻한다. 삶이 자신이 원하는 방향대로 되어가야 한다는 주장을 펴는 순간 교만은 종종 다툼으로 번진다. 우리는 매사에 하나님의 주권에 감사하는 마음으로 순종해야 한다. 우리는 삶의 주인이 누구인지를 결정해야 한다. 만일 하나님이 주인이시라면 기꺼이 그분의 뜻에 순종해야 한다. 가장 지혜로운 길은 "하나님께 복종"(약 4:7)하는 것이다. 공손히 하나님께 순종하면 겸손해질 수 있고 하나님이 은혜를 베푸실 것이다.

다른 사람의 생각을 다 알고 있다는 식으로 건방지게 행동하는 순간, 교만은 종종 다툼이 된다. 부정적이고 비판적인 판단을 일삼으면 거만한 생각에 치우칠 수밖에 없다. 예를 들어 남편이 뭔가 좋은 일을 해주었는데 '잘 보이려는 수작이지 뭐'라고 생각하는 것은 온당치 못하다. 오직 하나님만이 사람의 생각과 동기를 아실 수 있다. 하나님은 아내가 이 사실을 깨닫고 남편을 좋게 여기기를 원하신다. 그렇지 않으면 마음이 교만해져 다툼이 일어나기 쉽다.

분노에 관한 성경의 원리를 이해하는 것은 중요하지만 그 외에도 하나님의 훈련에 적극 협조함으로써 분노를 터뜨려 죄를 짓는 일이 없게 해야 한다. 바울은 "모든 성경은 하나님의 감동으로 된 것으로 교훈과 책망과 바르게 함과 의로 교육하기에 유익하니"(딤후 3:16)라고 말했다. 교훈, 책망, 바르게 함, 의로 교육함의 목적은 우리를 그리스도와 같이 의롭게 만드는 데 있다.

의롭게 되려면 하나님의 가르침을 받아야 한다. 하나님은 우리를 온전하게 하시려고 말씀으로 우리를 교훈하신다. 이것이 앞서 분노에 관한 성경의 원리를 설명한 이유다. 하나님은 우리가 잘못했을 때 책망하시고, 책망하신 뒤에는 바르게 하신다. 이 과정은 몇 번이고 되풀이되어야 한다. 하나님은 이를 통해 우리를 훈련시키셔서 의롭게 만드신다. 이 네 가지 단계(교훈, 책망, 바르게 함, 의로 교육함)는 성경의 일반 원리에 해당한다. 각 단계를 차례로 살펴보며 우리의 책임이 무엇인지 살펴보도록 하자.

유순해지기 위한 4단계

#1단계 : 교훈

교훈은 "교리"와 같은 의미다. "교리"는 특정한 주제에 관해 성경이 가르치는 진리를 가리킨다. 여기에서 우리가 다루고 있는 주제는 분노다. 분노의 죄는 크게 만연되어 있는 상태이기 때문에 많은 시간과 노력을 들여 이에 관한 성경의 원리를 배우고 또 배울 필요가 있다. 자신에게 적용되는 성경 구절 몇 개를 선택한 뒤 암기하라. (야고보서 1장 19-20절, 고린도전서 13장 4-7절, 잠언 16장 32절과 15장 28절을 추천하고 싶다.) 이들 원리를 다른 사람들에게 익숙하게 설명할 수 있을 만큼 깊이 숙지하라. 많은 생각을 하지 않아도 쉽게 말할 수 있을 때까지 반복해서 공부하라. 교리를 온전히 익혔다고 생각되거든 다음 단계로 나아가라.

#2단계 : 책망

책망은 누군가가 잘못을 저질렀을 때 성경에 근거해 지적하는 것을 의미한다. 다른 사람들에게 자신의 행동을 지켜보며 화를 내거나 거친 태도를 취할 때마다 잘못을 지적해 달라고 부탁하라. 그리고 가능하면 분노를 터뜨렸을 때 글로 남길 수 있는 일지를 준비하라.[33] 짜증이나 실망감을 느낄 때마다 자신의 생각과 말, 또는 행동을 정확히 기록하라. 가능한 한 빨리 하라. 분노의 생각과 행동을 기록해 놓으면 어디에서 잘못을 저질렀는지 좀 더 분명히 알 수 있다. 하지만 책망으로 그쳐서는 안 된다. 바르게 함, 즉 교정의 단계로 나아가야 한다.

#3단계 : 바르게 함

무엇을 잘못했는지 파악했다면 이제는 교정이 필요할 때다. 자신이 기록한 내용을 하나씩 분석하고, 성경에 비추어 바르게 교정한 생각을 기록하라. 화가 나서 한 말이나 행동에 대해서도 그와 똑같은 작업을 되풀이하라. 말뿐 아니라 목소리와 표정까지 바르게 해야 한다. 자신이 마땅히 해야 할 말을 소리 내어 읽으며 연습하라. 스스로에게 '내가 이 잘못을 다시 저지른다면 나는 무슨 생각을 하고, 어떻게 행동해야 할까?'라고 질문하라.

그다음에는 자신이 화를 낸 탓에 누군가가 감정이 상했다면 그 일을 하나님과 다른 사람들에게 고백하라. 아무리 사소한 일처럼 보여도 그런 잘못을 저질렀다면 매번 그렇게 하라. 하나님께 잘못을 고백하면 그분이 기꺼이 도와주실 것이다. 시편 저자는 "너는 하나님께 소망을 두라 나는 그가 나타나 도우심으로 말미암아 내 하나님을 여전히 찬송하리로다"(시 42:11)라고 노래했다.

거칠고 사나운 말 대신 온순하고 부드러운 말을 해야 한다. 다음에 분노를 일으키는 생각과 유순해지는 생각을 몇 가지 정리했으니 참고하기 바란다.

분노를 일으키는 생각	유순해지는 생각
• '정말 화가 나. 남편이 좀 서둘렀으면 좋겠어. 해야 할 일이 많아.'	• '주님, 일이 늦어졌어도 감사합니다. 제 일을 제시간에 끝내고 싶습니다. 하지만 제시간에 끝내든 끝내지 못하든 하나님이 영광받으시기 원합니다.'
• '직장에서 돌아오자마자 감히 나에게 짜증을 부려? 자기만 힘든 하루를 보낸 줄 아나 보지?' (분노한 사람은 다른 사람의 잘못을 용서하는 데 특히 인색하다.)	• '내게 그런 식으로 짜증을 부린 적은 흔하지 않아. 오늘 직장에서 많이 힘들었나 봐. 혹시 두통이 있는 건 아닐까? 어떻게 하면 내가 도울 수 있을까?'
• '남편은 성경의 가르침을 어겼어. 정말 화가 나서 죽겠어. 내 말을 들으려고 하지도 않을 거야.'	• '남편이 잘못했어. 나도 알고 하나님도 아셔. 하지만 주의 종은 온유하다(딤후 2:24 참조)고 성경은 말씀하고 있어. 하나님은 내가 남편을 부드럽게 대하기를 원하셔.'
• '남편의 잘못을 한 번 더 참다가는 비명을 지를지 몰라. 더 이상은 못 참아.'	• '내게 능력 주시는 자 안에서 내가 모든 것을 할 수 있다(빌 4:13 참조)고 성경은 말씀하고 있어. 조금 불편해도 남편을 위해 기꺼이 참을 수 있어. 나는 남편에게 사랑을 보여줄 테야.'
• '남편은 나를 눈곱만큼도 생각해 주지 않아. 그는 오로지 자기 생각뿐이야.'	• '남편의 동기와 생각을 판단해서는 안 돼. 내게는 나보다 그를 더 소중하게 여길 책임이 있어. 남편을 어떻게 대하는 것이 최선일까?'
• '그 일은 정말 나를 짜증나게 해.'	• '사랑은 오래 참는 거야. 내 감정이 좋든

	안 좋든 남편을 사랑할 수 있어.'
• '그는 죄를 짓고 있어. 정말 너무 화가 나.'	• '성경은 사람이 성내는 것이 하나님의 의를 이루지 못한다(약 1:20 참조)고 말씀하고 있어. 하나님은 내가 어떻게 반응하기를 원하실까?'

#4단계 : 의로 교육함

교육, 즉 훈련은 과거의 습관을 고치는 단계를 의미한다. 온유하고 사랑스런 생각이 뒤늦게 떠오르는 것이 아니라 처음부터 자연스레 떠오를 때까지 하나님의 말씀에 따라 생각하고 행동하기를 반복하라. 훈련의 과정에 오랫동안 열심히 집중하면 삶이 변화되는 놀라운 결과가 나타날 것이다.

변화의 과정에 집중하는 동안 하나님께 마음과 성품을 변화시켜달라고 간절히 기도하라. 오랫동안 화를 잘 내는 아내로 살아온 경우, 즉 아무리 생각해 봐도 화낸 기억밖에 나지 않을지라도 진정으로 뉘우치며 조금씩 행동을 고쳐나가다 보면 그리스도 안에서 새롭게 변화될 수 있다. 성품이 바뀌면 생리 중이거나 힘든 시절을 보낼 때도 하나님께 죄를 짓지 않고 잘 지낼 수 있다. "대답할 말을 깊이 생각"(잠 15:28)할 수 있도록 자신을 훈련하라. 하나님이 도와주실 것이다. '그렇게 쉽지는 않을 것 같아'라고 생각할지도 모르겠다. 물론 어렵다. 따라서 겸손한 태도로 하나님께 도우심을 구하며 두 소매를 걷어붙이고 열심히 노력해야 한다.

18장 | 현숙한 아내의 두려움 극복하기

두려움은 흔한 문제다. 원인이 있는 두려움도 있고 아무 근거 없는 두려움도 있다. 하지만 어느 경우든 두려움은 당사자를 고통스럽게 한다. 두려워하지 않는 것이야말로 하나님을 온전히 신뢰하는 경건한 사람이자 경건한 아내가 될 수 있는 지름길이다.

잠언 31장은 두려워하지 않는 태도를 현숙한 아내의 특징 가운데 하나로 설명한다.

> "눈이 와도 그는 자기 집 사람들을 위하여 염려하지 아니하며…후일을 웃으며"(잠 31:21, 25).

베드로 역시 아내들에게 "선을 행하고 아무 두려운 일에도 놀라지"(벧전 3:6)

말라고 권고했다. 이처럼 하나님은 성경 말씀을 통해 어떤 아내에게는 두려움이 문제가 될 수 있다는 사실을 암시하셨다.

두려움은 비참한 감정이다. 하지만 아내는 성경적인 태도로 두려움에 대처해야 한다. 두려움은 가벼운 불안감이나 극심한 공포심을 불러일으킬 수 있다.

공포심이 일어나면 몸에서는 아드레날린이 분비되고, 심장 박동이 빨라지며, 숨이 멎을 듯한 증세가 나타난다. 이른바 "공황 발작"은 실제 현실과는 상관이 없을 때가 많다. 한마디로 지나치게 과민 반응을 보인다는 말이다. 하지만 두려움이 경미하든 크든 하나님을 믿는 아내는 조금도 두려워할 필요가 없다.

아내는 흔히 남편이 죽거나 불구가 되어 가족을 부양할 능력을 잃어버릴까봐 걱정한다. 남편이 바람이 나 버림받을까봐 겁을 내는 아내도 있고, 아내나 어머니로서의 역할에 실패할까봐 두려워하는 아내도 있다. 또 지나치게 지배적인 태도로 분노를 드러내는 남편을 두려워하는 아내도 많다. 이 밖에도 남편이 영적 리더십이 없는 것을 두려워하는 아내도 있고, 돈 때문에 두려워하는 아내도 있다.

아무 근거 없는 두려움에 사로잡힌 그들은 '뭔가 끔찍한 일이 일어나고 말 거야' 라는 생각에서 벗어나지 못한다.

그들의 두려움에 이유가 있든 없든 하나님은 두려움에 맞설 수 있는 방법을 성경을 통해 제시하셨다. 다음에 두려움에 관한 성경의 원리 몇 가지를 소개했으니 주목하기 바란다.

두려움에 관한 성경의 원리

#원리 1 : 두려움은 하나님이 맡기신 책임을 이행하지 못하게 만든다.

> "한 달란트 받았던 자는 와서 이르되 주인이여 당신은 굳은 사람이라 심지 않은 데서 거두고 헤치지 않은 데서 모으는 줄을 내가 알았으므로 두려워하여 나가서 당신의 달란트를 땅에 감추어두었었나이다 보소서 당신의 것을 가지셨나이다 그 주인이 대답하여 이르되 악하고 게으른 종아 나는 심지 않은 데서 거두고 헤치지 않은 데서 모으는 줄로 네가 알았느냐"(마 25:24-26).

두려움은 그 근거가 무엇이든 상관없이 자신의 책임을 다하지 못하게 방해한다. 예를 들어 자동차를 타고 식료품을 사러 나갔다가 혹시나 사고를 당해 죽을지도 모른다고 두려워하는 아내는 하루 종일 방 안에 틀어박혀 시간을 보낼 수밖에 없다. 그녀는 하나님이 그날에 부여하신 책임을 이루기 어렵다.

또 어떤 아내는 남편이 직업을 잃거나 죽을 경우 자신과 자녀들이 겪게 될 일을 걱정하며 뜬눈으로 밤을 새운다. 한밤중에 그런 생각에 골몰하면 부정적인 생각이 더 크게 부각되기 마련이다. 그녀는 밤새 두려움에 짓눌린 탓에 아침이 되면 자신의 심정을 토로하며 남편에게 직장에 가지 말고 하루 종일 함께 있어달라고 애원하거나 아니면 넋 나간 사람처럼 온종일 아무 일도 못할 것이 틀림없다. 더욱이 하루 종일 걱정근심에 사로잡혀 지내다 보면 책임을 다하지 못했다는 생각 때문에 죄책감이 일어나고 두려움도 가일층 커질 것이다.

#원리 2 : 두려움은 다른 죄를 짓도록 유도한다.

> "그곳 사람들이 그의 아내에 대하여 물으매 그가 말하기를 그는 내 누이라 하였으니…그곳 백성이…자기를 죽일까 하여 그는 내 아내라 하기를 두려워함이었더라"(창 26:7).

두려움 때문에 지금까지 정당시해 온 거짓말들이 셀 수 없이 많다. 수많은 아내가 남편의 분노가 두려워 죄를 숨긴 채 살아가고 있다. 불안해하는 아내는 자녀들이나 남편에게 짜증을 내기 쉽다. 두려움은 마치 열려 있는 수문(水門)처럼 다른 죄를 불러들인다. 두려움에 사로잡혀 있으면 죄를 지을 가능성이 매우 높다.

#원리 3 : 두려움은 주 예수님과 그분의 말씀을 부인하게 만든다.

> "베드로가 바깥 뜰에 앉았더니 한 여종이 나아와 이르되 너도 갈릴리 사람 예수와 함께 있었도다 하거늘 베드로가 모든 사람 앞에서 부인하여 이르되 나는 네가 무슨 말을 하는지 알지 못하겠노라 하며"(마 26:69-70).
>
> "사울이 사무엘에게 이르되 내가 범죄하였나이다 내가 여호와의 명령

과 당신의 말씀을 어긴 것은 내가 백성을 두려워하여 그들의 말을 청종하였음이니이다"(삼상 15:24).

베드로가 주님을 부인한 것은 참으로 서글픈 일이다. 우리는 그의 두려움을 충분히 이해할 수 있다. 우리가 그의 입장이었더라면 역시 거짓말로 둘러댔을 것이 분명하다. 그는 공공연히 주님을 부인했지만 우리는 아무 말도 하지 않은 채 얼마든지 주님과 그분의 말씀을 부인할 수 있다.

하지만 두려운 상황에 처했다고 해서 꼭 죄를 짓게 되는 것은 아니다. 그런 상황에서 우리는 하나님과 그분의 말씀을 부인하는 대신 그분이 모든 상황을 주관하고 계신다는 사실을 기억할 수 있다. 하나님은 어떤 상황에서든 그분을 가장 잘 섬기며 영광을 돌릴 수 있도록 인도하신다. 어떤 시련도 능히 이겨낼 수 있는 은혜를 주신다. 이런 사실을 기쁘게 증언해 줄 순교자들이 허다하다.

#원리 4 : 두려움은 사람으로 인해 생겨난다.

"사람을 두려워하면 올무에 걸리게 되거니와 여호와를 의지하는 자는 안전하리라"(잠 29:25).

"그러므로 우리가 담대히 말하되 주는 나를 돕는 이시니 내가 무서워하지 아니하겠노라 사람이 내게 어찌하리요 하노라"(히 13:6).

"사라가 아브라함을 주라 칭하여 순종한 것같이 너희는 선을 행하고 아무 두려운 일에도 놀라지 아니하면 그의 딸이 된 것이니라"(벧전 3:6).

어렸을 때 부모님이나 내가 죽을지도 모른다는 생각에 잔뜩 겁에 질렸던 기억이 난다. 그런 생각이 떠오를 때마다 어찌나 두려운지 다시는 죽음에 관해 생각하지 않겠다고 마음먹었다. 그러자 마음이 한결 나아졌다. 하지만 죽음을 생각하지 않는다고 해서 언젠가 내게 닥칠 죽음의 현실이 사라지는 것은 아니었다. 사람들은 죽음이나 날씨, 또는 전쟁이나 사람 때문에 종종 두려움을 느끼곤 한다. 심지어 옳은 일을 하는 것조차 때로 두려움을 일으키는 원인이 된다. 사실 옳은 일을 하는 것은 상황에 따라 죽음이나 전쟁만큼 두려울 수 있다.

불행히도 두려움은 타락한 세상에서 살아가는 한 피할 수 없는 삶의 현실이다. 두려움에 대한 우리의 반응은 주 예수 그리스도와 어떤 관계를 맺고 있느냐에 따라 달라진다. 그리스도 안에는 두려움을 이길 수 있는 구체적인 방법이 존재한다.

두려움을 이기는 아홉 가지 방법

1. 사람을 기쁘게 하려고 하지 말라.

> "야고보에게서 온 어떤 이들이 이르기 전에 게바가 이방인과 함께 먹다가 그들이 오매 그가 할례자들을 두려워하여 떠나 물러가매"(갈 2:12).

베드로는 기독교로 개종한 유대인들이 나타나자 얼른 태도를 바꾸었다. 그는 사람을 기쁘게 하려고 노력했다. 그래서 두려워한 것이다. 사람을 기쁘게 하려는 사람은 하나님보다 사람들에게 인정받기를 원한다. 하지만 사람들에게 인정받기보다 강한 확신을 가지고 진리를 실천함으로 하나님께 인정받으려고 노력해야 한다. 그러면 성경의 가르침대로 행동하는 것을 두려워하지 않게 된다. 왜냐하면 사람들이 어떻게 생각하느냐보다 하나님이 어떻게 생각하시느냐가 더 중요하다고 믿기 때문이다.

2. 하나님의 말씀을 기억하라.

> "여호와여 주의 옛 규례들을 내가 기억하고 스스로 위로하였나이다…주는 나의 은신처요 방패시라 내가 주의 말씀을 바라나이다…환난과 우환이 내게 미쳤으나 주의 계명은 나의 즐거움이니이다…주의 법을 사랑하는 자에게는 큰 평안이 있으니 그들에게 장애물이 없으리이다"
> (시 119:52, 114, 143, 165).

성경의 약속은 참되고 신실하다. 그 약속을 자신의 상황에 적용하면 힘과 용기를 얻을 수 있다. 두려움을 이기기 위해 성경 말씀을 외우고 묵상하는 것보다 더 유익한 활동은 없다. 예를 들어 야곱은 에서와 그가 몰고 오는 400명의 사람들을 몹시 두려워했지만 하나님의 약속을 기억하며 "여호와여 주께서 전에 내게 명하시기를 네 고향, 네 족속에게로 돌아가라 내가 네게 은혜를 베풀리라 하셨나이다"(창 32:9)라고 기도했다. 야곱의 두려움은 사라졌고, 그는 평안한 마음으로 고향을 향해 계속 나아갔다. 우리도 야곱처럼 하나님의 말씀을 기억한다면 두려움이 가라앉거나 아예 자취를 감출 것이다.

3. 현명한 결정을 내려라.

> "내 아들아 완전한 지혜와 근신을 지키고 이것들이 네 눈앞에서 떠나지 말게 하라 그리하면 그것이 네 영혼의 생명이 되며 네 목에 장식이 되리니 네가 네 길을 평안히 행하겠고 네 발이 거치지 아니하겠으며 네가 누울 때에 두려워하지 아니하겠고 네가 누운즉 네 잠이 달리로다 너는 갑작스러운 두려움도 악인에게 닥치는 멸망도 두려워하지 말라 대저 여호와는 네가 의지할 이시니라 네 발을 지켜 걸리지 않게 하시리라"(잠 3:21-26).

지혜는 진리, 즉 하나님의 말씀을 삶의 상황에 맞게 적용하는 능력을 말한다. 현명한 사람은 어리석은 사람이나 냉소주의자에게 어떻게 대답해야 할지 알고 있을 뿐 아니라 성경을 바탕으로 한 결정을 내릴 수 있다. 그러면 삶이 훨씬 더 여유로워지고 아무 두려움 없이 단잠을 잘 수 있다. 또한 주님이 의지할 대상이 되어주실 것이다. 심지어 "악인에게 닥치는 멸망"과 같은 극한 상황도 두려워하지 않을 수 있다. 하지만 어리석은 사람은 스스로 불필요한 올무를 많이 만든다.

4. 하나님의 능력이 우리 안에서 역사한다는 사실을 기억하라.

> "하나님이 우리에게 주신 것은 두려워하는 마음이 아니요 오직 능력과 사랑과 절제하는 마음이니"(딤후 1:7).

하나님의 능력은 무한하다. 하나님은 능력으로 세상을 창조하시고 유지하신다. 그분은 죽은 사람을 살리시고, 신자들에게 능력을 주셔서 두려움에 굴복하지 않게 하신다.

'하나님이 나에게 능력을 주셔서 두려워하지 않게 하신다는데 왜 나는 이렇게 두려운 걸까?' 하고 궁금해할지 모르겠다. 하나님은 박해가 임박한 상황에서 디모데의 용기를 북돋아주셨다. 바울은 성령께서 두려워하는 마음이 아니라 능력을 주신다는 사실을 일깨워 그를 격려했다. 우리도 디모데처럼 상황 자체가 아니라 그 상황에 대한 생각 때문에 겁을 집어먹을 수 있다. 그런 경우 우리의 초점이 갈수록 내면을 향하게 되고 점점 두려움이 커지는 것이다. 우리는 '앞으로 내게 무슨 일이 닥칠까?'를 생각한다. 초점이 내면을 향하는 이유는 자기 중심적인 사고 때문이다. 자기 중심적인 사고에서 비롯한 두려움은 하나님과 무관하다. 그것은 죄의 결과다. 따라서 우리는 하나님의 능력이 우리 안에서 역사하고 있다는 사실을 기억해야 한다. 그런 생각을 하면 위로를 얻을 수 있고 두려움에 사로잡히지 않을 것이다.

5. 하나님을 경외하고 그분의 계명을 즐거워하라.

> "할렐루야, 여호와를 경외하며 그의 계명을 크게 즐거워하는 자는 복이 있도다"(시 112:1).

질병이나 죽음만 두려워하고 하나님과 그분의 계명을 두려워하지 않는 것은 참으로 어리석은 일이다. 예수님은 "몸은 죽여도 영혼은 능히 죽이지 못하는 자들을 두려워하지 말고 오직 몸과 영혼을 능히 지옥에 멸하실 수 있는 이를 두려워하라"(마 10:28)고 말씀하셨다. 내 경우에는 하나님의 반응이나 나중에 나타날 결과가 두려워서 하지 않거나 그만둔 일이 많다. 그런 두려움을 갖는 것은 지혜로운 태도다. 다시 말해 하나님을 경외하는 것이 "지식의 근본"(잠 1:7)임을 기억해야 한다. 하나님의 계명은 우리의 즐거움이 되어야 한다. 하나님의 계명들을 읽고 묵상하고 즐겁게 따르라. 하나님을 기쁘시게 하는 일을 즐거워하라. 그러면 하나님을 올바로 경외할 수 있을 것이다.

6. 하나님이 항상 함께하신다는 사실을 기억하라.

> "내가 사망의 음침한 골짜기로 다닐지라도 해를 두려워하지 않을 것은 주께서 나와 함께하심이라 주의 지팡이와 막대기가 나를 안위하시나이다"(시 23:4).

하나님이 항상 함께하신다는 사실을 기억하고 믿어라. 신자는 언젠가는 천국에 올라가 주 예수님과 영원히 함께 지낼 것이다. 지금까지도 그랬듯이 주님과 영원히 함께 지내는 미래는 즐겁고 기쁠 것이다. 이는 우리의 감정과는 아무 상관이 없는 명백한 사실이다.

얼마 전에 아내요 어머니로 살다가 갑자기 교통사고로 세상을 떠난 한 젊은 그리스도인 여성의 장례식에 참석했다. 예배당에는 사람들이 가득했다. 모두 눈물을 흘리며 슬퍼했지만 슬픔만이 전부는 아니었다. 그녀의 가족과 동료 신자들은 참 소망을 품었다. 우리는 그녀가 지금 어디 있는지 안다. 주님과 함께 있다. 그녀는 죽음이 임박했다는 사실을 알고서도 조금도 두려워하지 않았다. 우리는 하나님이 우리와 함께 사망의 음침한 골짜기를 다니시겠다고 약속하신 말씀을 기억해야 한다. 우리는 혼자가 아니다. 따라서 조금도 두려워할 필요가 없다.

7. 하나님이 말씀을 반드시 지키신다는 사실을 믿어라.

> "내가 하나님을 의지하고 그 말씀을 찬송하올지라 내가 하나님을 의지하였은즉 두려워하지 아니하리니 혈육을 가진 사람이 내게 어찌하리이까"(시 56:4).

누구를, 또는 무엇을 신뢰해야 우리의 안전을 보장받을 수 있을지 결정해야 한다. 우리 스스로를 지킬 수 있는 능력이나 힘은 무엇일까? 침대 옆 탁자 서랍에 숨겨둔 권총일까? 이중 에어백과 ABS 브레이크가 장착된 안전한 자동차일까? 하나님 외에 사람이나 사물을 전심으로 의지하는 것은 참으로 어리석기 짝이 없는 일이다. 우리가 하나님을 신뢰할 수 있는 이유는 그분이 모든 사람의 운명을 관장하시기 때문이다. 우리는 어떤 일이 일어나더라도 하나님이 무한히 강한 손으로 우리를 붙들고 계신다는 사실을 믿어야 한다.

그 사실을 어떻게 알 수 있을까? 성경에 기록된 하나님의 약속을 통해서 알 수 있다. 하나님은 말씀을 반드시 지키신다. 그분은 약속을 어기시는 법이 없다. 하나님은 말씀을 얼마나 확실하게 이행하실까? 주 예수 그리스도께서는 "천지는 없어질지언정 내 말은 없어지지 아니하리라"(마 24:35)고 말씀하셨다.

따라서 우리는 하나님이 말씀을 반드시 지키신다는 사실을 굳게 확신할 수 있다.

8. 두려울 때는 주님을 찾아라.

> "내가 여호와께 간구하매 내게 응답하시고 내 모든 두려움에서 나를 건지셨도다"(시 34:4).

하나님은 크든 작든 모든 두려움에서 우리를 기꺼이 건져주신다. 나는 치과에 갈 때마다 마음속으로 시편 34편 4절 말씀을 되뇌곤 한다. 두려울 때마다 이 말씀을 묵상하면 마음이 진정된다. 신경안정제나 알코올을 비롯해 다른 형태의 도피처를 찾지 말고 주님을 찾아라. 언제라도 주님께 기도할 수 있다. 그분은 "살아 있고 활력이"(히 4:12) 있는 말씀으로 응답해 주신다. 또한 어떤 시련이나 유혹도 능히 견딜 수 있는 힘은 물론 "피할 길"(고전 10:13)을 열어주신다.

9. 사랑으로 두려움을 극복하라.

> "사랑 안에 두려움이 없고 온전한 사랑이 두려움을 내쫓나니 두려움에는 형벌이 있음이라 두려워하는 자는 사랑 안에서 온전히 이루지 못하였느니라"(요일 4:18).

온전한 사랑은 완전하다. 온전한 사랑은 하나님과 다른 사람들을 사랑하는 것을 말한다. 하나님과 다른 사람들을 사랑하려고 노력하면 두려움이 사라질 것이다. 우리는 감정에 상관없이 하나님의 말씀을 따름으로써 그분을 사랑할 수 있고, 오래 참고 친절하며 자기의 유익을 구하지 않음으로써(고전 13:4 참조) 다른 사람들을 사랑할 수 있다. 두려움은 이기적인 속성을 지닌다. 우리 자신을 생각하면 두려움이 커진다. 사실 별일 없는데도 괜히 걱정하며 두려워할 때가 많다. 예를 들어 '뭔가 끔찍한 일이 일어날 것만 같아'라고 생각하는 아내는 아무것도 아닌 일에 겁을 먹고 두려워할 수 있다. 두려움을 극복하는 길은 사랑을 실천하는 것이다.

사랑은 줄 수 있는 기회를 찾지만 두려움은 자신에게 미칠 결과에 집중한다. 사랑은 악한 것을 생각하지 않지만(고전 13:5 참조) 두려움은 그것만을 생각한다. 사랑은 모든 것을 믿지만(고전 13:7 참조) 두려움은 항상 의심을 불러일으킨다.

> "사랑은 하루의 일과를 처리하는 데 바쁘기 때문에 내일을 걱정할 시간이 없다. 내일을 걱정하면 두려움이 생겨 오늘 해야 할 책임을 다할 수 없다. 사랑은 더 큰 사랑으로 발전한다. 책임을 다하면 평화와 기쁨과 만족감이 찾아오고, 일에 헌신하는 마음도 한층 더 강해지고, 사랑도 더욱 커진다. 하지만 두려움은 더 큰 두려움을 낳는다. 왜냐하면 책임을 다하지 못하고 무책임하게 행동하는 데서 비롯하는 결과까지 두려워해야 하기 때문이다. 하나님을 경외하고 그분의 말씀을 진지하게 받아들이는 사람은 그러한 경외심이 서로간의 사랑으로 발전한다는 사실을 발견한다. 따라서 두려움을 극복하는 데는 사랑이 최고다." [34]

병든 남편 등 이유 있는 걱정거리가 있을 때는 어떻게 해야 할까? 그런 사람들은 흔히 두 가지 태도를 보인다. 하나는 현재 상황에 초점을 맞춰 하나님이 부여하신 책임을 다하는 것이고, 또 하나는 미래에 초점을 맞춰 성급히 결론을 내리며 두려워하는 것이다.

미래에 초점을 맞추면 성경의 가르침대로 행동하기가 어렵다(마 6:34 참조). 하나님은 아직 일어나지도 않은 상황을 미리 앞당겨 걱정하는 사람에게 은혜를 베풀지 않으신다. 걱정했던 일이 일어나지 않는다면 그것은 공연한 공상에 불과하다. 하나님은 우리가 헛된 공상을 일삼지 않고 항상 현실 속에서 살아가기를 원하신다.

독감에 걸린 남편을 걱정하는 아내가 있다고 가정해 보자. 그녀가 보기에는 남편이 벌써 나았어야 하는데 웬일인지 얼른 회복되지 않는다. 그 순간 남편에게 다른 문제가 있을지도 모른다는 생각이 들기 시작한다. 급기야 아내는 남편이 죽을병에 걸렸다고 결론짓고 장례식을 치르고 땅에 묻을 계획까지 세운다. 그녀는 "참된 것"(빌 4:8 참조)을 생각하는 대신 극도로 적은 정보에 근거해 섣부른 결론으로 비약했다. 하나님은 일어나지 않을 일에 대해서는 그것을 극복할 은혜나 위로를 허락하지 않으신다. 그 대신 어리석은 생각을 고쳐먹고 두려움과 공포를 떨쳐버릴 수 있는 은혜를 허락하신다.

이번에는 그녀가 이유 있는 걱정거리를 안고 있다고 생각해 보자. 남편이 독감에서 빨리 회복되지 않자 그녀는 성급한 결론을 내리기보다 하나님이 오늘 하기를 원하시는 일에 초점을 맞춘다. 오늘 그녀는 남편을 위해 구체적으로 기도를 드리고, 의사에게 연락해 그를 병원에 데려갈 계획을 세운다. 오늘 그녀는 남편의 수종을 들며 그의 육체적인 필요를 보살핀다. 오늘 그녀는 기도 사슬로 연결된 교인들에게 상황을 알리고 기도를 부탁한다. 오늘 그녀는 남편이 내일 죽더라도 하나님이 자신을 보살피실 것이라고 굳게 믿는다. 하나님은 그런 그녀에게 오늘의 일에 집중할 수 있는 은혜를 허락하실 것이다. 이렇듯 아내는 하나님과 남편에 대한 사랑을 통해 그 어떤 두려움도 능히 극복할 수 있다.

하나님을 사랑하는 방법은 그분의 말씀에 순종하는 것이다. 하나님은 성경 말씀을 통해 우리가 생각해야 할 것과 행동해야 할 것을 구체적으로 지시하셨다. 예를 들어 빌립보서 4장은 걱정근심이 있을 때 우리가 따라야 할 사항을 자세히 알려준다.

> "아무것도 염려하지 말고 다만 모든 일에 기도와 간구로, 너희 구할 것을 감사함으로 하나님께 아뢰라 그리하면 모든 지각에 뛰어난 하나님의 평강이 그리스도 예수 안에서 너희 마음과 생각을 지키시리라 끝으로 형제들아 무엇에든지 참되며 무엇에든지 경건하며 무엇에든지 옳으며 무엇에든지 정결하며 무엇에든지 사랑받을 만하며 무엇에든지 칭찬받을 만하며 무슨 덕이 있든지 무슨 기림이 있든지 이것들을 생각하라 너희는 내게 배우고 받고 듣고 본 바를 행하라 그리하면 평강의 하나님이 너희와 함께 계시리라"(빌 4:6-9).

이 말씀에 기록된 가르침 가운데 몇 가지를 좀 더 자세히 살펴보면 다음과 같다.

- **감사함으로 기도와 간구를 드려라.**

간구는 겸손한 청원을 의미한다. 마음이 초조하거나 긴장될 때는 곧바로 기도로 하나님께 문제를 아뢰라. 기도에는 반드시 하나님께 대한 감사가 포함되어야 한다. 예를 들어 이렇게 기도하라. "주님, 남편의 열이 떨어지고 속히 회복되게 해주소서. 주님이 이 일을 통해 우리에게 새로운 깨달음을 허락하시고 주님이 우리에게 얼마나 필요한지 알게 해주시니 감사합니다. 주님이 어떤 결정을 내리시든 그것을 통해 가장 큰 영광을 거두실 줄 믿고 감사합니다."

- **성경에 일치하는 생각으로 바꾸라.**

빌립보서 4장 8절은 우리가 마땅히 생각해야 할 것을 가르친다. 이 가르침을 따르지 않으면 6절에 언급된 염려에 사로잡힐 가능성이 높다.

> "참된 생각은 타당하고 확실하고 정직하다. 참된 생각은 거짓된 생각과 정반대다. 경건한 생각은 존경받을 만한 고귀한 생각을 말하고, 옳은 생각은 하나님의 기준에 부합하는 곧고 의로운 생각을 말하며, 정결한 생각은 도덕적으로 순수한 생각을 말하고, 사랑받을 만한 생각은 유쾌하고 즐겁고 사랑스런 생각을 말하며, 칭찬받을 만한 생각은 가장 높은 기준에 부합하는 매혹적인 생각을 말한다."[35]

두려움을 이기는 성경적인 생각

- '이 일은 두려워(참된 생각). 하지만 나는 옳은 일을 하겠어(경건하고 옳은 생각). 남편이 어떻게 반응하든 하나님이 그것을 견뎌낼 은혜를 주실 거야(참되고 경건하고 사랑받을 만한 생각).'

- '초조한 마음이 드는 것은 어쩔 수 없어(자신을 부인하고 하나님을 영화롭게 하려는 태도). 하지만 남편에게 순종함으로써 하나님께 순종하고(옳은 생각) 그분을 사랑하겠어(옳고 경건한 생각).'
- '옳은 일을 하는 게 나의 책임이야. 하나님이 적절한 때에 은혜와 지혜를 주셔서 감당하게 하실 거야(칭찬받을 만하고 경건하고 옳은 생각).'
- '혼란스럽거나 무슨 말을 해야 할지 모를 때는 항상 남편에게 잠시 할 말을 생각한 뒤에 다시 와서 말하겠다고 하면 돼(옳고 경건한 생각).'
- '남편이 화를 낼까봐 두려워. 하지만 그러지 않을 수도 있어(참된 생각). 남편의 잘못을 깨우쳐주는 게 내가 할 일이야(옳은 생각). 내 일에 충실하면 하나님이 도와주실 거야(경건하고 칭찬받을 만한 생각).'
- '남편이 나를 다시 속상하게 할까봐 두려워. 하지만 그가 무슨 생각을 하고 있는지는 알 수 없어(참된 생각). 사랑은 최선을 믿는 거야(사랑받을 만한 생각). 내가 할 일은 남편에게 사랑을 보여주는 거야(옳은 생각).'

- **구체적인 상황에 적절한 행동을 취하라.**

바울은 "너희는 내게 배우고 받고 듣고 본 바를 행하라"(빌 4:9)는 말로 자신을 본보기로 내세웠다. 빌립보 신자들이 바울을 본받은 것에는 기도, 지혜로운 조언 구하기, 악을 선으로 갚기, 성경적으로 생각하기, 하나님께 감사하기, 하나님을 영화롭게 하는 것을 삶의 목적으로 삼기 등이 포함된다. 이는 현숙한 아내가 마땅히 본받아야 할 것들이다. 우리가 옳게 기도하고 생각하고 행동하면 "말로 다할 수 없이 영광스런 하나님의 평화가 신자의 마음과 생각의 문 앞에서 두려움과 의심이 들어오지 못하게 막아줄 것이다."[36]

"아무것도 염려하지 말고 다만 모든 일에 기도와 간구로, 너희 구할 것을 감사함으로 하나님께 아뢰라"(빌 4:6).

빌립보서 4장 6절 말씀으로 이 장을 마무리하고 싶다. 주저하지 말고 당장 기도를 시작하라. 자신의 생각을 점검해 빌립보서 4장 8절에 언급된 성경적인 생각과 일치하는지 확인하라. 주어진 상황에서 성경에 일치하는 것이면 무엇이든 실천하라. 자신이 해야 할 일을 끝까지 다하면 "모든 지각에 뛰어난 하나님의 평강"(빌 4:7)을 경험하는 한편 "평강의 하나님"(빌 4:9)이 함께하시는 축복을 누리게 될 것이다.

이 가르침을 지킨다면 온전한 사랑, 즉 하나님 사랑과 이웃 사랑으로 두려움을 극복할 수 있다. 작은 걱정거리로 염려하든 크나큰 위기를 당하든 하나님께 사랑으로 순종하면 그분이 평화를 내려주실 것이다. 하나님의 평화는 초자연적이기 때문에 우리의 상황에 의존하지 않는다. 남편 때문에 특별히 두려운 상황에 처해 있더라도 "아무 두려운 일에도 놀라지"(벧전 3:6) 않고 얼마든지 선을 행할 수 있다는 사실을 기억하라.

19장 | 현숙한 아내의 외로움 극복하기

남편과 함께 살면서도 외로움을 느끼는 아내들이 많다. 어쩌면 남편이 내성적이거나 매사에 무관심하거나 집에 거의 없는 상황일 수 있다. 내성적이고 자기 중심적인 남편을 둔 아내는 처량하고 슬픈 생각을 하지 않을 수 없다. 자기 연민에 빠진 아내는 남편과 친밀한 관계를 맺고 싶어하는 마음을 우상시할 수 있다. 원인이 무엇이든 외로움은 우리가 경험하는 가장 고통스런 감정 가운데 하나다.

성경에는 극심한 외로움에 사로잡혔던 사람들이 등장한다. 엘리야는 갈멜산에서 놀라운 경험을 했다. 하나님이 엘리야의 제단에 불을 내리셔서 사악한 바알 선지자들과의 정면 대결에서 승리를 거두게 하셨다. 엘리야와 백성들은 바알 선지자들을 모조리 처형했다. 하지만 이처럼 하나님의 놀라운 기적을 목격했던 엘리야는 악한 이세벨 여왕이 목숨을 위협하자 잔뜩 겁을 집어먹고 도망을 쳤다. 심신이 고갈된 채 동굴에 몸을 숨긴 엘리야는 너무나도 외로웠다. 그는 하나님의 능력과 보호를 바라는 대신 애처로운 넋두리를 늘어놓았다.

"내가 만군의 하나님 여호와께 열심이 유별하오니 이는 이스라엘 자손이 주의 언약을 버리고 주의 제단을 헐며 칼로 주의 선지자들을 죽였음이오며 오직 나만 남았거늘 그들이 내 생명을 찾아 빼앗으려 하나이다" (왕상 19:10).

예레미야는 인기 있는 선지자가 아니었다. 그는 하나님의 경고가 담긴 말씀을 전했지만 이스라엘 백성은 그의 말에 귀 기울이지 않았다. 그들은 그를 미치광이 취급하고 외면하고 조롱했다. 예레미야는 심한 감정의 고통에 시달렸다. 하나님의 버림을 받아 홀로 소외된 듯한 심정을 느꼈다. 아무런 소망도 없이 절망감에 짓눌렸다. 다음의 말씀을 읽으면서 그가 느꼈을 감정을 상상해 보라.

"나를 어둠 속에 살게 하시기를 죽은 지 오랜 자 같게 하셨도다 나를 둘러싸서 나가지 못하게 하시고 내 사슬을 무겁게 하셨으며 내가 부르짖어 도움을 구하나 내 기도를 물리치시며" (애 3:6-8).

예레미야는 외로웠다. 모두가 그를 반대했다. 아무도 믿어주지 않았다. 그는 심지어 하나님조차 자기를 버리셨다고 느꼈다. 하나님께 도와달라고 울부

짖었는데 박대를 당했다고 생각해 보라. 그보다 더 절망적인 것은 없다. 그런 경우에는 외로움이 극에 달할 것이 분명하다.

가장 처절하고 가슴 아픈 외로움은 예수님이 겟세마네 동산과 십자가에서 느끼셨던 외로움이다. 그분은 베드로와 야고보와 요한에게 깨어 함께 기도하자고 부탁하셨다. 하지만 예수님이 임박한 시련 앞에서 고뇌하며 기도하시는 동안 그들은 잠에 곯아떨어졌다. 가장 필요할 때 그분의 가장 친한 제자들은 잠을 잤다. 예수님은 제자들을 위해 그토록 많은 일을 해주셨는데 그들은 그 한 가지 부탁도 들어드리지 못했다(마 26:37-44 참조).

예수님은 십자가에서 가장 극심한 외로움을 견디셔야 했다. 그분은 성부 하나님과 영원히 온전하게 하나 되신 분이었지만 십자가에서 "나의 하나님, 나의 하나님 어찌하여 나를 버리셨나이까"(막 15:34)라고 울부짖으셨다. 세상 죄를 짊어지시는 동안 예수님이 느끼셨던 고뇌와 외로움은 가히 측량하기 어렵다.

바울도 주 예수님의 고난에 비할 수는 없지만 나름대로 심한 외로움을 느꼈을 것이 틀림없다. 그는 로마의 감옥에 갇힌 상태였다. 감옥은 춥고 습하고 어두웠다. 바울은 사랑하는 디모데에게 편지를 띄워 가능한 한 속히 와줄 것을 요청했다(딤후 4:9 참조). 아울러 디모데에게 자기를 버리고 해를 끼쳤던 사람들을 주의하라고 당부했다. 데마는 바울을 버렸고, 구리 세공업자 알렉산더는 그에게 해를 많이 입혔다(딤후 4:14 참조). 재판정에서 예비 심문을 받을 때 바울을 지지하는 사람은 아무도 없었다. 엘리야는 숨어 있던 동굴에서 다시 나갈 수 있었지만 바울은 거의 순교할 지경에 이를 때까지 감옥에 갇혀 지냈다. 그는 "전제와 같이 내가 벌써 부어지고 나의 떠날 시각이 가까웠도다"(딤후 4:6)라고 말하며 마지막 때가 임박했음을 의식했다.

믿고 사랑하며 생명을 바쳐 헌신했던 사람들에게 버림을 받는다면 무척이나 외로울 것이다. 바울은 버림을 받았고 감옥에서 추위에 떨어야 했다. 그는 디모데에게 겨울이 되기 전에 외투를 갖다달라고 부탁했다. 바울은 열악한 감옥에서 홀로 외로이 죽음을 기다려야 했다.

엘리야와 예레미야, 또는 예수님과 바울처럼 우리도 극심한 외로움을 느낄 수 있다. 꼭 혼자 있어야만 외로움을 느끼는 것은 아니다. 결혼해서 남편과 함께 살면서도 얼마든지 외로울 수 있다. 사실 결혼이라는 족쇄 때문에 꼼짝없이 내성적이고 차가운 남자와 함께 살아야 한다고 생각하면 아내가 느끼는 외로움은 더욱더 커질 수밖에 없다.

엘리야와 예레미야는 외로움에 사로잡혔다. 하지만 예수님과 바울은 그렇지 않았다. 엘리야와 예레미야는 자기 연민에 빠졌지만 예수님과 바울은 하나님 안에서 피난처를 찾았기 때문이다. 우리는 외로움을 느낄 때 과연 어느 편을 더 많이 닮았을까? 엘리야와 예레미야 편일까? 아니면 예수님과 바울 편일까? 엘리야와 예레미야 같은 태도를 취한다면 죄를 짓는 것이다. 외로움은 죄의 결과일 수 있다. 외로움의 그릇된 원인과 성경의 치유책을 제시하면 다음과 같다.

외로움의 그릇된 원인	성경의 치유책
· 남편을 멀리하며 냉담한 태도를 취한다. 오직 하나님만이 가능하신 일을 남편에게 기대하는지도 모른다. 자신이 지은 죄 때문에 죄책감을 느낄 수도 있고, 남편이나 하나님께 불만을 품고 있을 수도 있다.	· 죄를 뉘우쳐라. 기도와 말씀 묵상을 통해 하나님 안에서 피난처를 찾아라. 마음이 내키든 내키지 않든 남편에게 사랑을 보여라. 마음을 활짝 열고 덕을 세우는 말로 남편과 솔직한

	대화를 나눠라. "하나님을 가까이하라 그리하면 너희를 가까이하시리라 죄인들아 손을 깨끗이 하라 두 마음을 품은 자들아 마음을 성결하게 하라"(약 4:8).
· 자기 중심적이고 교만하고 허영심이 많고 오로지 자신만 생각한다. 그로 인해 남편과 다른 사람들이 그녀를 피한다.	· 자기 중심적인 태도를 회개하라. 하나님과 다른 사람들을 사랑하라. "아무 일에든지 다툼이나 허영으로 하지 말고 오직 겸손한 마음으로 각각 자기보다 남을 낫게 여기고 각각 자기 일을 돌볼뿐더러 또한 각각 다른 사람들의 일을 돌보아"(빌 2:3-4).
· 남편이 자신의 생각이나 참 모습을 알면 어떻게 생각할지 몰라 두려워한다.	· 두려움에 대한 치유책은 사랑이다. 사랑으로 진실을 말함으로써 하나님과 남편에게 사랑을 보여주라. "오직 사랑 안에서 참된 것을 하여 범사에 그에게까지 자랄지라 그는 머리니 곧 그리스도라"(엡 4:15).
· 남편이 이기적으로 자기만 생각하고 속마음을 내비치지 않는다.	· 대화를 통해 남편의 생각과 소원을 함께 나눔으로써 그를 축복하려고 노력하라. "악을 악으로, 욕을 욕으로 갚지 말고 도리어 복을 빌라"(벧전 3:9).
· 자신의 뜻을 기어이 이루기 위해 분노나 위협으로 남편을 압박한다. 그 때문에 남편은 아내에게 마음을 터놓기를 주저한다.	· 남편이 마음을 터놓고 대화하지 않더라도 친절하고 온유하게 대하라. 남편이 마음을 여는 데 도움이 될 만한 일을 하라. "사람이 성내는 것이 하나님의 의를 이루지 못함이라"(약 1:20).

죄는 종종 외로움으로 귀결된다. 앞의 표에서와 같이 죄를 지으면 남편이 아내를 멀리하게 되고 아내는 그로 인해 외로워질 수밖에 없다.

외로움의 또 다른 원인은 친밀한 관계를 우상시하는 태도다. 아내가 남편과 친밀해지고 싶어하는 것은 결코 죄가 아니다. 하지만 그러한 열망을 이룰 수 없다는 이유로 죄를 짓는다면 그것은 큰 잘못이다. 그런 태도는 우상숭배와 다름없다. 그때는 남편이 아내의 마음을 아무리 열려고 노력해도 아내가 실망하며 움츠러들 가능성이 높다. 그러면 그는 더 이상 시도하지 않게 될 것이고 친밀한 관계를 원하는 아내의 갈망이 우상화될 가능성은 훨씬 더 높아진다.

친밀한 관계가 우상화되는 이유	친밀해지는 성경의 방법
• 남편이 친밀해지고자 하는 자신의 바람을 충족시켜주기를 간절히 열망한다.	• 예수님과 친밀한 관계를 맺기 원하라. 남편이 마음을 열지 않더라도 하나님과 깊은 기도의 교제를 나누라. "하나님이여 사슴이 시냇물을 찾기에 갈급함같이 내 영혼이 주를 찾기에 갈급하니이다 내 영혼이 하나님 곧 살아 계시는 하나님을 갈망하나니"(시 42:1-2).
• 상상 속에서 다른 남자와 친밀한 대화를 나눈다.	• 그릇된 상상을 일삼지 말고 의롭고 순결한 생각을 하라. "끝으로 형제들아 무엇에든지 참되며 무엇에든지 경건하며 무엇에든지 옳으며 무엇에든지 정결하며 무엇에든지 사랑받을 만하며 무엇에든지 칭찬받을 만하며 무슨 덕이 있

	든지 무슨 기림이 있든지 이것들을 생각하라"(빌 4:8).
• 자신의 기대를 채워주지 못한다는 이유로 남편에게 불손한 태도를 취한다.	• 남편이 관심을 기울이든 기울이지 않든 항상 그에게 감사하라. "범사에 감사하라 이것이 그리스도 예수 안에서 너희를 향하신 하나님의 뜻이니라"(살전 5:18).
• 남편과의 관계가 친밀하지 못하다는 이유로 매우 슬퍼한다.	• 남편과 친밀해지든 친밀해지지 않든 주 예수 그리스도를 예배하고 섬기라. "기쁨으로 여호와를 섬기며 노래하면서 그의 앞에 나아갈지어다"(시 100:2).
• 남편에게 심한 분노를 느낀다.	• 받은 상처를 곱씹어 생각하지 말고 남편에게 선을 행하라. 그러면 마음의 상처로부터 벗어나 화를 내지 않게 되고 남편과 올바른 방법으로 친밀한 관계를 맺을 수 있을 것이다. "사랑은…무례히 행하지 아니하며 자기의 유익을 구하지 아니하며 성내지 아니하며 악한 것을 생각하지 아니하며"(고전 13:4-5).

외로움은 자기 연민의 감정에 의해 더욱 악화된다. 상황과 상관없이 스스로를 애처롭게 생각하면 더욱 외로워질 수밖에 없다. 자기 연민은 우울증으로 빠르게 발전한다. 자기 연민이 실제 상황과 항상 관련 있는 것은 아니다. 예를 들어 남편은 아내를 사랑하며 기쁘게 해주려고 열심히 노력하지만 아내가 이기적이라서 감사할 줄도, 만족할 줄도 모른다면 그녀는 결국 자기 연민

의 늪에서 허우적거릴 수밖에 없다.

심리가 불안한 내담자들 가운데는 자기 연민에 사로잡힌 사람들이 많다. 그들은 삶이 자신이 원하는 방향으로 흘러가지 않는다고 생각한다. 따라서 하나님이 허락하신 것에 감사하지도, 만족하지도 못한다. 그들이 처한 상황과 그들이 느끼는 고통스런 감정이 서로 무관한 경우가 허다하다. 그들은 우회적으로라도 하나님을 원망하는 경향이 있다. 예를 들어 어떤 아내들은 "아무리 기도해도 하나님이 남편을 변화시켜주시지 않아요"라고 말한다. (이 말에는 하나님이 공평하시지도, 선하시지도 않다는 의미가 담겨 있다.)

자기 연민으로 치닫는 이기적인 성향을 극복하려면 하나님과 남편에게 감사하는 마음을 가지려고 노력하고 현재 상황에 만족하는 법을 배워야 한다. 외롭고 비참한 심정이 느껴지더라도 하나님께 "감사합니다"라고 말하면 범사에 감사하는(살전 5:18 참조) 능력을 기를 수 있다. 의지력을 발휘해 어려운 상황에 당당히 맞서라. 하나님이 그 상황에서 얼마든지 우리를 구원하실 수 있다는 사실을 잊지 말라.

만일 그분이 구원을 베풀지 않으신다면 그 안에 뭔가 하나님의 목적이 있다고 생각하라. 하나님은 우리의 성품이 주 예수 그리스도를 좀 더 닮아가기를 원하신다(롬 8:28-29 참조). 우리에게 하나님이 얼마나 절실하게 필요한지를 깨우쳐주시기 위해서일 수도 있고, 또 그분을 영화롭게 하는 특별한 기회를 주시기 위해서일 수도 있다. 하나님은 우리가 감히 헤아릴 수 없는 깊은 목적을 지니고 계신다. 어떤 경우가 되었든 하나님은 선하시다. 우리는 하나님이 우리에게 선을 베푸실 것이라는 사실을 확신해야 한다. 사실 우리는 죽어 마땅한 죄인이다(롬 3:23 참조). 이 점을 생각한다면 좀 더 올바른 관점을 지닐 수 있을 것이다.

하나님은 우리가 우리의 감정을 극복하기를 원하신다. 자기 연민에 사로잡히기보다 하나님께 감사하고 그분의 선하심을 기억하라. 남편이 죄를 지은 탓에 고통을 당하더라도 "선을 행함으로 고난받는 것이 하나님의 뜻일진대 악을 행함으로 고난받는 것보다 나으니라"(벧전 3:17)는 베드로의 권고에 따라 행하라. 하나님의 주권과 선하심을 온전히 믿으며 감사하는 마음을 기르라.

또한 우리는 하나님을 경외하는 태도를 길러야 한다. 하나님이 우리를 섬기기 위해 계시는 것이 아니라 우리가 하나님을 섬기기 위해 있다. 피조물의 자세를 취하고 겸손히 하나님 앞에 머리를 조아려라. 피조물의 주된 목적은 하나님을 영화롭게 하는 것이다. 하나님을 섬기는 자세로 남편과 가족들에게 헌신하라. 하나님을 공경하라. 하나님을 지극히 높고 거룩하신 분으로 알고 섬겨라. 하나님을 극진히 섬길수록 외로움을 덜 느끼게 될 것이다.

홀로 있는 시간을 하나님이 허락하신 은혜의 시간으로 생각하라. 사실 우리는 결코 혼자가 아니다. 하나님이 항상 우리와 함께하신다. 성경은 "내가 결코 너희를 버리지 아니하고 너희를 떠나지 아니하리라"(히 13:5)고 말씀한다. 하루를 사는 동안 종종 마음속으로나 입술로 하나님과 대화를 나눠라. 외로움이 심해질 때는 더욱더 하나님의 말씀에 귀를 기울여라. 성경을 읽을 때나 찬양을 부를 때, 또는 말씀을 묵상할 때나 성경 구절을 암송할 때 하나님은 거룩한 성경을 통해 우리에게 말씀하신다.

다윗 왕처럼 하나님을 갈망하라.

"내가 옛날을 기억하고 주의 모든 행하신 것을 읊조리며 주의 손이 행하는 일을 생각하고 주를 향하여 손을 펴고 내 영혼이 마른 땅같이 주를 사모하나이다"(시 143:5-6).

우리가 바랄 수 있는 것 가운데 하나님과의 친밀한 관계보다 더 좋은 것은 없다. 은도 아니고 금도 아니며, 명예도 아니고 행운도 아니다. 심지어는 아내와 허심탄회한 관계를 맺는 남편도 아니다. 외로움이 느껴지는 것은 곧 하나님이 필요하다는 신호다. 감사함으로 하나님께 순종하며 그분께 가까이 나아가라. 하나님과의 친밀한 사귐을 갈망하라. 하나님을 직접 체험하라. 시편 저자의 태도를 본받아라.

"하늘에서는 주 외에 누가 내게 있으리요 땅에서는 주 밖에 내가 사모할 이 없나이다 내 육체와 마음은 쇠약하나 하나님은 내 마음의 반석이시요 영원한 분깃이시라 무릇 주를 멀리하는 자는 망하리니 음녀같이 주를 떠난 자를 주께서 다 멸하셨나이다 하나님께 가까이함이 내게 복이라 내가 주 여호와를 나의 피난처로 삼아 주의 모든 행적을 전파하리이다"(시 73:25-28).

우리는 기도와 성경 묵상을 통해 하나님과 더욱 친밀한 사귐을 가질 수 있다. 성경은 "기다리는 자들에게나 구하는 영혼들에게 여호와는 선하시도다"(애 3:25)라고 말씀한다.

남편과의 사이가 멀든 가깝든 우리는 하나님이 원하시는 현숙한 아내가 될 수 있다. 비록 남편이 하나님 앞에서 완전한 실패작이더라도 아내까지 그럴 필요는 없다. 예수님과 바울 같은 태도를 취하거나, 엘리야와 예레미야 같은 태도를 취하거나 둘 중에 하나다. 예수님은 "그 앞에 있는 기쁨을 위하여 십자가를"(히 12:2) 참으셨다. 하지만 엘리야는 엄청난 기적을 목격한 뒤에도 기쁨이 없었다. 바울은 "자족하기를"(빌 4:11) 배웠지만 예레미야는 한때 아무 평화가 없었다. 그는 한동안 행복이라는 것을 까맣게 잊고 지냈다.

그리스도와 친밀한 사귐을 갖고, 감사와 만족을 느끼며 살기 위해 열심히 노력하라. 어떤 상황에서든지 하나님께 감사하라. 또 그분이 그런 상황을 통해 무엇을 가르치고자 하시며, 어떻게 우리를 도구로 사용하셔서 영광을 얻고자 하시는지 생각하라. 하나님을 가까이하라. 시편 저자의 태도를 본받아라.

"나는 여호와로 말미암아 즐거워하리로다"(시 104:34).

20장 | 현숙한 아내의 슬픔 극복하기

　최근에 카렌이라는 새신자와 상담을 나누었다. 그녀의 남편은 다른 여자와 살기 위해 그녀를 버릴 생각이었다. 설상가상으로 그녀의 십대 딸은 성적으로 자유분방했고 공공연히 반항기를 드러냈다. 카렌은 남편과 딸이 잘못을 뉘우치고 주님을 영접하기를 간절히 바랐다. 최선을 다했지만 그녀의 세계는 산산이 부서져 내렸다. 그녀는 사연을 털어놓으며 몹시 고통스러워했으며 깊이 상심했다.

　죄는 다른 사람을 아프게 한다. 카렌의 경우에는 남편과 딸의 죄가 그녀에게 상처를 입혔다. 도무지 감당하지 못할 정도로 깊은 상처였다. 눈앞의 현실을 지켜보는 카렌은 너무나도 고통스러웠다. 그녀는 모든 희망을 하나님께 두었다. 그렇지 않았다면 상황을 더 이상 견뎌내지 못했을 것이다.

　안타깝게도 내담자들 가운데는 남편의 죄 때문에 삶이 황폐해진 아내들이 너무나도 많다. 하지만 감사하게도 그들과 가까이하시고 도우시고 위로하시고 시련을 축복으로 바꾸어주시는 하나님이 계신다. 그분은 남편의 죄가 극도로 심각한 상황에서도 그들과 함께 상황을 극복해 나가신다.

남편은 자녀 학대를 비롯해 온갖 범죄 행위, 폭력, 마약 중독, 외도, 간음, 포르노그래피 중독, 잔인한 행위, 술 취함, 동성애와 같은 심각한 죄를 저지를 수 있다. 이러한 죄 가운데 하나만으로도 아내는 희망을 잃고 절망하며 마음에 심한 상처를 입기에 충분하다.

예수님의 제자들도 감정의 고통을 경험했다. 예수님은 그들에게 자신의 죽음을 알리셨다. 그러자 제자들은 넋이 나간 채 깊은 슬픔에 빠졌다. 예수님은 "너희 마음에 근심이 가득하였도다"(요 16:6)라고 말씀하셨다. 요한복음 16장은 제자들이 슬픔에 짓눌린 이유를 자세히 설명하지 않는다. 어쩌면 그들이 주어진 상황을 그릇된 태도로 받아들였기 때문일지도 모른다. 그들이 경건한 슬픔을 느꼈다면 마음에 근심이 가득했을 리가 만무하다. 그랬다면 결코 슬픈 감정에 짓눌리지 않았을 것이다.

하나님은 우리의 마음에 여러 가지 능력을 허락하셨다. 예를 들어 구원받지 못했을 때는 하나님과 사람들을 사랑하지 못했지만 구원받은 후에는 그렇게 할 수 있는 능력이 우리에게 주어졌다. 또한 우리는 세상이 알지 못하는 기쁨을 누린다. 더욱이 하나님은 우리에게 그분의 평화를 허락하셨다. 마음을 나타낸 다음의 그림은 평화, 기쁨, 사랑, 슬픔을 느끼는 감정의 능력을 묘사한다.[37]

```
        기쁨            평화
      ------          ------
     책임 이행          사역

       "하나님과 이웃 사랑"

            ------
             슬픔
```

경건한 슬픔은 통제가 가능하다. 그런 슬픔은 우리를 짓누르지 않는다. 경건한 슬픔은 우리의 마음속에서 하나님의 기쁨, 하나님의 평화, 하나님과 이웃 사랑과 나란히 공존한다. 주 예수님은 경건한 슬픔을 경험하셨다. 잘 알다시피 그분은 예루살렘을 바라보시면서, 또한 나사로가 죽었을 때 눈물을 흘리셨다. 아울러 예수님은 십자가에서 가장 큰 슬픔을 느끼셨다.

> "그는 실로 우리의 질고를 지고 우리의 슬픔을 당하였거늘 우리는 생각하기를 그는 징벌을 받아 하나님께 맞으며 고난을 당한다 하였노라"(사 53:4).

그럼에도 불구하고 예수님은 결코 죄를 짓지 않으셨다. 슬픔에 짓눌려 죄를 짓는 이유는 성경에 어긋나는 생각이나 행동을 하기 때문이다. 하나님은 결코 죄를 옳게 여기지 않으신다. 예를 들어 카렌의 남편은 죄를 지었다. 만약 그녀가 올바른 동기와 생각을 가지고 경건하게 반응한다면 비록 슬플지라도 그 슬픔에 짓눌리지 않을 수 있다. 하지만 이기적인 동기와 생각을 가지고 죄를 짓는다면 슬픔에 압도되어 아무것도 하지 못할 것이다. 슬픔에 대한 그릇된 생각과 경건한 생각을 비교해 보면 다음과 같다.

그릇된 생각	경건한 생각
• '내가 그동안 얼마나 헌신했는데 내게 이럴 수가 있어?'	• '남편은 죄를 짓고 있어. 하나님은 그런 그를 내가 어떻게 대하기를 원하실까?' (벧전 3:8 이하 참조).
• '이것은 내가 감당할 수 있는 한계를 넘어서는 일이야.'	• '내가 감당할 수 있는 한계를 넘어서는 것처럼 보이지만 하나님이 극복할 수 있는 힘을 주실 거야 (고전 10:13 참조).
• '이 압박감을 더 이상 감당할 수가 없어.'	• '하나님이 필요하다고 생각하실 때까지 이 어려움을 충분히 견딜 수 있을 거야 (고전 10:36 참조).
• '남편에게 그대로 앙갚음해 주겠어.'	• '선으로 악을 이기는 방법을 생각해야겠어' (롬 12:21 참조).
• '남편을 증오해.'	• '하나님은 남편의 죄를 미워하셔. 때가 되면 그의 죄를 벌하실 거야. 내가 할 일은 마음이 내키든 내키지 않든 용서를 베푸는 거야 (눅 6:27 참조).
• '남편이 내게 한 소행을 도무지 믿을 수 없어. 그는 나에게 이런 일을 했고, 그다음에 이런 일을 했어.'	• '누구라도 무서운 죄를 지을 수 있어' (렘 17:9 참조). • '남편은 하나님께 죄를 짓고 있어. 그의 죄에 내 죄까지 더할 필요는 없어' (고전 13:5 참조).
• '남편은 나에게 다시는 상처를 주지 않을 거야.'	• '그는 나에게 다시 상처를 줄 수 있어. 그런 일이 없기를 바라지만 그렇더라도 나

	는 하나님을 영화롭게 할 거야' (고전 10:31 참조).
• '너무 비참해. 다른 사람들이 나를 어떻게 생각할까?'	• '나와 남편을 험담하거나 비난하지 않고 그리스도인다운 태도로 이 일을 바라보는 것은 다른 사람들의 몫이야(약 4:11 참조). 그들이 험담을 하고, 또 내가 그 사실을 알게 된다면 하나님이 그 상황을 극복할 수 있는 은혜를 주실 거야.'
• '하나님이 어떻게 내게 이런 일이 일어나게 하실 수 있지?'	• '선하신 하나님은 남편이 회개하기를 원하셔. 내게 하나님이 얼마나 필요한지 일깨워 주신 그분께 감사해야지' (살전 5:18 참조).

그릇된 생각은 그릇된 행동을 낳는다. 다음에 그릇된 행동과 경건한 행동을 비교했으니 참고하기 바란다.

그릇된 행동	경건한 행동
• 남편의 죄를 다른 사람들에게 자세히 퍼뜨린다.	• 성경적으로 행동하는 데 도움이 될 만한 사람들에게만, 올바른 동기로, 꼭 필요한 정보만을 발설한다.
• 남편의 동기를 판단한다.	• 남편의 동기를 최대한 좋게 받아들인다.
• 남편의 죄를 과장한다.	• 남편의 죄를 있는 그대로 바라본다.
• 남편에게 잘못을 뉘우치거나 신뢰를 다시 회복할 수 있는 기회를 주지 않는다.	• 감정을 억제하고 화해를 시도하며 용서를 베푼다. 남편이 신뢰를 회복할 수 있는 시간을 준다.
• 당혹감에 교회에 나가지 않는다.	• 교회에 계속 나가 주어진 책임을 다한다.

· 분노를 터뜨린다.	· 분노가 하나님의 목적을 이루지 못한다는 사실을 깨닫고 성경적으로 반응할 수 있는 방법을 찾으려고 노력한다.
· 다른 남자에게서 위로를 찾는다.	· 하나님과 그분의 말씀을 비롯해 경건한 교인 한두 사람에게서 위로를 찾는다.
· 오직 성숙한 성인만이 감당할 수 있는 은밀한 이야기를 자녀들에게 털어놓으며 고통스러운 마음을 호소한다.	· 자녀들에게 적절한 정보만을 전하고 아버지가 잘못을 뉘우치지 않아도 하나님이 돌봐주실 테니 아무 문제가 없을 것이라는 희망을 심어준다.
· 남편을 죽이고 싶은 심정을 느낀다.	· 복수는 하나님의 몫이라는 사실을 깨닫고 남편이 회개하기를 기도한다.
· 남편이 죽기를 바란다.	· 복수를 바라기보다 경건한 태도로 선으로 악을 갚고 남편의 회개를 위해 기도함으로써 잘못을 뉘우치도록 그의 양심을 압박한다.
· 자살을 시도한다.	· 마음이 내키든 내키지 않든 주어진 책임을 다한다.

아내가 그릇된 반응을 보이면 마음에 슬픔이 가득 들어차 하나님이 주신 평화와 기쁨과 사랑을 밀어낸다.[38]

극심한 슬픔에 짓눌려 죄 짓는 것을 막을 수 있는 방법은 그릇된 동기와 생각과 행동을 뉘우치고 하나님과 다른 사람을 사랑하려고 노력하는 것이다. 그러다 보면 사랑할 수 있는 능력이 더 커지고 슬픔이 통제 가능한 수준까지 줄어들 것이다.[39]

하나님의 말씀을 따를 때 아내의 마음에는 의로운 사랑이 자라난다. 결혼 생활이 난관에 부딪친 상황에서는 남편의 죄가 갈수록 심각해지고 아내의 반응 역시 갈수록 그릇된 방향으로 기우는 것이 보통이다. 하지만 악은 악이 아니라 선으로 갚아야 한다. 로마서 12장 17절은 "악을 악으로 갚지 말고 모든 사람 앞에서 선한 일을 도모하라"고 명령한다.

그렇다면 아내가 의로운 태도로 반응하는데도 남편이 여전히 긍정적인 반응을 보이지 않을 때는 어떻게 해야 할까? 아내가 하나님이 피할 길을 주실 때까지 계속 옳은 일을 행한다면 "할 수 있거든 너희로서는 모든 사람과 더불어 화목하라"는 로마서 12장 18절의 권고를 충실히 이행하는 셈이 될 것이다. 그녀는 하나님과 남편에게 사랑을 보여줌으로써 성경적인 사랑을 실천하는 능력을 갖추게 될 것이다.

바울은 복수가 우리의 몫이 아니라 하나님의 특권이라는 사실을 이렇게 강조했다.

> "내 사랑하는 자들아 너희가 친히 원수를 갚지 말고 하나님의 진노하심에 맡기라 기록되었으되 원수 갚는 것이 내게 있으니 내가 갚으리라고 주께서 말씀하시니라"(롬 12:19).

하나님은 성경적인 수단들을 사용하셔서 남편의 죄를 징벌하시고 아내를 보호하실 것이다. 때로 경찰이나 법원과 같은 법률적 제도를 이용하실 수도 있다(롬 13:1-3 참조). 주권적인 섭리를 통해 남편을 세상에서 거두어가실 수도 있고, 결혼의 속박에서 자유롭게 해주실 수도 있으며, 복수의 때를 영원한 심판이 있을 때까지 미루실 수도 있다. 아내는 하나님이 어떤 보호법을 제공하시든지 그에 순종해야 한다. 악으로 갚지 않고 하나님이 요구하시는 때까지 갈등의 시련을 참아낸다면 그분이 남편으로 하여금 죄를 뉘우치도록 그의 양심을 압박하실 것이다.

> "네 원수가 주리거든 먹이고 목마르거든 마시게 하라 그리함으로 네가 숯불을 그 머리에 쌓아놓으리라"(롬 12:20).

바울은 다음과 같은 명령으로 자신의 권고를 마무리했다.

> "악에게 지지 말고 선으로 악을 이기라"(롬 12:21).

이는 남편의 죄에 짓눌리지 말고 주 예수 그리스도의 능력으로 행하는 선을 통해 그의 악을 극복할 때까지 힘껏 싸우라는 뜻이다. 남편이 굴복하거나 (즉 회개하거나) 하나님이 갈등의 시련을 없애주실 때까지 부지런히 선으로 악에 맞서야 한다. 선으로 악을 이기는 방법에는 기도, 사랑으로 진실 말하기, 남편 축복하기, 친절한 일 행하기, 자신의 눈 속에서 들보 빼기(마 7:5 참조), 순종하기, 공손한 태도로 사랑하기 등이 포함된다. (선으로 악을 이기는 방법에 관해 좀 더 자세히 알고 싶으면 제이 애덤스의 『악을 극복하는 법How To Overcome Evil』을 참조하라.)

남편이 불륜을 저질렀을 때는 누가복음 17장 3절 이하의 말씀을 따라 잘못을 뉘우치면 용서하겠다고 생각하고 사랑으로 책망하라. 남편이 불신자라면 예수 그리스도의 복음을 권하라. 그가 화를 내면서 그리스도를 이미 알고 있다고 말하거든 친절하고 덕을 세우는 말을 해야 할 책임이 있다는 점을 일깨워주라. 물론 이는 매우 어려운 일이다. 하지만 얼마의 시간이 걸리든 계속 선으로 악에 맞서나가라. 경건한 아내의 무기는 남편의 무기보다 훨씬 더 강력하고 효과적이다. 성경은 남편의 악에 굴복하지 말라고 명령한다. 하나님의 선으로 악을 물리쳐야 한다. 그러면 슬픔이 줄어들 것이다. 비록 남편의 죄 때문에 슬프더라도 슬픔이 마음에 가득 차는 일은 없을 것이다.

상황이 특별히 어려운 경우에는 하나님 안에서 위로와 희망을 찾아라. 그분은 기꺼이 피난처와 힘이 되어주실 것이다. 하나님이 성경을 통해 하시는 말씀에 귀를 기울여라. 시편을 많이 읽고 묵상하라. 그러면 시편 저자들도 우리와 같이 힘들었다는 사실을 알게 될 것이다. 그들이 하나님을 어떻게 생각했는지 살펴보고 그들이 경험했던 위로와 희망을 느껴보라.

필요한 때에 하나님 앞에 담대히 나아가 "돕는 은혜"(히 4:16)를 구하라. 겸손히 하나님을 바라고, 그분의 뜻을 행하기 원하며, 필요한 도움을 구한다면 그분이 값없이 은혜를 베풀어주실 것이다. 하루나 일주일간 할 수 있는 대로 자주 하나님 앞에 나아가라. 그분은 항상 필요한 도움과 은혜를 베풀어주실 것이다.

내게도 매우 고통스러운 순간이 있었다. 그 사건은 남편과 아무 상관이 없었지만 내가 느낀 슬픔은 참으로 엄청났다. 고통스러울 때는 쉽게 죄를 지을 수 있기 때문에 나는 결사적으로 하나님의 도우심과 능력을 구했다. 하나님의 품에 안겨 안전하고 평안한 마음을 얻고 싶은 마음이 간절했다. 나는 하나님 앞에 나아가 내 사정을 아뢰었고 몇 번이고 하나님의 선하심을 떠올렸다. 그리고 "주님은 참으로 선하십니다. 주님은 모든 일을 옳게 주관하십니다"라고 기도했다.

그런 다음 주어진 상황에 대해 감사를 드렸다. 마음은 계속 아팠지만 나는 하나님께 구체적으로 감사하는 법을 터득했다. 예를 들어 이렇게 기도했다.

"이 상황에 대해 하나님께 감사합니다. 주님이 모든 것을 주관하시니 또한 감사합니다. 이 일이 저에게 필요하지 않았다면 허락하지 않으셨을 것입니다. 주님을 영화롭게 하고 주님의 이름을 높일 수 있는 기회를 허락해 주셔서 감사합니다. 저에게 새로운 가르침을 주고자 하시니 감사합니다. 이 일을 통해 주님을 영화롭게 하는 도구로 저를 사용해 주소서."

감사하게도 그런 기도를 드릴 때마다 하나님이 새로운 희망을 주셨고 슬픔을 통제 가능한 수준으로 줄여주셨다.

나는 어려운 상황에서도 하나님께 감사하고 그분의 선하심을 찬양하는 한편, 하나님이 나에게 부당하거나 공정하지 못한 처분을 내리셨다고 불평하거나 분노하지 않도록 도와달라고 기도했다. 하나님께 순종하며 감사하는 기도는 매우 중요하기 때문에 나는 상황이 어려울 때 이따금 그와 비슷한 기도를 드리곤 한다. 예를 들어 이렇게 기도한다.

"주님, 저나 제가 사랑하는 사람들에게 무슨 일이 일어나더라도 하나님께 분노하지 않게 해주옵소서. 하나님이 제 삶을 통해 어떻게 영광을 거두시든 오직 순종하고 감사할 뿐입니다. 그 외에 다른 태도를 취하는 것은 주님의 뜻에 어긋나는 줄 압니다."

다른 사람의 죄는 우리에게 깊은 상처를 줄 수 있다. (특히 남편의 죄는 더욱 그렇다.) 때로는 슬픔에 짓눌리지 않은 상태에서 정당하면서도 경건한 슬픔을 느낄 수 있다. 하나님은 선하시다. 우리가 세상에 존재하는 이유는 하나님의 방법대로 그분을 섬기고 예배하기 위해서다. 때로 하나님은 우리에게 "그리스도의 고난에 참여하는"(벧전 4:13) 기회를 주신다. 하나님의 뜻대로 그분을 섬기면서 그분 안에서 위로와 피난처를 찾아라. 그분께 겸손히 순종하라. 남편의 악에 선으로 맞서라. 주님께 희망을 두라. 예수님을 위해 인내하라.

다른 사람의 죄는 우리의 마음을 아프게 한다. 하지만 기억하라. 우리는 혼자가 아니다. 하나님도 속상해하시며 깊이 슬퍼하신다. 그분은 항상 우리를 도울 준비가 되어 있으시다. 그분은 짐을 나눠 지심으로 우리의 어려움을 덜어주신다.

> "수고하고 무거운 짐 진 자들아 다 내게로 오라 내가 너희를 쉬게 하리라 나는 마음이 온유하고 겸손하니 나의 멍에를 메고 내게 배우라 그리하면 너희 마음이 쉼을 얻으리니 이는 내 멍에는 쉽고 내 짐은 가벼움이라"(마 11:28-30).

본성에서 우러나오는 감정을 억누르고 하나님 안에서 피난처를 찾으며 그분과 남편을 사랑한다면 슬픔이 줄어들 것이다. 그러면 슬픔에 짓눌려 죄를 짓는 일은 없을 것이다. 사라는 아들을 낳을 것이라는 여호와의 사자의 말에 실소를 터뜨렸다. 그러자 여호와의 사자는 "여호와께 능하지 못한 일이 있겠느냐"(창 18:14)라고 말했다. 우리도 "하나님이 하시지 못할 일이 있겠는가?"라고 묻자. 그 대답은 명백하다. "그런 일은 예나 지금이나 결코 있을 수 없다."

후기

 이 책 서두에서 "누가 현숙한 아내인가?", "현숙한 아내란 어떤 모습이고, 무엇을 하는 사람일까?"라고 물었다. 이제 그 대답을 알게 되었을 것이다. 현숙한 아내는 온 마음으로 하나님을 사랑하고, 그분의 말씀을 진지하게 받아들이며, 성경이 가르치는 책임과 의무에 충실하다. 현숙한 아내는 하나님의 뜻대로 남편을 사랑하고 존중하며 그에게 순종한다. 현숙한 아내는 스스로 열심히 배우며 성장할 뿐 아니라 다른 여성들을 가르친다. 그녀는 남편의 영광이다. 현숙한 아내는 하나님이 부여하신 역할을 성심껏 이행하며 그분을 영화롭게 한다.

 나는 앞서 이 책이 모든 아내를 위한 나의 "사랑의 수고"가 빚어낸 결과물이라고 말했다. 이 책을 쓰는 것은 무척 힘든 일이었다. 하지만 나는 그런 수고를 후회하지 않는다. 왜냐하면 모든 여성이 이 책을 읽고 경건한 아내가 되기를 바라는 마음이 너무나 크기 때문이다.

 이 시간, 너무나도 사랑하는 젊은 여성 몇 사람이 생각난다. 그들 중에는 내 딸과 며느리도 포함된다. 나는 그들과 함께 슬픔과 기쁨을 나누면서 그들이 은혜 안에서 성장하는 모습을 지켜보았다. 하나님을 영화롭게 할 수 있는 그들의 잠재력은 참으로 크다. 그들에게 일어나는 일들 가운데 하나님이 합력하여 선을 이루실 수 없는 일은 아무것도 없다. 나도 그들을 무척 사랑하지만 하나님은 나보다 그들을 훨씬 더 많이 사랑하신다.

여러분은 어떤가? 그리스도인인가? 하나님께 순종하고 그분이 원하시는 아내가 되기를 원하는가? 이 책 중에 가장 크게 공감했던 부분을 다시 읽어 보라. 성경을 배우고 그 가르침을 적용하라. 이 책을 교재로 활용해 다른 여성들을 가르치고 도우라. 이 책의 교훈을 실천하고 자녀들에게 가르치라. 늘 인내하며 충실하라. 하나님의 은혜만 있으면 누구나 현숙한 아내가 될 수 있다.

"누가 현숙한 여인을 찾아 얻겠느냐 그의 값은 진주보다 더 하니라"(잠 31:10).

부록

1 · 온유한 성품 평가하기
2 · 순종을 돕는 생각들
3 · 불신자 남편과 결혼한 아내들을 위한 조언

부록 1 | 온유한 성품 평가하기[40]

다음의 질문이나 진술문을 주의 깊게 읽고 자신에게 해당된다고 생각하는 항목에 표시하라. 표시된 항목을 다시 읽고, 기도하면서 하나님의 은혜로 자신의 태도를 고쳐나갈 수 있는 방법을 생각하라. 표시한 내용을 가족이나 친구들에게 보여주고 온유하고 안정적인 심령을 나타내지 못할 때마다 지적해 달라고 부탁하라.

온유한 성품 평가하기
☐ 어떤 일이 있을 때 '화가 나 미치겠어' 라고 생각하는 편인가?
☐ '하나님이시라면 어떻게 하실까?' 라고 생각하는 편인가? (잠 19:11 참조)
☐ 어떤 일이 있을 때 '정말 짜증나' 라고 생각하는 편인가?
☐ '사랑은 오래 참는다고 성경은 말씀하고 있어. 친절한 태도를 보이고 하나님께 영광을 돌려야 해' 라고 생각하는 편인가? (고전 13:4-7 참조)
☐ 어떤 일이 있을 때 한숨을 내쉬며 분노로 움츠러드는 편인가?
☐ 부드러운 태도로 상대방이 이해할 수 있게 도우려고 애쓰는 편인가? (골 3:12-13 참조)
☐ 분노가 솟구치는 순간이면 비밀을 누설하거나 비방을 하거나 성급한 다짐

	을 하거나 악담을 하거나 욕설을 퍼붓거나 하나님의 이름을 망령되이 일컫는가? (딛 3:1-2 참조)
☐	화가 나는 일을 마음속에서 곱씹는 편인가?
☐	상대방을 위해 기도하며 축복해 주는 편인가? (엡 4:31-32 참조)
☐	부당하게 비난받는 경우, 온건한 태도로 자신의 결백을 입증하는 편인가?
☐	교만한 태도로 사납게 다투는 편인가? (벧전 2:19-23 참조)
☐	자신의 실수를 솔직히 인정하는 편인가?
☐	변명을 둘러대 스스로를 정당화하는 편인가? (벧전 5:5 참조)
☐	누군가로부터 책망을 들었을 때 비록 아랫사람(예를 들어 자녀들)의 말이라도 귀담아듣는 편인가?
☐	으름장을 놓으며 나무라는 편인가? (시 37:5-8 참조)
☐	생리 직전에 불안이나 우울함 등의 감정에 크게 시달리는가?
☐	호르몬의 변화로 생긴 증상을 가족들에게 마구 드러내는 편인가? (골 3:8-17 참조)
☐	생각이 침착한 편인가?
☐	속에서 생각이 마구 들끓는 편인가? (약 3:13 참조)
☐	다른 사람들을 인내심과 동정심으로 대하는 편인가?
☐	용서를 모른 채 냉혹하게 대하는 편인가? (골 3:13; 빌 4:5 참조)
☐	삶을 즐기며 사랑하는 편인가?
☐	매일 두려워하고 초조해하며 걱정근심을 떠안으며 사는 편인가? (빌 4:6-7 참조)
☐	쉽게 화를 내는 편인가?
☐	화를 더디 내는 편인가? (잠 31:26 참조)
☐	침착하고 합리적으로 생각하는 편인가?
☐	이따금 주어진 상황에 너무 지나치게 반응하는 편인가? (엡 5:2; 벧전 2:11-12 참조)

☐	"무식하고 미혹된 자"를 용납하신 대제사장처럼 행동하는 편인가? (히 5:1-2 참조)
☐	동료 하인에게 긍휼과 자비를 베풀지 않은 악한 종처럼 행동하는 편인가? (마 18:21-35 참조)
☐	다른 사람들에 대해 오래 참는 편인가?
☐	사소한 일에도 쉽게 화를 내는 편인가? (시 78:38-39; 빌 4:5 참조)
☐	성급하게 말을 내뱉는 편인가?
☐	어떻게 반응하는 게 좋을지 신중하게 생각하는 편인가? (엡 4:29-30; 약 4:1 참조)
☐	분노와 위협을 자신의 권위 아래에 있는 이들을 이용하는 수단으로 사용하는 편인가?
☐	사랑으로 깨우침을 주려고 노력하는 편인가? (시 106:32-33 참조)
☐	자신의 권위 아래에 있는 사람들이 잘못을 저질렀을 때 관대하게 대하는 편인가?
☐	지나치게 가혹하게 잘못을 꾸짖는 편인가? (시 103:8, 14 참조)
☐	자신이 대우받고자 하는 대로 남을 대하는 편인가?
☐	다른 사람들을 멸시하는 편인가? (마 7:12 참조)
☐	실망을 안겨주는 현재 상황에 대해 불평불만을 일삼는가?
☐	하나님이 하시는 일이라고 생각하며 감사하는 마음을 가지는가? (살전 4:11; 빌 4:12 참조)
☐	자신이 당할지도 모르는 해를 쉽게 떠올리는 편인가?
☐	달리 거짓이라는 사실이 드러나지 않으면 상대방의 말을 가능한 한 가장 좋은 쪽으로 생각하는 편인가? (고전 13:7-8 참조)
☐	악인들이 잘되는 것을 부러워하는가?
☐	하나님을 신뢰하는가? (시 73:21-28 참조)
☐	다른 사람들에게 온유하지 못하고, 또 하나님께 불만을 털어놓을 때가 있다

	는 사실을 절실히 의식하는가?
☐	그런 점에서 아무 변화도 필요하지 않다고 느끼는가? (고전 10:12 참조)
☐	다른 사람의 잘못을 책망할 필요가 있을 때 충동적으로 비난의 말을 퍼붓는 편인가?
☐	선한 의도와 부드러운 말과 객관적인 주장으로 잘못을 고치도록 도와주려고 노력하는 편인가? (갈 6:1 참조)
☐	주님께 온유한 여성이 되게 해달라고 기도하는가?
☐	그런 생각이 아예 떠오르지 않는가? (습 2:3 참조)
☐	신앙 때문에 박해를 받을 때 화를 내거나 원한을 품는가?
☐	주님이 의를 위해 고난을 받는 자로 여겨주시는 것을 알고 기뻐하는가? (마 5:11-12; 행 5:41; 시 39:1 참조)
☐	상황이 어려울 때 쉽게 상처를 받거나 짜증을 내거나 하나님께 대해 불만을 품는가?
☐	하나님의 뜻대로 그분을 섬기는 데서 큰 기쁨을 느끼는가? (사 45:9; 잠 19:3 참조)

부록 2 | 순종을 돕는 생각들

우리는 날마다 하루 종일 주님을 의식하며 그분과 대화를 나누어야 한다. 잘 알다시피 아내는 남편에게 순종하느냐 마느냐를 고민해야 하는 상황에 자주 부딪치기 마련이다. 남편이 무엇을 부탁하거나 어떤 지시를 내릴 때마다 아내는 순종 여부를 선택해야 한다. 몇 가지 예를 들면 다음과 같다.

- "식비를 좀 줄여요. 이번 달 지출이 너무 많소."
- "오늘 이 편지를 좀 보내주시오."
- "공용 주차장에 주차할 때는 다른 차가 문을 열다가 흠집을 내지 않도록 충분히 공간을 띄우도록 해요."
- "다른 곳에 쓸 돈이 필요하기 때문에 지금 새 소파는 사지 않을 생각이오."
- "셔츠에 풀을 먹이지 않으면 좋겠소."

순종을 돕는 생각들

- '주님은 선하신 분입니다. 이것이 주님이 제게 원하시는 일인 줄 알기에 이 일을 행하겠습니다.'

- '사랑은 자기의 유익을 구하지 않는다고 성경은 말씀하고 있어. 이것이 남편에게 사랑을 보여줄 수 있는 길이야.'
- '하나님께 죄를 짓지 않는 것보다 더 중요한 것은 없어.'
- '주님, 오늘 저의 계획을 바꾸게 하셔서 저를 시험하시니 감사합니다.'
- '주님, 제 속마음을 잘 아실 테지만 남편이 요구하는 일을 하고 싶지 않아요. 제가 얼마나 이기적인지 잘 알고 계실 거예요. 남편을 먼저 생각할 수 있게 도와주세요.'
- '주님, 이것이 제 삶을 향한 주님의 뜻임을 믿습니다. 감사합니다.'
- '주님이 기뻐하시는 대로 주님을 섬길 수 있게 도와주세요.'
- '주님을 위해 이 일을 하게 되어 참으로 기쁩니다.'
- '제가 주님을 어떻게 섬기기를 원하시는지 깨닫게 해주소서.'
- '남편과 다투는 일은 하나님의 뜻에 어긋나는 일이야.'
- '친구에게서 내가 순종하지 않는 아내라는 말을 듣고 보니 속이 상해. 하지만 친구의 말이 맞아. 나는 변화가 필요해.'
- '주님, 남편이 부탁한 일을 하지 않는 것이 곧 주님의 뜻을 거역하는 태도임을 깨닫도록 도와주세요.'
- '나는 이 일을 주님께 하듯 하겠어.'
- '주님, 겉으로 볼 때 사소하게 보이는 작은 일에도 기꺼이 순종할 수 있게 도와주세요.'
- '주님, 주님을 기쁘시게 하는 생각과 태도를 가질 수 있게 도와주세요.'

순종에 관한 하나님의 성품

- **거룩하신 하나님** : '하나님은 나에게 그릇된 일을 결코 요구하지 않으셔.'
- **약속에 충실하신 하나님** : '하나님은 자신의 이름으로 행하는 선행에 보상하겠다고 약속하셨어. 남편에 대한 순종은 그 가운데 하나야.'

- **전능하신 하나님** : '하나님은 나로 하여금 순종하게 하는 능력이 있으셔.'
- **전지하신 하나님** : '하나님은 나의 생각을 꿰뚫어보시는 것은 물론 나의 행동이 그분을 진정으로 영화롭게 하는지 알고 계셔.'
- **항상 계시는 하나님** : '하나님은 상황이 아무리 어렵더라도 항상 나와 함께하시며 나를 도와주셔.'
- **선하신 하나님** : '하나님은 나를 창조하셨고 나에게 아내의 역할을 맡기셨어. 그분은 선하시며, 지으신 모든 것이 선하다고 선언하셨어.'
- **주권자이신 하나님** : '하나님은 왕 중 왕이시며 최상의 지배자이셔. 그분은 내가 싫든 좋든 나의 역할을 지시할 권한을 지니고 계시지.'
- **불변하시는 하나님** : '하나님은 변하지 않으셔. 그리스도께서 세상에 오신 지 2,000년이 지났지만 그분은 남편과 아내의 역할에 관한 생각을 바꾸신 적이 없으셔.'
- **오래 참으시는 하나님** : '하나님은 놀라운 인내심으로 나를 대하시며 나에게 순종에 관해 더욱더 많은 것을 가르치셔.'
- **은혜로우신 하나님** : '남편에게 순종하도록 나를 도울 수 있는 것은 오직 하나님의 은혜뿐이야.'
- **자비로우신 하나님** : '하나님의 자비는 아침마다 새로워. 그분은 오늘도 내가 경건한 아내가 될 수 있게 도우실 거야.'
- **사랑의 하나님** : '남편 때문에 고통당하고 있다는 생각이 들 때면 나를 대신해 희생하신 하나님의 사랑을 떠올려야 해. 그러면 새로운 관점으로 상황을 바라보게 될 거야.'
- **정의로우신 하나님** : '내가 남편에게 순종하지 않음으로써 반역과 불순종을 일삼으면 하나님이 나를 징계하실 거야.'

부록 3 ㅣ 불신자 남편과 결혼한 아내들을 위한 조언

아내가 따라야 할 성경의 원리들

1. **남편을 위해 기도하라**(딤전 2:1-3 참조).

2. **남편에게 복음을 전하거나 남편이 신앙에 관해 물을 때 대답할 수 있도록 항상 준비하라**(벧전 3:13-17 참조).

3. **남편을 특별히 긍휼히 여기라.**
그가 주님을 알지 못한 채 죄 가운데 죽는다면 영원히 지옥에서 고통받게 될 것을 생각하라(고후 5:14; 롬 2:4 참조).

4. **현숙한 아내의 삶을 실천하라.**
남편을 사랑하고, 그에게 순종하며, 그를 존경하라(딛 2:3-5; 엡 5:22-33 참조).

5. **남편이 그리스도인처럼 생각하거나 행동하기를 기대하지 말라.**

그는 그럴 능력이 없다(고전 2:14 참조).

6. 남편이 좋아할 일을 계획하고 실천하라.

함께 낚시를 하러 가고, 성적 욕구를 채워주고, 그의 친구들을 초대하고, 그가 좋아하는 음식을 만들거나 베개 밑에 사랑의 쪽지를 넣어두어 그를 기쁘게 하라(잠 31:10-12 참조).

7. 남편을 내 인생을 망가뜨린 사람이나 공공의 적 1호로 생각하지 말고 자녀들의 아버지이자 남편이요 가족을 부양하는 사람이자 자격이 없는 나에게 충실한 남자로서 사랑스럽게 받아들여라.

사랑은 "모든 것을 참으며 모든 것을 믿으며 모든 것을 바라며 모든 것을 견디느니라"(고전 13:7)고 성경은 말씀한다.

8. 죄를 짓지 않는 한도에서 남편의 친구들과 친해지라.

남편과 그의 친구들이 해서는 안 될 일을 요구할 때는 공손히 거절하고 대신 그들과 함께할 수 있는 다른 활동을 제안하라. 예를 들어 "우리 볼링 치러 가요"라고 말할 수 있다. 그들의 기분을 상하게 하지 않고 즐겁게 담소를 나눌 수 있는 화제를 미리 준비하라. 그들이 설혹 성경에 어긋나는 말을 하더라도 지나치게 보수적으로 반응하지 말고 인내하며 친절한 태도를 유지하라.

아내 자신도 구원받지 않았을 때 어리석은 말과 행동을 수없이 저질렀다는 사실을 기억하라. 말을 할 때는 항상 온유하고 상냥한 태도로 "소금으로 맛을 냄과 같이 하라"(골 4:6). 남편의 친구들과도 얼마든지 즐거운 시간을 가질 수 있다. 남편에게 애정을 주고 그를 존중하라. 남편의 친구들을 따뜻하고 즐겁게 대하는 것은 "복음을 위하여 모든 것을"(고전 9:23) 행하려는 노력에 해당한다.

9. 정결한 행실과 순종하는 삶으로 남편을 구원으로 인도하라(벧전 3:1-2 참조).

베드로전서 3장 1-2절의 문맥은 복음 전도를 다룬다. "말씀을 순종하지 않는 자"는 불신자를 가리킨다(벧전 2:7-8 참조). 남편이 복음에 관해 물을 때나 대화 중에 자연스레 복음에 관한 말이 나왔을 때조차 아내가 남편에게 말로써 복음을 전해서는 안 된다는 의미로 이 말씀을 이해해서는 곤란하다.

"정결한"이라는 용어는 "거룩한"을 뜻하는 말과 어근이 같다. 아내의 말과 생각은 정결하고 거룩해야 한다. 또한 "순종하는"이라는 용어는 "두려움, 경외, 공경"을 뜻하는 말에서 유래했다. 이는 남편의 행실과 상관없이 아내가 취해야 할 태도를 가리킨다. 물론 이는 남편이 죄를 짓거나 남편과 반대되는 의견을 제시하고 싶을 때에도 무조건 두려워하며 몸을 사려야 한다는 뜻이 아니라 남편을 바라보는 시선이나 말투가 항상 공손하고 온화해야 한다는 뜻이다.

사실 정결하고 순종하는 삶은 매우 적극적이고 공격적인 복음 전도의 형태에 속한다. 올바른 행실을 통한 복음 전도는 남편에게 열변을 토하며 복음을 전하거나 그가 잠을 청하려고 할 때 침대 곁에서 큰 소리로 기도를 드리는 방법보다 훨씬 낫다. 그런 방법들은 "행실로 말미암아 구원을 받게 하려 함이니"라는 말씀과 정면으로 배치된다.

10. 좋은 아내가 되기 위해 노력하라.

하나님의 섭리 때문에 어쩔 수 없는 상황을 제외하고는 항상 아침에 일찍 일어나 남편을 위해 아침상을 차리고, 남편이 퇴근하면 무슨 일이든 하고 있는 일을 즉시 중단하고 반갑게 맞이하면서 밖에서의 일이 어떠했는지 물어보라. 맛있는 음식을 준비하고 부지런히 집 안을 깔끔하게 정리해 아늑한 보금자리가 되게 하라.

남편이 불신자인 경우에도 아내는 가정을 환히 밝히는 빛이 되어야 한다. 혹시라도 남편이 구원을 받지 못한다면 그것이 그가 경험하는 유일한 행복이 될 수도 있다는 점을 잊지 말라(잠 31:27 참조).

11. 자기보다 남편을 더 중요하게 생각하라(빌 2:3-4 참조).

남편은 우선적으로 섬겨야 할 대상이다. 혹시 남편 때문에 주님을 섬기는 일에 다소 지장이 있을 경우, 그 때문에 그리스도인다운 삶을 덜 산다거나 하나님께 쓰임을 덜 받을 것이라고 생각하지 말라. 하나님은 불신자 남편과 행복하게 살며 그를 즐거워하는 것도 "의의 사역"으로 간주하신다.

12. 남편을 책망해야 할 필요가 있을 때(즉 남편의 잘못을 지적해 주어야 할 때)는 말투를 공손하게 하라.

책망의 동기는 남편을 돕기 위함이어야 한다(남편이 그렇게 인식하든 안 하든 상관없이). 아울러 남편의 양심에 호소해 옳은 일을 하도록 이끌어야 한다. 모든 사람이 거듭나지는 않았지만, 모든 사람이 양심은 가지고 있다(창 2:18; 잠 31:26, 28:23, 27:5-6 참조). "돕는 배필"이 되는 데 남편이 꼭 신자이어야 할 필요는 없다.

13. 남편이 그리스도인이 되는 것을 마음의 우상으로 삼지 않도록 조심하라.

선한 마음으로 열심히 기도하는데도 하나님이 남편에게 구원을 허락하지 않으시면 아내는 삶을 통해 하나님께 영광을 돌리기보다 슬픔과 분노와 자기 연민의 감정에 사로잡혀 남편의 구원에만 온통 마음을 기울이기 쉽다. 하지만 그래서는 안 된다(히 12:1-3 참조).

14. 비현실적인 기대는 하지 말라.

남편이 그리스도인이 되더라도 여전히 짜증을 내거나 죄를 짓는 습성을 버리지 않을 수 있다(엡 4:1-3 참조).

15. 다른 남자와 함께 살면 얼마나 행복할까 하는 공상을 일삼지 말라(전 5:7 참조).

16. 남편이 성인 등급 영화를 아무렇지 않게 생각하더라도 낙심하거나 실망하지 말라(고전 2:14 참조).

17. 하나님을 그릇 생각하지 말라.

그런 경우를 몇 가지 예로 들면 다음과 같다.

- "원하는 것을 말하고 당당히 요구하라"는 식의 믿음은 잘못이다. 사람들이 믿든 믿지 않든 피조물을 다스리는 주권자는 하나님이시다. 우리는 주권자가 아니다. 하나님은 우리의 말에 순종하실 필요가 없다(시 99:1, 29:10, 47:7-8; 사 40:21-26 참조).

- 모든 일을 잘해내면 남편이 구원받을 것이라는 생각도 잘못이다. 남편의 구원은 아내가 모든 일을 완벽하게 처리하느냐에 달려 있지 않다. 물론 아내는 하나님을 기쁘시게 하고 남편이 구원받기를 원해야 한다. 하지만 아내가 아내답지 못하게 행동해도 하나님은 남편을 얼마든지 구원하실 수 있다. 남편의 구원은 아내의 행실이 아니라 하나님의 주권에 달려 있다. 그런 생각은 오히려 아내에게 무겁고 불필요한 짐을 지워줄 뿐이다.
- 하나님이 그저 하늘에 앉아 남편이 믿기로 결정할 때까지 초조하게 기다리신다는 생각은 잘못이다(엡 2:4-9 참조).
- 불신자 남편을 허락하신 하나님의 처사가 가혹하다는 생각, 즉 하나님이 선하시지도 공평하시지도 않다는 생각은 잘못이다(욥 1:21-22 참조).

18. 불신자와 결혼한 아내들 가운데 잘못된 이유로 이혼을 생각하는 이들이 많다.

언어 폭력이나 물리적 학대만으로는 정당한 이혼 사유가 되기 어렵다. 그런 상황에서 아내는 먼저 하나님이 마련하신 보호법을 십분 활용해야 한다(14장을 참조하라). 이혼의 정당한 사유를 언급하는 성경 구절 두 곳이 있다. 하나는 "믿지 아니하는 자가 갈리거든 갈리게 하라"(고전 7:15)는 말씀이고, 다른 하나는 "음행한 이유 외에…"(마 19:9)라는 말씀이다. 이혼 문제에 관해 더 자세히 알고 싶으면 제이 애덤스의 『결혼, 이혼, 재혼 Marriage, Divorce, and Remarriage』을 참고하라.

19. 남편이 불신자이기 때문에 자신이 하나님의 도구가 될 수 없다는 생각을 버리라.

디모데의 어머니는 불신자와 결혼했지만 하나님은 그녀를 크게 사용하셔서 아들에게 큰 영향을 미치게 하셨다.

20. 기도를 요청한다는 명분을 내세워 결혼생활의 문제를 다른 사람들에게 너무 상세히 알리지 않도록 조심하라(잠 31:11 참조).

남편이 불신자든 아니든 그런 태도는 전혀 바람직하지 못하다. 남편이 나중에 그 사실을 알면 어떤 반응을 보일지 심사숙고하라.

21. 남편에 대한 불평을 친구나 가족들에게 털어놓지 않도록 주의하라.

그런 일은 사랑의 행위가 아니라 비난과 험담에 지나지 않는다. 불만을 품고 불평하기보다 긍휼을 베풀라.

22. 외로움 때문에 고통스럽거든 먼저 자신의 죄에 원인이 있다고 생각하라.

외로움은 종종 자기 연민과 하나님을 향한 분노를 초래한다. '남편은 절대 안 변해. 남편이 구원받을 가능성은 없어. 전혀 희망이 없어'라는 식으로 생각하거나 말하지 말라(롬 8:28; 고전 7:16 참조).

23. 남편을 멀리하고 싶더라도 그렇게 하지 말라.

남편의 태도가 변하지 않는다고 해서 아내가 홀로 자기 마음대로 사는 것은 바람직하지 않다. 그때는 오히려 더 많은 악을 저지르지 말고 선으로 악을 이겨야 한다(롬 12:21 참조).

24. 남편에게 순종하지 않았기 때문에 하나님이 결혼생활을 축복하시지 않을 것이라는 생각은 옳지 않다.

그런 경우에는 요한일서 1장 8절을 기억하고 겸손히 자신을 낮춰 하나님께 죄를 고백하며 용서를 구하라. 하나님은 죄 사함을 베풀기를 기뻐하신다. 그분은 죄를 지었다고 해서 잔인하게 보복하지 않으신다.

25. 상황이 힘들기 때문에 하나님을 향해 분노를 터뜨려도 괜찮다는 생각은 바람직하지 않다.

그런 생각은 신성모독에 해당한다. 오히려 겸손히 자신의 상황을 받아들이고 주님을 위해 고난받음으로 하나님께 쓰임받게 된 것에 감사해야 한다(벧전 5:6-10 참조).

주

1) Robert Thomas, ed., *New American Standard Exhaustive Concordance of the Bible* (Nashville: Holman Bible Publishers, 1981), #1128, p. 1640.
2) 이 장의 내용은 남침례교 신학교와 보이스 칼리지에서 성경 상담학 교수로 활동 중인 스튜어트 스콧 박사의 자료를 허가받아 개작한 것이다. Stuart Scott, "Biblical Relationships," Sunday School material, 1993.
3) Robert Thomas, #259, p. 1486.
4) Stuart Scott, Class notes on "Relationships," (Grace Community Church), 1994.
5) Ibid.
6) Buck Hatch, "God's Blueprint for Biblical Marriage," Class videotape, 1980.
7) Lou Priolo, Class notes on "Idols of the Heart," (Atlanta Biblical Counseling Center), 1994.
8) W. E. Vine, *Vine's Expository Dictionary of New Testament Words* (McLean, Virginia: MacDonald Publishing Co.), pp. 702-703.
9) Ibid., p. 703.
10) Ibid.
11) Jerry Bridges, *Transforming Grace* (Colorado Springs, Colorado: Nav Press, 1991), p. 138.
12) *Webster's Seventh New Collegiate Dictionary* (Springfield, Massachusetts: G.&C. Merriam Company, 1963), p. 171.
13) A. T. Robertson, *Word Pictures in the New Testament* (Grand Rapids, Michigan: Baker Book House, 1931), p. 547.

14) Ibid.

15) Ed Sherwood, "A Biblical View of Sex in Marriage," 4-2-93.

16) Robert Thomas, #1692, p. 1507.

17) Ed Sherwood, "A Biblical View of Sex in Marriage," 4-2-93.

18) Ibid.

19) Jay Adams, *The Christian Counselor's Manual* (Grand Rapids, Michigan: Zondervan Publishing House, 1973), p. 392.

20) *Webster's Dictionary*, p. 51.

21) Robert Thomas, #987, p. 1638.

22) 이 장의 내용은 루 프리올로의 "성경이 제시하는 아내 보호법"을 개작한 것이다.

23) Robert Thomas, #692, p. 1635.

24) John MacArthur, *Colossians and Philemon* (Chicago, Illinois: Moody Press, 1992), p. 144.

25) Wayne Mack, Cassette tapes "Conflict Resolution in Marriage - Part I and II."

26) W. E. Vine, p. 579.

27) Homer A. Kent, Jr., *The Freedom of God's Sons* (Winona Lake, Indiana: BMH Books, 1976), p. 162.

28) Lou Priolo, Cassette tape, "How to Improve Your IQ - Impatience Quotient."

29) W. E. Vine, p. 57.

30) Robert Thomas, #3709, p. 1656.

31) Ibid., #2372, p. 1673.

32) Ibid., #3950, p. 1673.
33) Lou Priolo, Client homework handout at The Atlanta Biblical Counseling Center.
34) Jay Adams, *The Christian Counselors Manual*, p. 413.
35) Homer A. Kent, Jr., *Expositor's Bible Commentary* Vol. V (Grand Rapids, Michigan: Zondervans, 1978), p. 152.
36) William Hendricksen, *Philippians, Colossians, and Philemon* (Grand Rapids, Michigan: Baker, 1962), p. 201.
37) Lou Priolo, The Atlanta Biblical Counseling Center.
38) Ibid.
39) Ibid.
40) 이 부록은 매튜 헨리의 『온유하고 안정적인 심령에 관한 탐구 *The Quest for Gentleness and Quietness of Spirit*』를 개작한 내용이다.

생명의말씀사

사 | 명 | 선 | 언 | 문

너희가 흠이 없고 순전하여……세상에서 그들 가운데 빛들로
나타내며 생명의 말씀을 밝혀 (빌 2:15-16)

1. 생명을 담겠습니다.
만드는 책에 주님 주신 생명을 담겠습니다.
그 책으로 복음을 선포하겠습니다.

2. 말씀을 밝히겠습니다.
생명의 근본은 말씀입니다.
말씀을 밝혀 성도와 교회의 성장을 돕겠습니다.

3. 빛이 되겠습니다.
시대와 영혼의 어두움을 밝혀 주님 앞으로 이끄는
빛이 되는 책을 만들겠습니다.

4. 순전히 행하겠습니다.
책을 만들고 전하는 일과 경영하는 일에 부끄러움이 없는
정직함으로 행하겠습니다.

5. 끝까지 전파하겠습니다.
모든 사람에게, 땅 끝까지, 주님 오시는 그날까지
복음을 전하는 사명을 다하겠습니다.

생명의말씀사 서점안내

광화문점 110-061 종로구 신문로1가 58-1 구세군 회관 2층
　　　　　TEL.(02 737-2288 / FAX.(02 737-4623

강 남 점 137-909 서초구 잠원동 75-19 반포쇼핑타운 3동 2층 전관
　　　　　TEL.(02 595-1211 / FAX.(02 595-3549

구 로 점 152-880 구로구 구로3동 1123-1　3층
　　　　　TEL.(02 858-8744 / FAX.(02 838-0653

노 원 점 139-200 노원구 상계동 749-4 삼봉빌딩 지하1층
　　　　　TEL.(02 938-7979 / FAX.(02 3391-6169

분 당 점 463-824 경기도 성남시 분당구 서현동 273-1 대현빌딩 3층
　　　　　TEL.(031 707-5566 / FAX.(031 707-4999

신 촌 점 121-806 마포구 노고산동 107-1 동인빌딩 8층
　　　　　TEL.(02 702-1411 / FAX.(02 702-1131

일 산 점 411-370 경기도 고양시 일산구 주엽동 83번지 레이크타운 지하 1층
　　　　　TEL.(031 916-8787 / FAX.(031 916-8788

의정부점 484-010 경기도 의정부시 금오동 470-4 성산타워 3층
　　　　　TEL.(031 845-0600 / FAX.(031 852-6930

인터넷서점
http://www.lifebook.co.kr